U0465407

本书受国家社科基金项目"新形势下国际大宗农产品金融化及其对我国粮食供需平衡的影响研究"(批准号:19CJY043)资助

国际大宗商品市场金融化的内部特征与外部影响

INTERNAL CHARACTERISTICS AND EXTERNAL IMPACTS OF
INTERNATIONAL COMMODITY MARKETS' FINANCIALIZATION

刘 璐 ○ 著

西南财经大学出版社
Southwestern University of Finance & Economics Press
中国·成都

图书在版编目(CIP)数据

国际大宗商品市场金融化的内部特征与外部影响/刘璐著.—成都:西南财经大学出版社,2022.5
ISBN 978-7-5504-5119-3

Ⅰ.①国… Ⅱ.①刘… Ⅲ.①国际市场—商品市场—研究 Ⅳ.①F740.2

中国版本图书馆 CIP 数据核字(2021)第 210779 号

国际大宗商品市场金融化的内部特征与外部影响
GUOJI DAZONG SHANGPIN SHICHANG JINRONGHUA DE NEIBU TEZHENG YU WAIBU YINGXIANG

刘璐 著

责任编辑:植苗
责任校对:廖韧
封面设计:何东琳设计工作室
责任印制:朱曼丽

出版发行	西南财经大学出版社(四川省成都市光华村街55号)
网 址	http://cbs.swufe.edu.cn
电子邮件	bookcj@swufe.edu.cn
邮政编码	610074
电 话	028-87353785
照 排	四川胜翔数码印务设计有限公司
印 刷	郫县犀浦印刷厂
成品尺寸	170mm×240mm
印 张	14.75
字 数	319 千字
版 次	2022 年 5 月第 1 版
印 次	2022 年 5 月第 1 次印刷
书 号	ISBN 978-7-5504-5119-3
定 价	88.00 元

1. 版权所有,翻印必究。
2. 如有印刷、装订等差错,可向本社营销部调换。

前　言

大宗商品市场金融化是经济金融化概念的延伸，意指传统金融市场的投资者越来越多地参与商品期货交易，金融资本不断涌入大宗商品市场，金融投资者在大宗商品市场中的参与度和重要性日益提升的过程和趋势。21世纪初期，在衍生品交易监管放松、传统金融市场动荡、全球流动性扩张的叠加刺激下，国际大宗商品市场的金融化进程开启，其在2004—2008年蓬勃发展，并于全球金融危机之后加速深化。金融化进程让国际大宗商品市场发生了深刻的改变，这突出地体现在价格形成机制上。近年来，伴随着金融资本的大量介入，国际大宗商品价格呈现出不同以往的动态特征：①一维特征，主要是指个体商品价格波动加剧，变化频率和幅度远超历史水平；②多维特征，主要是指跨类别多种商品间的价格关联性显著增强，大宗商品市场内部的融合程度不断提高。金融化趋势下的大宗商品价格变动超出了传统基本面框架所能解释的范畴，而且与日趋活跃的金融交易密切相关。由于大宗商品市场与经济金融的诸多领域联系紧密，因此其金融化进程带来的价格特性变化将会给投资决策、产业发展和经济运行带来新的挑战。

要全面认识大宗商品市场金融化问题，不仅要求我们从大宗商品市场的自身角度去考察金融化的市场表现和作用路径，以揭示大宗商品市场金融化的演化规律和内在机理；还需要我们从大宗商品市场外部出发，明晰金融化进程对经济金融的其他相关领域产生的影响，从而为金融投资者和宏观政策制定者正视并应对大宗商品市场金融化问题提供参考和依据。目前，学术界对于大宗商品市场金融化的探讨大多立足于市场内部，重点关注金融化在价格形成中所起的作用，但研究结论还存在诸多争议，研究方法和视角也具有一定的局限性；鲜有文献考察大宗商品市场的金融化趋势对其他领域的外溢效应，尤其缺乏针对金融投资和实体经济的影响分析，相关研究亟待丰富。

鉴于此，本书以国际大宗商品市场金融化的内部特征与外部影响为研究主题。大宗商品市场金融化的内部特征是指金融化给大宗商品市场自身带来的改变，价格形成机制是大宗商品领域的核心问题。对此，本书以价格形成机制为切入点，从金融交易影响的角度探讨金融化进程中的一维与多维价格动态特征的形成机理，深入剖析国际大宗商品市场金融化与其价格动态间的关系。大宗商品市场金融化的外部影响是指金融化对大宗商品市场以外的其他相关领域产生的外溢效应。对此，本书具体以投资组合优化和中国工业产出为落脚点，分别基于微观投资者视角和宏观经济视角，探究国际大宗商品市场金融化在金融投资领域和实体经济层面的外部影响。综上所述，本书的研究重点是：国际大宗商品市场的金融化进程，对内如何改变其价格形成机制，对外在金融投资领域和实体经济层面产生了怎样的影响。

在对国际大宗商品市场金融化的表现、成因和度量指标进行详细介绍的基础上，本书围绕研究重点展开了深入的探究，主要内容和结论有四点。

一是为揭示金融化与一维价格动态间的关系，本书基于信息摩擦视角，实证考察了金融投机和实体经济需求对单一商品价格的影响强弱及作用机理，并对金融投资者在个体商品价格波动中所扮演的角色进行了深入探究。研究发现：金融投机具有信息噪音的属性；大宗商品价格变动在长期中由实体经济需求主导，在短期中由金融投机主导；短期中，相对于低信息摩擦环境，在市场波动性较大、金融压力较高和投资者情绪高涨的高信息摩擦环境中，以金融投机为主的信息噪音对大宗商品价格的影响更强。我们进一步实证分析发现，在市场信息摩擦程度增强、金融投机等信息噪音影响加大时，金融投资者的市场份额反而降低。因此，金融化对个体商品价格波动具有"双刃剑"的作用，即既有可能致使其偏离基本面水平而剧烈波动，也有可能帮助其实现基本面价值，两者何为主导取决于市场信息摩擦的程度。据此本书指出，在金融化背景下平抑大宗商品价格波动更为有效的措施是从市场质量层面出发，提高市场透明度，减少信息摩擦。

二是为揭示金融化与多维价格动态间的关系，本书构建了过度溢出分析框架，对跨类别商品间与基本面无关的价格关联机制进行了全景式考察。过度溢出的度量结果显示：总体而言，大宗商品价格间存在显著的过度溢出效应；过度溢出强度在2004—2008年呈明显的上升趋势，并在全球金融危机期间显著增强；个体商品在过度溢出网络结构中扮演的角色不同且随时间推移不断变化。在此基础上，本书采用回归分析对金融化与过度溢出的关系进行直接检验。研究发现：金融投资者参与度上升、金融交易活动增加会导致过度溢出效应增强；过度溢出强度的变化在很大程度上能够被对冲基金和指数基金的交易活动所解释，并且解释力度随时间推移不断提高；对于个体商品，其市场中的对冲基金的相对参与度越高，则越可能成为过度溢出的净传递者，指数基金的相对参与度越高，则越容易成为过度溢出的净接受者。综上所述，近年来国际大宗商品市场的内部融合现象并不是由基本面因素所导致的暂时性变化，而是金融化作用下的新常态。为此，在金融化的背景下，各国政府除了对直接贸易的大宗商品及其产业链上的价格进行局部监测外，还需要建立国际大宗商品价格的多维监测系统和预警机制。

三是在金融化对投资组合优化的影响分析中，本书以国际市场上具有广泛代表性和投资性的商品期货品种为样本,分析比较了不同金融化程度下商品期货对传统资产组合的绩效改善能力。结果表明:在股票债券组合中引入高、中、低金融化程度的商品期货,均有助于降低组合风险;而只有引入中等金融化程度的商品期货,才能够同时达到提升收益和降低风险的效果;金融化对投资组合优化的影响主要体现在收益而非风险方面,商品期货对资产组合的收益提升能力与其金融化程度间存在倒"U"形关系;只有在适中的金融化程度下,投资者在资产组合中配置商品期货才有可能获得最大的潜在利益。研究结果的政策含义是:一方面,金融化的适度发展能够给投资者带来积极影响,因此商品期货交易所应借助信息技术手段进行产品创新和业务模式升级,鼓励金融资本的良性参与;另一方面,大宗商品市场过度金融化将损害投资者的潜在利益,因此监管部门应着力培养理性投资氛围,避免国际大宗商品市场的过度金融化。

四是在金融化对中国工业产出的影响分析中,本书在理论分析的基础上构建了VAR实证框架,就国际大宗商品市场金融化对中国工业部门的影响效应、传导渠道和作用机制进行了层层递进的深入探究。研究发现:金融化导致国际大宗商品价格冲击对我国工业产出的影响增强,即国际大宗商品市场金融化对我国工业产出波动存在放大效应,且影响在全球金融危机期间以及2014年以来更加明显;金融化对我国工业产出波动的放大效应主要通过信息渠道产生,其影响机理可由信号扭曲机制解释。据此,本书提出:中国宏观政策制定者应高度重视并密切关注国际大宗商品市场的金融化趋势,完善国际大宗商品价格预警体系,防范外部金融风险通过大宗商品渠道向国内实体经济部门传导;政府部门应重视预期管理,及时发布、解读国际大宗商品信息,合理有效地引导市场主体预期;我国应坚持深化经济体制改革,增加大宗商品战略储备,积极争取大宗商品定价权,从根本上提升抵御外部冲击的能力。

与现有研究相比,本书的主要贡献如下:

（1）本书以多个有代表性的商品品种为研究对象，在考虑金融危机冲击及经济环境变化的情况下，将期限差异、非线性和时变性等特征纳入实证框架；基于翔实充分的数据资料，更加全面、精确地刻画了金融化与商品价格动态间的关系，并结合金融学理论给予机理解释。这一方面有助于深化理解国际大宗商品市场金融化的内部特征，另一方面也拓展了相关理论的应用范围。

（2）本书对具有噪音属性的金融投机进行了明确的识别，并在信息摩擦框架下就不同市场状态中的金融投机和实体经济需求对单个商品价格的影响差异进行了多层次的比较分析，通过深入剖析金融投资者的交易行为与价格波动间的内在关系，揭示了金融化对于个体商品价格波动的"双刃剑"作用。

（3）本书将过度联动思想与溢出指数方法相结合，构建出过度溢出模型，对国际大宗商品价格间与基本面无关的多维关联特征进行全景式考察，并从强度和方向两个方面对金融化力量与过度溢出的关系进行了全面分析，为金融化促进国际大宗商品市场的内部融合提供了新的证据和解释。

（4）本书分别以投资组合优化和中国工业产出为落脚点，就国际大宗商品市场金融化对金融投资领域和实体经济部门的影响进行了探索性的研究，论证了国际大宗商品市场金融化给金融投资决策、实体经济运行带来的风险和挑战，丰富了国际大宗商品市场金融化外部影响的相关文献。

刘璐

2022 年 3 月

目 录

1 绪论 / 1
    1.1 研究背景 / 1
    1.2 研究意义 / 6
    1.3 研究内容 / 8
    1.4 研究方法 / 11
    1.5 主要贡献 / 13

2 相关概念界定与文献综述 / 17
    2.1 大宗商品市场金融化的定义 / 17
    2.2 金融化背景下国际大宗商品价格的驱动因素研究 / 20
    2.3 金融化背景下国际大宗商品价格关联性研究 / 23
    2.4 大宗商品市场金融化对金融投资领域的影响 / 26
    2.5 大宗商品市场金融化对实体经济的影响 / 30
    2.6 本章小结 / 31

3 国际大宗商品市场金融化的表现、成因与度量指标 / 34
    3.1 国际大宗商品市场金融化的表现 / 34
    3.2 国际大宗商品市场金融化的成因 / 36

3.3 国际大宗商品市场金融化的度量指标 / 39

3.4 本章小结 / 44

4 国际大宗商品市场金融化与一维价格动态的内在关系 / 45

4.1 金融投机影响个体商品价格的理论分析与研究假设 / 46

4.2 实证框架与数据说明 / 51

4.3 金融投机、实体经济需求对个体商品价格影响的实证分析 / 53

4.4 进一步讨论金融交易行为在个体商品价格波动中的作用 / 73

4.5 本章小结 / 77

5 国际大宗商品市场金融化与多维价格动态的内在关系 / 79

5.1 金融化改变多维价格关联性的理论基础与过度溢出框架的提出 / 80

5.2 过度溢出模型构建 / 83

5.3 国际大宗商品价格过度溢出效应分析 / 88

5.4 金融化与过度溢出关系的实证检验 / 107

5.5 本章小结 / 119

6 国际大宗商品市场金融化对投资组合优化的影响分析 / 121

6.1 国际大宗商品市场金融化影响投资组合优化的理论机制 / 122

6.2 研究方法与数据说明 / 125

6.3 实证检验 / 130

6.4 实证结果总结及进一步分析 / 140

6.5 本章小结 / 142

7 国际大宗商品市场金融化对中国工业产出的影响分析 / 145

7.1 理论分析 / 146

7.2 变量选取及数据说明 / 150

7.3 对影响效应与传导渠道的实证检验 / 154

7.4 对作用机制的实证检验 / 168

7.5 稳健性检验与进一步分析 / 176

7.6 本章小结 / 182

8 结论与展望 / 185

8.1 研究结论 / 185

8.2 研究展望 / 190

参考文献 / 192

附录 / 205

1 绪论

1.1 研究背景

21世纪以来,以往活跃于股票、债券等传统金融市场的投资者越来越多地参与商品期货交易,金融资本不断涌入大宗商品市场,金融投资者在大宗商品市场中的参与度和重要性日益提升,这一过程及趋势被称作"大宗商品市场金融化"(Tang et al., 2012; Henderson et al., 2015; Basak et al., 2016; 殷剑峰, 2008; 崔明, 2012; 张翔 等, 2017)。这些金融投资者并不具有商业性交易动机(如生产、消费、套期保值等),而主要是以资产配置和投机需求为动机参与大宗商品投资,其凭借敏锐的市场嗅觉、专业的投资策略、强大的信息优势和雄厚的资金实力,日益成为市场主力。据统计,2000—2008年,全球养老金所管理的大宗商品相关资产价值从100亿美元猛增至2 500亿美元,增长超过20倍;主权财富基金投资的大宗商品资产价值从2001年的7 650亿美元飙升到2010年的23 650亿美元[1]。联合国贸易与发展会议(UNCTAD)发布的报告显示,20世纪90年代,金融投资者在全球大宗商品市场中的比重还不足25%,而到2012年已超过85%。

美国商品期货市场既是国际大宗商品交易和定价中心,又是全球金融交易者进行大宗商品投资的主要场所,拥有最多的商品交易品种和较为完善的监管体系。美国商品期货交易委员会(CFTC)在每周五公布的交易者持仓报告(COT)中,将所有的报告头寸[2]分为"商业持仓"和"非商业持仓"两大类。

---

[1] 法如奇, 凯普林斯基. 中国崛起与全球大宗商品定价:全球资源体系的重构[M]. 冯超, 译. 上海:上海社会科学院出版社, 2015.

[2] 根据CFTC定义,报告头寸来自持仓规模超过申报水平的交易者,其余则为非报告头寸。前者约占期货总持仓量的70%~90%,后者基本上由小型散户持有。

其中，商业持仓所对应的商业交易者大多从事与现货有关的经营活动，通常被视作套期保值者；而非商业持仓对应的非商业交易者则不涉及现货业务，主要由各类金融投资者构成。非商业持仓占总持仓的比例可大致反映金融投资者的市场份额。图 1.1 给出了 2000—2016 年 COT 报告中的 6 种重要商品的非商业持仓占比变化趋势。从图 1.1 中我们能够清晰地看出，2000 年以来各商品的非商业持仓占比均呈明显的上升趋势，至 2016 年，原油、玉米、大豆、小麦、铜和黄金的周均非商业持仓占比分别达到 52.62%、45.15%、44.90%、58.82%、53.17% 和 50.11%，2000—2016 年的累计涨幅分别为 186%、63%、27%、61%、146%、36%。

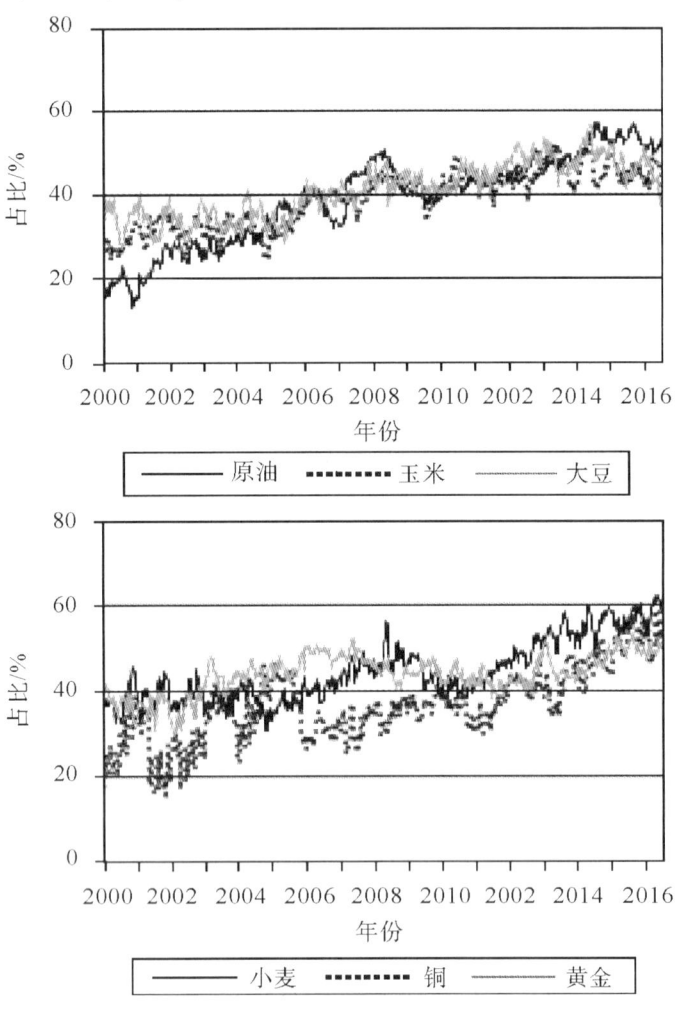

图 1.1　6 种重要商品的非商业持仓占比变化趋势

国际大宗商品市场的金融化进程始于21世纪初，其在2004—2008年蓬勃发展，并于全球金融危机之后呈加速深化之势，这一趋势的形成，主要有内部动力和外部因素两方面的原因。在内部动力方面，自21世纪初起，受学术界研究成果的引导，金融投资者开始重视商品类资产在投资优化中的作用，从而大量涌入大宗商品市场，形成金融化的原动力。其中，对冲基金和指数基金是两类主要的金融交易力量。在外部因素方面，首先，监管放松为大宗商品市场金融化进程的开启提供了契机。2000年美国通过了《商品期货现代化法案》，大幅减少了对衍生品创新和交易的限制，这使得以往受到严格管制的金融机构能够更加方便地参与商品期货交易，由此打开了全球金融投资者进入大宗商品领域的通道。其次，传统金融市场的动荡进一步催化了大宗商品市场金融化的发展。1997年东南亚金融危机使得全球货币市场遭受重创，2000—2001年的互联网泡沫破裂又引发了股票市场暴跌，金融资本亟须寻求新的收益增长机会，于是把目光转向大宗商品市场，以此作为传统投资渠道的拓展。最后，全球流动性扩张为大宗商品市场金融化创造了有利空间。21世纪初，在美国、日本、欧元区三大经济体的低利率政策作用下，全球流动性扩张增加了可用于商品投资的逐利性资金；全球金融危机爆发之后，以美联储为代表的发达国家央行相继推出量化宽松等非常规货币政策，更是致使流动性泛滥，过剩的流动性增加了金融资本的资金规模，并强化了国际热钱的投机动机，对大宗商品市场金融化起到了推波助澜的作用。

金融化进程给国际大宗商品市场带来了深刻的改变，这突出地体现在价格形成机制方面。金融化趋势下的大宗商品价格变动超出了传统基本面框架所能解释的范畴，同时日益受到金融交易力量的影响，从而呈现出不同以往的动态特征。具体来讲，自21世纪初起，特别是2004年之后，伴随着金融资本的不断涌入，国际大宗商品市场主要表现出以下两大价格动态新特性：

（1）从一维角度来看，个体商品价格波动加剧，变化频率和幅度远超历史水平。以原油为例，在21世纪之前，国际原油价格基本处于平稳运行及小幅震荡的状态，即使是在1973年和1979年的两次石油危机中，原油价格也并未超过35美元每桶，且在危机后的20多年里始终维持在20~30美元每桶。但是近年来，国际油价经历了罕见的巨幅波动，其在2003—2008年表现出非常强劲的上升趋势，从30美元每桶一路飙升至133美元每桶，屡次刷新历史纪录，累计上涨近5倍，而在2009年年初骤跌至40美元每桶，创下30年以来的最大跌幅，随后又迅速反弹，于2011年回归100美元每桶的高位水平，并在接下来的3年时间内维持高位震荡，而在2015年则又再次大幅下跌。究其原因，尽管地缘政治动荡、自然灾害、政策调控、页岩气开采、新兴经济体需求增长、石油输出国组织（OPEC）减产等因素产生了一定的影响，但是实体层面的供求力量并不足以解释近年来如此剧烈的油价变动[①]。与此同时，金融资本在原油市场中的影响力与日俱增。据 CFTC 统计，2009 年 WTI 原油期货的非商业持仓量相当于同期经济合作与发展组织（OECD）石油消费量的 9 倍；2004—2008 年，进入石油期货市场的基金数量翻了一番，投资金额高达 1 万亿美元；指数基金在 2003—2008 年对石油资产的投资规模等于这 5 年中中国石油进口量的增加总额，是美国战略石油储备的 8 倍；据美国能源对冲基金中心估计，投资于纽约商业交易所（NYMEX）的能源产品的对冲基金数量在 2005年已超过 420 只，并以每月 5~15 只的速度递增。由此可见，在供求基本面未发生根本性改变的情况下，以原油为代表的商品价格的频繁剧烈波动与金融投资者在大宗商品市场中日趋活跃的交易行为密切相关，金融化使得大宗商品价格波动在一定程度上成为一种金融现象（李政，2012；张茜，2012）。

（2）从多维角度来看，跨类别的多种商品间的价格关联性显著增强，大宗商品市场内部的融合程度不断提高。2000 年以前，个体商品的价格特征具有较强的异质性，不同品种间的关联性较低，大宗商品市场内部基本上处于分割状态（Tang et al.，2012）。然而 2000 年之后，随着金融化进程的开启和深化，大宗商品价格走势开始出现大范围的趋同现象，众多商品价格呈齐涨同跌之势，各类商品间的相关性日益增强。图 1.2 展示了国际货币基金组织（IMF）分类商品价格指数的走势情况，如图所示，2000—2016 年，食品、饮料、农业原材料、金属和能源 5 个主要商品类别的国际市场价格虽具有不同的幅度波动，但却表现出非常相似的涨跌路径。传统经济学观点认为，大宗商品间的价格关系主要有以下 3 种形式：①属于同种类别，价格联系来自相似的生产周期和实物属性；②在生产或消费环节具有实际联系，价格关系源于替代或互补效应；③因受宏观经济基本面的共同冲击所产生的相关性。前两种形式所涉及的商品范围较小，不会造成系统性的市场融合；后一种形式虽能引发整体关联程度的暂时性变化，但这种作用机制并不只是存在于最近的十年间。更有

[①] 例如，进入 21 世纪之后，中国需求迅速攀升成为原油市场的焦点，据 Skeer 和 Wang（2007）分析，即使全球同时存在 5 个经济增长水平和中国相当的国家，到 2020 年时，国际油价也不会高于 100 美元每桶。而实际情况是，原油价格在 2008 年就已突破了这一预测值。又如，从 2007 年年末至 2008 年年中，原油价格累积上涨幅度超过 40%，而彼时世界主要发达经济体纷纷陷入衰退，新兴经济体增长也开始放缓，油价变动与经济基本面明显背离。

证据表明，即使控制了宏观基本面的影响，金融化趋势下的大宗商品间仍存在显著的联动效应（Le Pen et al., 2013; Ohashi et al., 2016）。因此，传统的经济学理论无法为近年来国际大宗商品市场呈现的内部融合趋势提供充分解释，众多商品价格关联性的上升更类似于股票市场上的多股联动或是金融资产的共振现象，说明随着金融资本越来越多地介入大宗商品市场，金融投资者的动机和策略很可能使得大宗商品价格间产生新的互动关系和关联机制。

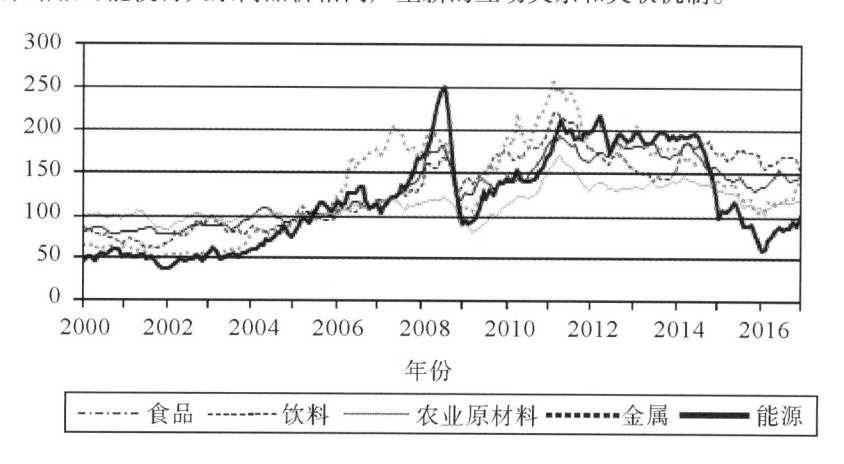

图 1.2 IMF 分类商品价格指数走势

上述经验事实意味着，金融化进程中的大宗商品价格变动并不总是经济基本面的真实反映。金融资本的大量介入，一方面有助于提升市场流动性，另一方面也将外部金融市场的信息和风险传递至大宗商品市场，导致其价格形成机制发生改变（Öztek et al., 2017; 胡聪慧 等，2017）。传统的基本面分析框架难以充分解释国际大宗商品市场金融化带来的价格动态新特性，而金融投资者的交易行为则成为理解新趋势下大宗商品价格运行规律的重要因素（卢锋 等，2009）。

在这一背景下，国际大宗商品市场金融化问题受到了学术界和实务界的广泛关注。国内外学者对于金融化进程中国际大宗商品价格动态演变的内在机理进行了积极的探索，重点围绕金融资本是否扭曲大宗商品价格形成机制、金融交易力量如何作用于大宗商品价格动态等问题展开了丰富的讨论。这些研究专注于从大宗商品自身角度考察金融化的市场表现和作用路径，属于对大宗商品市场金融化内部特征的分析。此外，由于国际大宗商品市场在经济金融的诸多领域中扮演着重要角色，因此其金融化进程的影响不仅局限于市场内部，还会通过价格动态特性的变化而传导至大宗商品市场外部，对金融投资、经济运行、产业发展等多个方面产生外溢效应，给投资决策、企业管理、宏观调控带来新的挑战。国际大宗商品市场的发展和变化关系到世界各国的切身利益，尤其是对我国而言，在国际大宗商品市场与国内金融经济存在密切联系的情况下，其金融化趋势对我国的潜在影响不容小觑。

要全面认识大宗商品市场金融化问题，不仅要求我们对金融化的内部特征即金融化给大宗商品市场自身运行机制带来的改变进行深入探究，以准确把握金融化的演化规律和内在机理；还要求我们对金融化的外部影响即大宗商品市场金融化进程对经济金融的其他相关领域产生的外溢效应进行分析，从而为金融投资者、企业决策者和政策制定者正视和应对金融化问题提供参考和依据。目前，学术界针对国际大宗商品市场金融化的探讨基本集中在内部特征方面，侧重于从价格形成机制的角度考察金融化给大宗商品市场本身带来的变化，但在研究结论上还存在诸多争议，研究方法和研究视角也具有一定的局限性；而关于金融化外部影响的研究则较为少见，尤其缺乏针对金融投资领域和实体经济层面的影响分析，相关文献亟待丰富。

鉴于此，本书以国际大宗商品市场金融化的内部特征与外部影响为研究主题，着重探究国际大宗商品市场的金融化进程，包括对内如何改变其价格形成机制，对外在金融投资领域和实体经济层面产生了怎样的影响。在内部特征方面：本书以价格形成机制为切入点，从金融交易影响的角度分析金融化进程中大宗商品价格异动的原因，深入剖析国际大宗商品市场金融化与其价格动态演变间的关系，从而为其提供新的证据和解释。在外部影响方面：本书具体以投资组合优化和中国工业产出为落脚点，分别基于微观投资者视角和宏观经济视角，探究国际大宗商品市场金融化对金融投资领域和实体经济部门的外溢效应，从而对金融化外部影响的相关研究进行补充和丰富。

1.2　研究意义

基于国际大宗商品市场金融化日益深化的客观事实，同时考虑到大宗商品在经济金融领域的重要地位，本书拟从内部特征和外部影响两方面入手，对国际大宗商品市场金融化问题进行多角度的系统研究。国际大宗商品市场金融化的内部特征主要是指金融化给大宗商品市场自身运行机制带来的改变。对此，本书以价格形成机制为切入点，分别从一维角度和多维角度考察国际大宗商品市场金融化与其价格动态演变间的关系。国际大宗商品市场金融化的外部影响主要是指金融化对经济金融的其他相关领域产生的外溢效应。对此，本书分别以投资组合优化和中国工业产出为落脚点，探究了国际大宗商品市场金融化在金融投资领域和实体经济层面的外部影响。本书的研究具有重要的学术价值和现实意义。

首先，价格形成机制是大宗商品领域的核心问题，国际大宗商品市场金融化带来了价格形成机制的改变，传统的基本面分析框架已无法充分解释21世纪以来的价格动态新特性，这就要求我们从新的视角来分析金融化趋势下大宗商品价格异动的原因，以准确把握国际大宗商品市场金融化的内部特征。但从现有文献来看，关于国际大宗商品市场金融化在其价格形成中所发挥的作用，目前的研究结论还存在诸多争议，研究方法与研究视角也有待改善和扩展。总体而言，学术界对金融化内部特征的认识尚不够清晰。本书从金融投资者交易行为影响的角度出发，对金融化进程中的一维价格动态和多维价格动态的形成原因进行了理论分析与实证检验，深入剖析了国际大宗商品市场金融化与其价格动态演变间的关系，从而对现有文献进行了有益的补充与深化，有助于提升对金融化内部特征的理解，更好地揭示金融化的演化规律和内在机理，并为国际大宗商品市场的稳定和发展提供了政策建议。此外，充分了解国际大宗商品市场的金融化特征，对发展和完善我国大宗商品市场体系建设也具有重要的借鉴意义。2012年7月，中国证监会公布的《期货公司资产管理业务试点办法》开始允许境内期货公司从事资产管理业务，这就意味着国内市场中参与商品期货交易的金融投资者将会逐渐增多，我国大宗商品市场开始具备开启金融化进程的初步条件。换言之，金融化也将成为中国大宗商品市场未来的发展趋势。因此，研究国际大宗商品市场的金融化特征，掌握其演化规律，能够为我国大宗商品市场建设提供借鉴和参考。

其次，在金融投资领域，大宗商品是投资者进行投资组合优化、改善资产配置绩效的重要工具。随着金融化趋势的发展，大宗商品市场的风险收益特征及其与外部金融市场间的关联机制日益复杂化，这意味着商品类资产在组合投资中的作用可能发生改变。从实践角度来看，当前在国外众多投资机构的资产组合中均配有不小比例的商品资产；从未来趋势来看，国际大宗商品市场也有望成为中国机构投资者从事国际资产配置的重点领域；而从国民福利和国家经济安全的角度来看，增加国际大宗商品的战略配置更将成为我国外汇储备投资的必然选择。在此背景下，国际大宗商品市场金融化势必会给全球投资者的投资机会和投资绩效带来重要影响。但由于研究有限，有关金融化在投资组合优化方面的影响效应和作用机制，学术界的结论尚不明确，实务界和监管部门对此也缺乏足够的关注。因此，探讨国际大宗商品市场金融化对投资组合优化的影响，一是有助于已将商品类资产纳入投资组合的国际投资者正视金融化问题、采取合理的资产配置策略；二是能够帮助中国投资机构了解金融化背景下国际大宗商品市场的潜在投资利益，为拓宽国际化投资渠道提供参考；三是能够从投资者保护角度出发，为国际大宗商品市场的发展和监管提供建议。

最后，在实体经济方面，大宗商品是生产和生活中不可或缺的基础资料，其价格变动关系到国民经济的各个方面。大宗商品市场金融化所带来的价格演化规律和形成机制的改变，势必会对经济的稳定与发展产生重要影响。尤其是对作为大宗商品进口大国的中国而言，国际大宗商品市场的金融化趋势对国内经济具有不容忽视的潜在影响。习近平总书记在第五次全国金融工作会议上指出，为实体经济服务是防范金融风险的根本举措；党的十九大报告也进一步强调了"要守住不发生系统性金融风险的底线"。而国际大宗商品市场金融化为外部金融风险向国内实体经济传导提供了新的通道，需要加以重视并积极应对。但目前有关国际大宗商品市场金融化影响实体经济的研究尚不多见，对于金融化影响中国经济的效应、渠道和机制等重要议题，更是缺乏深入细致的探究。本书具体以中国工业产出为落脚点，从理论与实证层面分析了国际大宗商品市场金融化对中国工业部门的影响。这一方面有助于我们从国际大宗商品市场的角度把握金融风险与实体经济的联系，认清国际大宗商品市场金融化进程给我国经济带来的风险和挑战，从而为我国有效应对外部冲击、防范金融风险提供决策支持；另一方面能够起到抛砖引玉的作用，引起国内外学者对国际大宗商品市场金融化的实体经济效应的关注和深入研究。

1.3 研究内容

本书以国际大宗商品市场金融化的内部特征和外部影响为研究主题。国际大宗商品市场金融化的内部特征是指金融化给大宗商品市场自身带来的改变；国际大宗商品市场金融化的外部影响是指金融化对大宗商品市场以外的其他相关领域产生的外溢效应。在内部特征方面，价格形成机制是大宗商品领域的核心问题，大宗商品市场金融化的最大特点即价格运行规律在金融交易力量的影响下发生变化；在外部影响方面，由于大宗商品兼具投资属性和实物属性，大宗商品市场金融化至少会对金融投资和实体经济两大领域产生外溢效应。因此，本书的研究重点是：国际大宗商品市场的金融化进程对内如何改变其价格形成机制，对外在金融投资领域和实体经济层面又产生了怎样的影响。本书的基本思路为：首先，对金融化的基本概念进行界定，并对相关研究进行梳理和总结；其次，在阐述国际大宗商品市场金融化的主要表现、成因和度量指标的基础上，以价格形成机制为切入点考察国际大宗商品市场金融化的内部特征，从金融投资者交易行为影响的角度探讨金融化进程中的一维价格动态和多维价格动态的形成机理，深入剖析国际大宗商品市场金融化与其价格动态演变间的关系；再次，从金融投资和实体经济两个层面考察国际大宗商品市场金融化的外部影响，具体就金融化对投资组合优化的影响以及对中国工业产出的影响进行研究分析；最后，总结全书并提出相关建议。

本书共分为8章，各章节内容如下：

第1章为绪论。本章首先交代了本书的研究背景、主要问题和研究意义，其次对研究思路、内容及方法进行说明，最后阐明本书的主要贡献和创新点。

第2章为相关概念界定与文献综述。本章首先阐释了国际大宗商品市场金融化的定义，其次围绕本书的研究主题和研究重点，分两大板块对相关文献进行梳理与总结：一是国际大宗商品市场金融化与其价格动态演变的关系，包括金融化背景下国际大宗商品价格驱动因素以及金融化背景下国际大宗商品价格关联性的相关研究；二是国际大宗商品市场金融化对其他相关领域的外溢效应，包括国际大宗商品市场金融化对金融投资领域的影响和对实体经济的影响两个方面。

第3章为国际大宗商品市场金融化的表现、成因与度量指标。本章首先描述了国际大宗商品市场金融化的主要表现，其次从内部动力和外部因素两方面分析了国际大宗商品市场金融化的成因，最后介绍了本书实证部分所使用的金融化指标。这一部分内容为后文对金融化内部特征和外部影响的深入分析打下了坚实的基础。

第4章为国际大宗商品市场金融化与一维价格动态的内在关系。本章在一维框架下对金融投资者在个体商品价格波动中扮演的角色进行深入剖析，重点考察金融投机和实体经济需求对单一商品价格的影响强弱及作用机理。首先，本章借鉴信息摩擦理论阐述了金融交易行为对大宗商品价格的影响机制，并指出金融投机具有噪音属性。其次，在实证部分，本章采用SVAR模型对金融投机进行明确识别，以避免估计偏误；在此基础上，综合运用ARDL回归、MS-ECM模型和TECM模型定量分析大宗商品价格在不同信息摩擦环境中受金融投机和实体经济需求的影响差异；进而深入分析金融投资者交易行为在价格波动中的作用，并解释了金融化趋势下个体商品剧烈波动的原因。

第 5 章为国际大宗商品市场金融化与多维价格动态的内在关系。本章在多维框架下对跨类别商品间与基本面无关的价格关联机制进行全景式考察，并着重分析金融交易力量对关联性演变的解释力。为全面准确地刻画金融化在国际大宗商品市场内部融合过程中的作用，我们将过度联动思想与溢出指数方法相结合，构建"过度溢出"分析框架，并将国际大宗商品价格的过度溢出效应定义为不能被经济基本面所解释的关联性。通过分析过度溢出的强度、方向和时变特征，使我们能够对国际大宗商品价格关联性演变的原因及金融化所发挥的作用进行直观判断。在此基础上，本章进一步采用回归方法对金融化与过度溢出效应的关系进行直接检验：通过 ARDL 回归与逐步回归，考察金融投资者参与度对过度溢出强度的长短期影响；通过面板 Logit 回归模型，考察金融投资者结构对过度溢出传导方向的影响。

第 6 章为国际大宗商品市场金融化对投资组合优化的影响分析。本章以投资组合优化为落脚点，基于微观投资者视角考察国际大宗商品市场金融化在金融投资领域的外部影响。首先，本章借鉴相关理论阐述了国际大宗商品市场金融化影响投资组合优化的可能机制；其次，本章以国际市场上具有广泛代表性和投资性的商品期货品种为样本，按金融化程度对商品期货进行分组，构造了高、中、低三种程度的金融化组合；在此基础上，本章又对以股票和债券作为传统资产组合，运用詹森指数和张成检验方法对传统资产集中引入不同程度的金融化组合后发生的绩效改变进行了统计检验和比较分析，从而定量测度金融化对投资组合优化的影响效应，并给予机理解释。

第 7 章为国际大宗商品市场金融化对中国工业产出的影响分析。本章以中国工业产出为落脚点，基于宏观经济视角探讨国际大宗商品市场金融化对实体经济部门的外部影响。本章先是在理论层面探讨了国际大宗商品市场金融化影响中国工业产出的渠道和机制，继而构建 VAR 实证框架，就国际大宗商品市场金融化对中国工业部门的影响效应、传导渠道和作用机制进行了层层递进的检验和分析。首先，本章通过基准 VAR 模型定量测度金融化对工业产出的综合影响效应；其次，本章引入原材料成本和信心指数等渠道变量构建扩展 VAR 模型，以确定金融化影响工业产出的主要传导渠道；最后，本章通过将大宗商品价格分解为基本面成分和噪音成分，建立包含大宗商品价格分解成分的 VAR 模型来进一步检验金融化的作用机制。

第 8 章为结论与展望。本章首先归纳本书的主要结论，并提出了相应的政策建议；其次对研究的不足之处进行总结，并对后续研究进行展望。

图1.3给出了本书的整体结构框架。

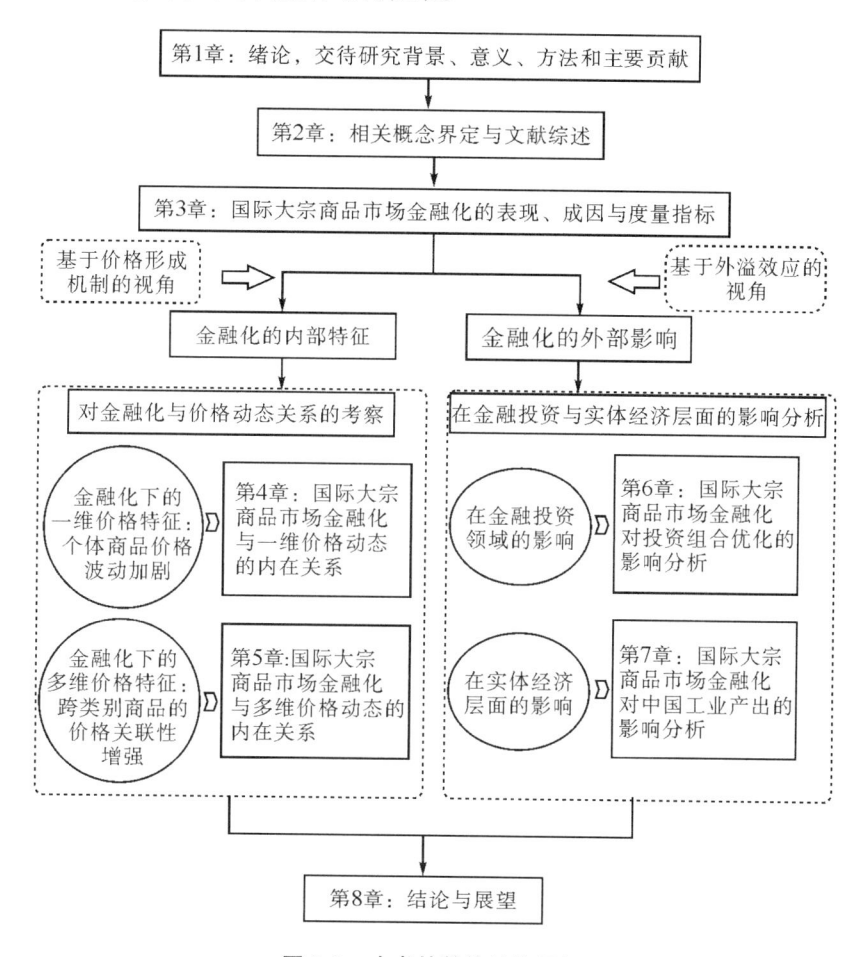

图1.3 本书的整体结构框架

1.4 研究方法

本书采用定性分析与定量分析相结合的方式,对国际大宗商品市场金融化问题进行了多角度的系统研究。

在定性分析方面,在金融化内部特征和外部影响的各部分研究中,本书均以相关的理论和经验研究为依据,结合实际观察及逻辑推演,对影响机制或作用路径进行了解释或论证:

（1）在金融化与一维价格动态关系的研究中，本书以 Sockin 和 Xiong（2015）的信息摩擦模型为基础，结合金融资产定价、金融风险传染等领域的相关文献，以及对大宗商品市场运行态势的观察，在理论层面阐述了金融投机影响大宗商品价格的作用机理，并推演出可供检验的研究假设。

（2）在金融化与多维价格动态关系的研究中，我们借鉴财富效应理论、流动性螺旋理论和风格投资理论探讨了大宗商品价格过度溢出效应，即跨类别商品间与基本面无关的价格关联性的形成机制，并解释了金融交易驱动过度溢出的内在机理。

（3）在金融化对投资组合优化的影响分析中，本书依据商品期货定价的套期保值压力理论与金融资产定价的系统风险理论来说明金融化在收益方面影响投资组合优化的理论机制；同时，借鉴投资组合再平衡以及风格投资的相关研究来解释金融化在风险方面影响投资组合优化的理论机制。

（4）在金融化对中国工业产出的影响分析中，本书根据前文的研究发现，同时参考国际大宗商品价格冲击影响中国经济的相关文献以及 Sockin 和 Xiong（2015）的理论研究，就金融化对我国工业产出可能的传导渠道和作用机制进行了理论探讨。

在定量分析方面，在不同章节中，本书根据研究问题、研究对象以及样本数据的具体特点，选用科学、恰当的计量方法，以满足研究需要：

（1）在第 4 章中，本书首先采用结构向量自回归模型（SVAR）识别金融投机。在此基础上，本书采用自回归分布滞后模型（ARDL）刻画长期协整关系，采用误差修正模型（ECM）刻画短期动态关系，对比分析金融投机和实体经济需求在长、短期中对大宗商品价格的影响差异。其次在 ECM 中引入区制转换机制，进一步就两者在短期不同区制中的影响力进行比较分析：①建立 Markov 区制转移误差修正模型（MS-ECM），进行高低波动区制间的比较分析；②建立门限误差修正模型（TECM），分别进行高低金融压力区制和高低投资者情绪区制间的比较分析。

（2）在第 5 章中，本书基于 Diebold 和 Yilmaz（2012，2014）的溢出指数方法，将 Pindyck 和 Rotemberg（1990）提出的过度联动分析框架扩展为过度溢出，以测度国际大宗商品间与经济基本面无关的价格关联性。过度溢出的基本度量方法如下：第一步，运用大型近似因子模型，从全球高维经济数据集中提取基本面因子；第二步，以基本面因子为解释变量建立因子增广回归，对无明显互补和替代关系的多个商品收益率进行充分过滤，得到收益率残差序列；第三步，采用溢出指数方法度量收益率残差间的关联性，构建过度溢出指标体系。此外，本书还采用回归分析对过度溢出效应与金融化的关系进行直接检验：①通过 ARDL 回归与逐步回归，考察金融投资者参与度对过度溢出强度的影响；②通过面板 Logit 回归模型，考察金融投资者结构对过度溢出传导方向的影响。

（3）在第 6 章中，本书首先按金融化程度对商品期货进行分组，构建不同程度的金融化组合，以避免个体异质性对实证结果的干扰；其次以由股票和债券构成的传统资产组合作为评价基准，度量金融化组合的詹森指数（Jensen's Alpha），比较不同程度的金融化组合相对于传统资产组合的投资绩效；最后采用张成检验（Spanning Test）方法，对传统资产集中引入不同程度的金融化组合后发生的绩效改变进行直接检验及比较分析。

（4）在第 7 章中，本书首先建立包含国际大宗商品价格、工业产出和价格水平的基准 VAR 模型，通过比较控制金融化指标前后的模型估计结果，定量测度金融化对工业产出的影响效应；其次在基准模型中引入原材料成本和信心指数等渠道变量构建扩展 VAR 模型，以确定金融化影响中国工业产出的主要传导渠道；最后采用回归方法将大宗商品价格分解为基本面成分和噪音成分，并建立包含大宗商品价格分解成分的 VAR 模型，以进一步检验金融化影响工业产出的作用机制。除全样本分析外，本章还采用滚动样本分析方法，考察了金融化的影响效应及相应渠道的传导作用如何随时间推移而发生变化。

1.5 主要贡献

本书可能的贡献与创新主要体现在以下几个方面：

（1）本书以多个代表性的商品品种为研究对象，在考虑金融危机冲击及经济环境变化的情况下，将期限差异、非线性和时变性等特征纳入实证框架，基于翔实充分的数据资料，更加全面、精确地刻画了金融化与商品价格动态间的关系，并结合金融学理论给予机理解释，进一步深化了对国际大宗商品市场金融化内部特征的理解。

国内外学者从价格形成机制的角度对国际大宗商品市场金融化的内部特征进行了丰富的实证探索，为本书的研究提供了有益的参考，但由于样本数据、指标变量和模型设定的不同，实证结果呈现明显分歧，关于国际大宗商品市场金融化在其价格形成中的作用、金融交易力量对商品价格动态的影响，学术界至今尚未达成共识。此外，多数经验研究的理论基础较为薄弱，缺乏对作用机理的有力解释。本书以金属、能源、农产品等类别的多个代表性品种为研究对象，数据资料涵盖大宗商品市场、全球宏观经济、金融市场等方面的丰富信息，力求全面、精确地刻画金融化与价格动态间的关系。在实证模型的构建中，本书充分考虑了金融危机、经济环境变化等的影响，突破了以往静态、线性的分析框架；除了对金融交易力量与商品价格的影响关系进行更加细致的实证检验外，本书还借鉴信息摩擦、风格投资等金融学理论进行了机理分析。这一方面有助于我们深化理解国际大宗商品市场金融化的内部特征，另一方面也拓展了相关理论的应用范围。

（2）本书对具有噪音属性的金融投机进行了明确识别，并在信息摩擦框架下就不同市场状态中的金融投机与实体经济需求对单个商品价格的影响差异进行了多层次的比较分析，通过深入剖析金融投资者的交易行为与价格波动的内在关系，揭示了金融化对于个体商品价格波动的"双刃剑"作用。

多数研究通常直接以金融持仓等金融交易变量代表金融投机，这一做法忽略了金融投机的噪音属性，从而可能错误地判断了金融投机和实体经济需求对国际大宗商品价格的相对影响力。同时，现有研究未能深入挖掘不同市场状态下的金融投机和实体经济需求的影响差异，对市场状态的划分也存在一定的主观性和随意性，这进一步加剧了研究结论的分歧。实际上，国际大宗商品市场中金融投资者的交易行为同时包含基本面信息和信息噪音，金融投机实则是其中的噪音成分。本书采用SVAR模型从金融持仓中识别出真正的金融投机，从而明确地将金融投机和实体经济需求的影响分离开，避免了估计偏误。随后，本书借鉴了Sockin和Xiong（2015）的理论框架，基于信息摩擦视角对市场状态进行了多层次的划分，包括从期限长短、市场波动性高低、金融压力高低和投资者情绪高低等角度区分市场的信息摩擦状态，定量分析大宗商品价格在不同信息摩擦环境中受金融投机和实体经济需求的影响差异。在此基础上，本书通过进一步深入分析揭示了金融化对于个体商品价格波动的"双刃剑"作用。因此，不同于当前学术界和实务界的主流观点（提倡通过规模层面的持仓限制来平抑大宗商品价格波动），本书提出需要从质量层面入手，通过提高市场透明度、减少信息摩擦来稳定国际大宗商品市场。

（3）本书将过度联动思想与溢出指数方法相结合，构建过度溢出模型，对国际大宗商品价格间与基本面无关的多维关联特征进行全景式考察，并从强度和方向两个方面对金融化力量与过度溢出的关系进行全面分析，为金融化促进大宗商品市场的内部融合提供了新的证据和解释。

尽管不少学者将近年来大宗商品价格关联性的显著上升归因于金融化的作用，但直接检验两者关系的文献较少，作用机制尚不清晰。多数研究仅通过判断关联性增强时点是否与金融资本大量涌入市场的时间相一致，来说明金融化在国际大宗商品市场内部融合过程中所发挥的作用。但在同一时期，来自经济基本面的共同冲击亦有可能导致国际大宗商品价格间的关联特征发生改变。因此，在未控制基本面影响的情况下，我们仅依据关联性的时变特征无法得出有关金融化作用的可靠结论。为此，本书将 Pindyck 和 Rotemberg（1990）的过度联动思想与 Diebold 和 Yilmaz（2012，2014）的溢出指数方法相结合，构建过度溢出模型，用以测度国际大宗商品间与经济基本面无关的价格关联性。具体来讲，本书的扩展主要体现在两个方面：①运用大型近似因子模型，从全球主要发达国家和新兴国家的 298 个宏观经济指标中提取主成分因子，充分控制经济基本面因素对价格关联性的影响，有效避免了信息遗漏问题；②采用溢出指数方法，全景式考察商品收益率残差间的多维动态关系，提炼过度溢出指标体系，定量测度过度溢出的强度、方向和时变特征。在此基础上，本书从强度和方向两方面出发，运用回归方法对金融化力量与过度溢出的关系进行实证检验，从而为金融化促进国际大宗商品市场的内部融合提供了新的证据和解释。

（4）本书分别以投资组合优化和中国工业产出为落脚点，就国际大宗商品市场金融化对金融投资领域和实体经济部门的影响进行了探索性的研究，丰富了国际大宗商品市场金融化外部影响的相关文献。

目前，关于国际大宗商品市场金融化的研究主要集中于探析金融化的内部特征，侧重于从价格形成机制的角度考察金融化给国际大宗商品市场本身带来的变化，但关于金融化外部影响的研究则较为少见，实务界和监管部门对此也缺乏足够的关注。由于大宗商品兼具投资属性和实物属性，国际大宗商品市场金融化的外部影响至少会体现在金融投资和实体经济两个层面上。在金融投资领域，尽管有间接证据显示，在金融化进程中，商品类资产原本有益于资产配置的投资属性发生改变，这可能对投资组合的优化和投资机会的拓展产生不利的影响，但直接性的实证检验十分有限，关于金融化影响投资组合优化的具体效应和作用机制的结论尚不明确；在实体经济方面，学术界有关国际大宗商品市场金融化影响实体经济的研究尚处于起步阶段，对金融化如何作用于中国经济的探讨更是寥寥无几，理论分析和经验研究均相当匮乏。本书具体以投资组合优化和中国工业产出为落脚点，分别基于微观投资者视角和宏观经济视角，就国际大宗商品市场金融化对金融投资领域和实体经济部门的外溢效应进行了探索性的研究,用辩证的观点论证了国际大宗商品市场金融化给金融投资决策、实体经济运行带来的风险和挑战,以期丰富金融化外部影响的相关文献,并为金融投资者和宏观政策制定者正确把握并合理应对国际大宗商品市场金融化问题提供参考和依据。

2 相关概念界定与文献综述

本章首先对大宗商品市场金融化的基本概念进行明确界定，其次围绕本书的研究主题及研究重点，从两大板块对现有文献进行梳理与总结。一是国际大宗商品市场金融化与其价格动态演变间的关系。本章针对一维价格动态特征，回顾学术界关于金融化背景下国际大宗商品价格驱动因素的主要观点；针对多维价格动态特征，介绍金融化背景下国际大宗商品价格关联性的相关研究。二是国际大宗商品市场金融化对其他相关领域的外溢效应。本章分别从国际大宗商品市场金融化对金融投资领域的影响和对实体经济的影响两个方面，对相关的文献证据进行梳理与评价。

2.1 大宗商品市场金融化的定义

2.1.1 大宗商品的定义

大宗商品是指可以进入流通领域但不包括零售环节，被工农业生产与消费广泛使用的大批量交易的初级物质商品[①]。作为必要的生产要素和消费资料，大宗商品在经济运行中发挥着基础性的作用，国民经济的各个领域都直接或间接地与其发生联系。根据功能和属性，国际市场上交易的大宗商品主要可分为以下几类：①能源，包括原油、天然气、取暖油、无铅汽油等；②农产品，具体又可分为谷物、油脂油料、软商品、牲畜几个板块，其中谷物包括玉米、小麦、稻谷等，油脂油料包括大豆、豆油、豆粕等，软商品主要有棉花、白糖、咖啡、可可等，牲畜包括活牛、育牛、瘦猪肉等；③工业金属，包括铝、铜、锌、镍、铅等；④贵金属，包括黄金、白银、钯、铂等。

---

① 该定义参照原国家质量监督检验检疫总局于2003年发布的《大宗商品电子交易规范》。

大宗商品具有实际使用价值，这决定了商品属性是其本质属性。除了以实物或现货形式交易之外，大宗商品还被设计成期货、期权等衍生产品。期货合约一方面为实物商品买卖者提供套期保值工具，另一方面又成为金融资本投资逐利的载体，大宗商品的投资价值由此得到体现，从而其在一定程度上具有了金融属性。表2.1为国际大宗商品的主要品种及其期货交易所。

表2.1 国际大宗商品的主要品种及其期货交易所

基本类别		品种名称	主要期货交易所
能源		原油、无铅汽油、取暖油、天然气	纽约商业交易所（NYMEX）
农产品	谷物	小麦、玉米、稻谷、燕麦	芝加哥期货交易所（CBOT）
	油脂油料	大豆、豆粕、豆油	芝加哥期货交易所（CBOT）
	软商品	棉花、白糖、咖啡、可可、冷冻橙汁	洲际交易所（ICE）/纽约期货交易所（NYBOT）
	牲畜	活牛、育牛、瘦猪肉	芝加哥商业交易所（CME）
工业金属		铝、铜、锌、铅、镍	伦敦金属交易所（LME）、纽约商业交易所（COMEX）
贵金属		黄金、白银、钯、铂	纽约商品交易所（COMEX）

2.1.2 金融化的定义

从广义角度来讲，"金融化"通常是指"经济金融化"，自20世纪90年代起，这一表述广泛出现于金融发展等领域的研究中，国内外众多学者对其含义进行了阐释和解读。

王广谦（1996）将全社会金融工具总值与经济总产值的比值上升的过程定义为金融化，该比值越高意味着一国的金融化程度越高，金融在经济中所占的地位也就越重要。白钦先（1999）指出金融化是经济发展的必然趋势，其特征主要可概括为经济与金融相互融合；经济关系越来越多地表现为金融关系；金融相关率，即金融资产总值与GDP（国内生产总值）的比率逐渐上升；直接金融在社会融资中的比重日益增大。王芳（2004）认为经济金融化改变了金融和实体部门的数量对比关系，并采用金融相关率作为金融化程度的量化指标。Krippner（2005）将金融化解释为利润越来越多地通过金融而非贸易和商品生产渠道生成的积累模式。Foster（2007）认为金融化是经济重心由实体部门向金融部门转移的过程。陈享光（2016）认为金融化体现了金融资本的快速积累和扩张，意味着积累模式由产业资本为主逐渐转变为金融资本为主。Demir（2009）、杜勇等（2017）和王红建等（2017）关注经济金融化在微观企业层面的表现，他们把实体企业将资金配置于金融资产或对金融资产的投资比率增加的现象称作实体企业金融化。

以上文献均涉及金融化概念的部分内容，更具一般性和概括性的定义来自经济学家 Epstein（2005），他将金融化界定为金融市场、金融机构、金融参与者、金融性动机在经济运行中的重要性日益提升的过程，这一定义得到了广泛应用。尽管不同学者对金融化的具体定义存在一定差异，但从本质来看，广义层面的金融化可理解为金融业对经济的贡献度上升、金融资本在经济中的作用和地位增强的过程及趋势。

2.1.3 大宗商品市场金融化的定义

"大宗商品市场金融化"可视作金融化概念的延伸。那么，根据上述理解，大宗商品市场金融化实质上描述的是金融投资者及金融资本在大宗商品市场中的地位和重要性逐渐提升的动态过程。具体来讲，综合 Domanski 和 Heath（2007）、Falkowski（2011）、Tang 和 Xiong（2012）、Pradhananga（2016）、Büyükşahin 和 Robe（2014）、Adams 和 Glück（2015）、Girardi（2015）、Henderson 等（2015）、Basak 和 Pavlova（2016）、Charlot 等（2016）、Ohashi 和 Okimoto（2016）、殷剑峰（2008）、崔明（2012）、李书彦（2014）、马春阳（2016）、张翔等（2017）诸多学者的定义，大宗商品市场金融化是指原本集中于传统金融市场的投资者越来越多地参与商品期货交易，金融资本不断涌入大宗商品市场，金融投资者在大宗商品市场中的参与度和重要性日益提升的现象及趋势。

学术界和实务界对国际大宗商品市场金融化问题的广泛关注，源于大宗商品价格动态自21世纪初金融资本大量介入以来呈现出的新特征，主要包括：①一维特征，即个体商品价格波动加剧，变动频率和幅度远超历史水平；②多维特征，即不同类别商品间的关联性显著增强，大宗商品市场内部呈融合趋势。大量研究对上述现象产生的原因及其与金融化的关系进行了探索，这些文献专注于从大宗商品市场自身角度考察金融化的市场表现和作用路径，着重探究大宗商品市场金融化在其价格形成中所起的作用，属于对金融化内部特征的研究，旨在揭示金融化的演化规律和内在机理。此外，由于大宗商品市场与经济金融的众多部门联系紧密，因此其金融化进程的影响不仅局限于市场内部，还会通过大宗商品价格动态特性的变化而传导至市场外部。鉴于此，部分学者开始关注大宗商品市场金融化对金融投资和实体经济等其他相关领域产生的外溢效应，这些文献则属于对金融化外部影响的研究。

2.2 金融化背景下国际大宗商品价格的驱动因素研究

进入 21 世纪以来，特别是 2004 年之后，伴随着金融资本大量涌入国际大宗商品市场，大宗商品价格波动加剧，频繁经历大起大落、暴涨暴跌的局面。国内外学者对金融化背景下大宗商品价格剧烈变动的主要原因进行了积极的探析，并逐渐形成两大代表性观点：一类从实体经济需求的角度进行解释；另一类则将其归因于金融投机的作用。

2.2.1 实体经济需求层面的解释

实体经济需求层面的解释认为，21 世纪以来，新兴经济体快速发展带动全球经济高速增长，催生了对大宗商品原材料的旺盛需求，实体经济需求对国际大宗商品价格变动起到了决定性作用。Kilian（2009）基于 SVAR 模型研究发现，2003—2008 年，超过 80% 的油价波动能够被经济总需求冲击所解释。Hamilton（2009）进一步指出，中国需求是导致过去数年来国际油价持续上涨的最大动力。Aastveit 等（2015）采用 FAVAR 模型实证发现，全球实体经济需求对油价波动的贡献程度在 50% 以上，其中新兴经济体的影响力是发达国家的两倍左右。这一结论也得到了 Kaufmann 和 Ullman（2009）的实证支持，他们采用 Granger 因果检验分析各地区原油期货与现货价格间的引导关系，发现迪拜原油现货价格在全球原油定价中具有主导地位，并指出中国、印度是中东原油的主要出口对象，因此他们认为亚洲需求是国际原油价格波动的重要原因。谭小芬等（2014）基于 CRB 指数的实证结果表示，总需求是近年来推动国际大宗商品价格波动的最主要因素，中国需求的作用逐渐增强，但其影响力仍弱于发达国家需求。

支持实体经济需求决定大宗商品价格变动的学者认为，金融投资者在期货市场中的投机交易并不直接影响大宗商品的实物供需状况，故从传统供需均衡的角度来看，金融投机不会改变大宗商品价格的运行机制。Krugman（2008）、Hamilton（2009）和 Smith（2009）等学者指出，从理论上讲，金融投机可通过库存渠道影响大宗商品价格：当投机交易推动期货价格上涨时，期货与现货的价差增大将导致商品库存增加，致使可用于当前消费的商品供给减少，进而引发商品现货价格上涨。他们还发现,在 2007—2008 年油价飙升期间,原油库存未出现明显上升,由此他们认为投机需求并未对油价波动产生显著影响,原油价格的剧烈变动仍是由基本面因素引致的。Knittel 和 Pindyck(2016)对 1998—2012 年美国原油的产量、消费、库存和期现价差数据进行了分析,也未能发现显著的库存效应。Kilian 和 Murphy(2014)利用 SVAR 模型实证考察了投机交易对原油现货价格的影响效应,他们采用符号约束识别原油市场的结构冲击,以库存冲击代表投机需求。结果显示,库存冲击无法解释近年来油价的大涨大跌现象,而经济总需求冲击则具有较高的解释力。

不过针对以商品库存的变化情况来判断金融投机是否影响商品价格的做法,Cheng 和 Xiong(2014)以及 Sockin 和 Xiong(2015)提出了质疑。他们指出,商品库存会对期货价格上涨做出反应的前提条件是,市场参与者能够对由投机引发的和由经济基本面驱动的期货价格变化进行区分,但在存在信息摩擦的现实环境中,这一假设并不成立;相反,在信息摩擦的作用下,投机行为可能会扭曲期货市场的价格发现功能,造成参与者对实体经济需求状况的错误判断,从而在不改变商品库存的情况下引发商品价格变动。因此,库存在大宗商品价格大幅变动期间没有发生明显变化并不能说明商品价格未受到金融投机的影响。

2.2.2 金融投机层面的解释

金融投机层面的解释认为,金融化弱化了供需基本面在大宗商品市场中的作用,大量金融投资者利用商品期货等衍生工具进行投机交易,是造成近年来大宗商品价格剧烈变动的根本原因。Masters(2008)认为指数化投资使得大宗商品价格与基本面严重背离,并建议提高对投机者的持仓限制以减少商品价格波动。殷剑峰(2008)指出金融化改变了大宗商品价格形成机制,认为金融机构的投机性交易行为要为 2003 年以来油价的暴涨暴跌负主要责任。Silvennoinen 和 Thorp(2013)指出,金融化促使大宗商品市场和传统金融市场相互融合,金融冲击对商品收益率的影响将趋于主导地位,从而加剧商品价格波动。吕捷和林宇洁(2013)发现,2006 年下半年之后国际玉米价格波动特性发生结构性改变,强调主导玉米价格波动的不再是传统供需因素,而是包括投机炒作在内的新型市场因素。苏应蓉(2011)和黄先明(2012)认为,金融化趋势下的农产品价格变动不再简单地由实际供求关系决定,而是在很大程度上受到投机力量的影响。联合国贸易与发展会议(UNCTAD)于 2012 年发布的报告指出,随着金融化进程的发展,金融投机已经成为大宗商品价格特别是金属和能源类商品价格剧烈波动的主要原因。

尽管大宗商品价格波动主要由金融投机驱动的观点获得了越来越多的关注，但针对其的实证检验结果却呈明显分歧。一方面，不少文献证实金融投机对大宗商品价格存在显著影响。如 Hache 和 Lantz（2013）运用 Markov 区制转换向量误差修正模型（MS-VECM）证明非商业交易者能够影响国际原油市场的波动状态；Singleton（2013）发现，近期原油期货价格的大幅变动与商品指数交易者和对冲基金的交易活动有关；潘慧峰等（2013）基于 Granger 因果检验发现，非商业持仓不仅能够直接影响原油期货收益率，还能通过影响商业持仓对原油收益率产生间接影响；Du 和 Zhao（2017）则证实金融投资者情绪能够解释 2003—2008 年的国际油价变动。另一方面，也有研究表明，金融机构的投机交易与大宗商品价格的剧烈波动间并无明显关联。如 Büyüksahin 和 Harris（2011）以及 Sanders 和 Irwin（2011）发现，包括对冲基金和指数投资者在内的金融交易者持仓变动不是原油等商品期货价格变动的"Granger（格兰杰）原因"；Kim（2015）基于 1992—2012 年的 21 种商品现货价格与非商业持仓数据，通过横截面回归发现金融投机并未引发大宗商品市场动荡；Bohl 和 Stephan（2013）以玉米、原油和大豆等 6 种商品的现货价格为研究对象，发现代表投机行为的非商业持仓不能加剧大宗商品价格的波动。

2.2.3 综合考察实体经济需求和金融投机影响的研究

上述文献或专门强调实体经济需求的影响，或重点关注金融投机的作用，而在近期的研究中，学者们开始对分析框架进行扩展，综合考察实体经济需求和金融投机对国际大宗商品价格的影响。从研究结论来看，学者们的总体观点较为一致，即金融化条件下的国际大宗商品价格波动是实体经济需求和金融投机共同作用的结果。此外，越来越多的学者开始认识到，在不同的市场状态中，大宗商品价格受金融投机和实体经济需求的影响强弱可能存在差异，但关于两者的相对地位以及具体的作用方式，现有研究尚未得出统一结论；对于市场状态的划分也未形成统一标准，或是侧重于长、短期比较分析，或是分时段或分区制来进行实证检验，存在一定的主观性和随意性。

韩立岩和尹力博（2012）以 CRB（commodity research bureau）指数为研究对象，采用 FAVAR 模型，对 1999—2011 年的国际大宗商品价格的影响因素进行广义视角分析。结果显示，长期中，实体经济是影响国际大宗商品价格的主要因素；而自 2004 年以来，大宗商品市场金融化趋势日益明显，投机成为国际大宗商品价格波动的主要推手。谢飞和韩立岩（2012）采用 VECM 模型也得到相似结论。Fan 和 Xu（2011）发现，2000—2008 年的原油期货与现货价格的波动主要受金融投机的驱动，基本面因素的影响较弱；而全球金融危机期间的油价波动则由实体经济因素主导。Falkowski（2011）认为，指数化投资的急速增长显示大宗商品市场正在经历金融化进程，在此背景下，基本面因素和金融投机都有可能影响商品价格，但两者的影响力难以精确判断。俞剑和陈宇峰（2014）发现，中国需求和 OPEC 供给对国际原油现货价格的即期影响最强，而代表资本投机的库存变动对油价的即期影响较弱；从长期来看，资本投机对国际油价有着明显的正向推动效应，而中国需求的长期效应并不明显。田利辉和谭德凯（2015）发现，美国股票指数对 2002—2012 年的国际原油现货价格的长期走势影响最大，中国需求对原油价格的影响主要体现在短期，但其影响程度仍弱于金融因素，因此他们认为金融投机是近十年来油价波动的主要动力。李智等（2014）运用 MSVAR 模型研究发现，2004 年 7 月至 2011 年 2 月，国际原油期货市场具有明显的区制转换特征，油价变动主要由发达国家石油需求决定，而代表投机因素的原油期货持仓量和交易量也具有重要影响。Liu 等（2016）研究发现，在 2000—2014 年的油价变动中，需求因素的贡献比例达 70%，而金融投机的贡献比例却不到 10%。钟美瑞等（2016）基于 MSVAR 模型证实国际期铜价格存在显著的区制转换特征，在市场膨胀期和低迷期供需基本面因素对铜价的影响最重要，而在市场平稳期则是投机行为的影响最显著。韩立岩等（2017）指出，在金融化背景下，实体经济和投机交易等多方力量造成大宗商品收益率出现了机制转换现象。

通过梳理可以发现，关于金融化背景下大宗商品价格驱动因素的研究逐渐丰富和深入，但在研究结论上仍存在诸多争议。尤其是随着大宗商品市场金融化的日益深化，金融投资者的交易行为在大宗商品价格波动中究竟扮演了怎样的角色？金融投机是否会影响大宗商品价格？如果有影响，影响程度如何？金融投机和实体经济需求何为主导力量？这些问题均无统一定论。此外，多数文献侧重于考察影响效应，对于金融交易活动或金融投机行为影响大宗商品价格的作用机理，尚缺乏有力的分析与检验。

2.3 金融化背景下国际大宗商品价格关联性研究

早期研究显示，个体商品在风险收益特征上存在显著的异质性，不同品种的关联性（connectedness）较低，彼此间呈相互分割的状态（Erb et al., 2006；

Kat et al., 2007）。然而，随着金融化进程的开启和深化，国际市场上多种不同类别的大宗商品价格走势出现大范围的趋同现象，跨类别的多种商品间的价格关联性显著增强，大宗商品市场内部的融合程度不断提高。许多研究对金融化以来国际大宗商品价格关联性的时变特征和变化原因进行了探讨。值得说明的是，根据涵盖的商品类别和范围，广义层面的大宗商品价格关联性研究可分为三类：第一类针对同类商品，其价格联系来自相似的生产周期和实物属性，如同为工业金属的铜和铝；第二类针对某几个具有实际经济联系的商品，其价格关系来自替代或互补效应，可以为同种类别，如同为饲料用粮的小麦与玉米之间存在替代关系，也可以为不同类别，如作为生物能源的重要原料，大豆等粮食作物对原油具有替代作用；第三类基于市场整体角度考察跨类别的多个大宗商品的价格关联特征，旨在探究大宗商品市场的内部融合现象。前两类讨论的关联性涉及商品范围较小，且并非是近年来才出现的新现象，金融化背景下的关联性分析则属于第三类。

2.3.1 关联性的时变特征与变化原因

在大宗商品价格关联性的时变特征方面，学者们基于不同计量方法得到的实证结果较为一致：不论是从现货角度还是从期货角度观察，国际大宗商品价格间的关联性自 2000—2004 年起都进入上升通道，且在 2007—2009 年全球金融危机期间显著增强。总体而言，关联性开始增强的时点与金融资本大量涌入大宗商品市场的时间基本相同（Tang et al., 2012；Poncela et al., 2014；Sensoy et al., 2015；Charlot et al., 2016；Nicola et al., 2016）。

在大宗商品价格关联性的变化原因方面，现有研究尚未达成共识，争论的焦点在于：21 世纪以来大宗商品市场呈现的内部融合趋势，究竟是金融化作用下的新常态，还是由基本面因素导致的暂时性变化。

一方面，尽管不少学者将近年来大宗商品价格关联性上升归因于金融化的作用，但直接检验两者关系的研究并不多。已有研究大多基于关联性的演变路径与金融化的发展趋势相一致的经验事实，来说明大宗商品市场的内部融合现象是金融化作用下的新常态，如 Sensoy 等（2015）和 Charlot 等（2016），但这种经验分析仅能提供金融化影响的间接证据。最为有力的直接证据来自 Tang 和 Xiong（2012）的实证研究，他们分别考察了指数化商品期货间的相关性和非指数化商品期货间的相关性的变动情况，发现自 2004 年起，各类商品间的相关性均显著增强，且指数化商品相关性的上升更为明显，从而证实指数化投资是导致大宗商品间联动性增强的重要原因。此外，Pradhananga（2016）

从 1995—2012 年的 40 种商品现货价格中提取代表联动性的共同因子，并以总持仓作为金融化代理变量，采用因素增强型向量误差修正模型（FAVEC）研究发现，总持仓对共同因子具有显著影响。据此，其认为近年来多种大宗商品价格关联性上升的现象可以由金融化进程来解释。

另一方面，也有学者从经济基本面的角度对这一时期大宗商品价格关联性的动态演变进行解释。Vansteenkiste（2009）从 1957—2008 年的 32 种商品价格中提取代表价格关联性的共同因子，采用回归分析发现，利率、汇率、总需求等宏观基本面因素对共同因子的解释力达 70%。West 和 Wong（2014）采用静态因子模型研究证实，全球工业产出以及美元指数对能源、金属和农产品间的价格联动具有重要影响。Byrne 等（2017）基于时变参数 FAVAR 模型（TVP-FAVAR）研究发现，经济总需求、实际利率和经济不确定性是 1974—2014 年驱动大宗商品价格联动性变化的重要因素。Juvenal 和 Petrella（2015）认为，2004 年以来的油价波动以及原油与众多商品间的联动性变化主要由经济总需求解释。Poncela 等（2014）发现在 2003 年之前，仅全球经济总需求对非能源商品价格联动性有显著影响，而在 2003 年之后，不确定性在联动性波动中的相对重要性明显上升。Behmiri 等（2016）运用混合组均值（pooled mean group）估计法考察宏观经济变量与金融投机对商品期货动态相关系数的影响。结果显示，1998—2014 年，代表金融投机的 Working's T index 对相关系数的影响并不显著，而经济周期、利率、不确定性、通货膨胀等宏观经济变量是导致相关性变化的主要原因。

总体而言，尽管直观上很容易将近年来大宗商品价格关联性的动态演变与金融化进程联系起来，但在同一时期，经济基本面因素也有可能对大宗商品间的关联特征产生重要影响。多数研究仅依据关联性增强时点与金融资本大量涌入大宗商品市场时间相一致的经验证据，来得出金融化促进大宗商品市场内部融合的结论，缺乏可靠性。此外，对大宗商品关联性变化与金融化的关系进行直接检验的实证文献较少，具体的作用机制也不甚明了。

2.3.2 金融化与大宗商品价格过度联动

以上文献均是对大宗商品价格间的相关关系进行直接度量和分析，而在以往的大宗商品价格关联性研究中，"过度联动"（excess comovement）也得到了较多关注。大宗商品价格"过度联动"这一概念最早由 Pindyck 和 Rotemberg（1990）提出，指在控制宏观经济因素的系统性影响之后，多种无明显经济联系的大宗商品（seemingly unrelated commodities）间存在的价格相关性，即不能被经济基本面所解释的联动现象。其中，无明显经济联系的商品是指需求交叉弹性以及供给交叉弹性接近于0的商品，即彼此之间无显著替代或互补关系。从理论上讲，这些商品的联动性应完全由宏观基本面因素所驱动。Pindyck 和 Rotemberg（1990）以个体商品收益率作为因变量，对通货膨胀、工业产值增长率、汇率、利率、货币供应量增长率和股票市场指数收益率进行 OLS 回归，发现回归残差之间具有显著相关性，即存在过度联动现象。他们认为，这种过度联动现象与传统的竞争性均衡定价理论相矛盾，可作为大宗商品市场中存在羊群行为等非理性交易行为的经验证据。

继 Pindyck 和 Rotemberg（1990）之后，不少学者运用不同的计量模型、宏观指标和样本区间对大宗商品价格的过度联动效应进行了检验。与 Pindyck 和 Rotemberg（1990）的结论不同，使用2000年前数据的实证文献大多拒绝或仅发现微弱的过度联动效应（Palaskas et al.，1991；Leybourne et al.，1994；Deb et al.，1996；Ai et al.，2006）。但最新研究显示，在2000年之后，大宗商品价格存在明显的过度联动现象。由于控制了经济基本面的影响，这种联动性变化成为金融化促进大宗商品市场内部融合的有力证据。Le Pen 和 Sévi（2013）基于滚动相关系数对1993—2010年的8种商品现货价格间的过度联动进行实证检验，发现过度联动具有时变性，在2000—2004年以及2008年之后尤为显著，而回归分析显示套保压力和投机指标对过度联动的解释力到达60%。Ohashi 和 Okimoto（2016）基于平滑转换 DCC 模型（STDCC）研究发现，2000年以前，IMF 分类商品指数间的过度联动水平较低且无明显时变特征，而自2000年开始呈显著上升趋势，说明近年来大宗商品价格间联动性增强与金融化过程有关。

2.4 大宗商品市场金融化对金融投资领域的影响

在金融投资领域，投资者参与大宗商品投资的渠道以商品期货为主，重点关注商品期货的组合投资价值，即商品期货对传统资产组合的优化作用。从当前情况来看，作为一类重要的另类投资品种，商品期货在国外投资者的资产组合中已得到广泛应用；而对中国投资机构而言，商品类资产在国际化投资中的作用正逐渐受到重视。随着金融化趋势的发展，大宗商品市场自身的风险收益特征及其与外部金融市场间的关联机制日益复杂化。在此背景下，国际大宗商品市场的金融化进程势必会通过改变商品资产的组合投资价值，而给全球投资者的投资机会和投资绩效带来重要影响。

2.4.1 商品期货投资价值的早期研究

传统观点认为,商品期货具有极佳的投资价值,这主要体现在三个方面:第一,商品期货与传统金融资产之间往往具有较低甚至为负的相关性,能够为投资组合提供风险分散效益(Gorton et al., 2006; Chong et al., 2010);第二,商品期货普遍存在显著为正的风险溢价,有利于提升组合投资回报(Bodie et al., 1980; Fama et al., 1987; Gorton et al., 2006);第三,商品期货价格与物价水平高度相关,因此具有良好的抗通胀功能(Gorton et al., 2006; Erb et al., 2006)。

大量早期文献针对是否应在资产组合中配置商品类资产进行了实证检验,得出了一致的结论:将商品期货引入由传统金融资产构成的投资组合中,能够有效改善组合的风险收益特征。Bodie 和 Rosansky(1980)以及 Fortenbery 和 Hauser(1990)发现,在 1950—1976 年和 1976—1985 年,将商品期货纳入股票组合,可以在收益不变的前提下降低组合风险。Georgiev(2001)基于 1995—2005 年的数据研究结果认为,加入商品期货后,投资组合的夏普比率明显上升。Satyanarayan 和 Varangis(1996)、Abanomey 和 Mathur(1999)以及 Jensen 等(2000)分别以 1970—1992 年、1970—1995 年和 1973—1997 年为样本区间进行实证研究,均证实在传统资产集中引入商品期货能够导致有效前沿上移。Anson(1999)则基于二次效用函数构建最优组合发现,在包含债券和股票的资产集中引入商品期货,能够提升最优组合的夏普比率。Ankrim 和 Hensel(1993)也得出了相似的结论。

2.4.2 金融化背景下商品期货的投资价值

与早期研究得出一致性的肯定结论不同,在考虑金融化背景的近期研究中,学者们对于商品期货是否仍有助于投资组合优化的认识存在较大分歧。Cao 等(2010)考察了 2003—2010 年的商品指数基金在分散化国际投资组合中的作用,他们发现引入商品期货并不能使有效前沿得到显著改善。Daskalaki 和 Skiadopoulos(2011)发现,在 2005—2008 年将商品期货加入包含股票和债券的投资组合中,能够显著提升投资绩效,并认为这与该时期大宗商品价格大幅度且大范围的上涨有关;但在 2007—2009 年次贷危机期间,商品期货不能改善投资组合的风险收益特征,他们将其归因于危机期间商品与股票等金融资产的联动性上升。Belousova 和 Dorfleitner(2012)基于张成检验研究发现,1995—2010 年大宗商品总体上具有良好的组合优化功能,但不同品种在提升组合收益和降低组合风险方面的能力存在显著差异，工业金属、牲畜和农产品有助于降低组合风险，而能源和贵金属则既能降低组合风险又能提升组合收益。尹力博和韩立岩（2014）论证了大宗商品投资对国际资产配置的重要性，认为主权财富基金等长期机构投资者在国际化投资组合中增加大宗商品战略配置，有助于提高国民效用并可对冲通胀风险。可见，对于 21 世纪以来商品期货是否仍能给投资者带来效用改善，目前的研究结论尚不明确，而这其中金融化究竟产生了怎样的影响，上述文献也未能给出直接回答。

2.4.3 金融化影响投资组合优化的间接证据

21 世纪以来，随着空前规模的金融资本介入大宗商品市场，商品期货原本有益于资产配置的投资属性发生改变，这间接表明金融化可能对投资组合优化产生不利的影响，相关证据主要包括以下两个方面：

（1）在金融化进程中，商品期货的风险溢价下降，意味着其提供超额回报乃至提升组合收益的能力可能减弱。Hamilton 和 Wu（2014）实证发现，原油期货的风险溢价在 2005 年之后显著降低，他们认为金融投资者参与度的增加提升了商品期货市场的风险分担效率，从而减少了期货价格中的风险补偿。Brunetti 和 Reiffen（2014）基于 2007—2009 年的农产品期货市场数据研究发现，与其他期货合约相比，商品指数交易者为多头方的期货合约具有更低的风险溢价。Baker（2016）构建具有异质性风险厌恶参与者的动态均衡模型，分析可储存商品的金融化问题，在该模型中，金融化降低了家庭消费者参与商品期货交易的成本，他使用原油市场数据对模型进行校准，结果发现金融化将导致商品期货风险溢价下降。不过也有学者持相反的观点，认为金融化进程将导致商品期货风险溢价上升。如 Rouwenhorst 和 Tang（2012）认为，金融资产的风险溢价与其系统风险的大小成正比，在金融化进程中，金融市场风险会通过金融资本的跨市流动传递到商品期货市场中，导致商品期货的系统风险增大，风险溢价随之上升。Boons 等（2014）通过理论分析证实，在金融投资者未参与商品期货市场的情况下，商品期货的风险溢价仅由套期保值压力决定；而在金融投资者参与商品期货市场的情况下，除套保压力外，股票市场风险也会影响商品期货定价。在此基础上，他们以 2004 年为金融化分界点，实证考察了金融化前后商品期货风险溢价的变化情况。结果证实，2004 年之前，股票市场风险不能解释商品期货风险溢价的横截面差异；而 2004 年之后，股票市场风险则成为商品期货显著的定价因子。这表明金融化可能会带来更高的系统风险，从而导致商品期货的风险溢价上升。

（2）金融化以来，商品类资产与股票、债券等传统金融资产间的相关性逐渐上升，表明商品期货的风险分散能力有所下降。Silvennoinen 和 Thorp（2013）基于 DSTCC-GARCH 模型考察了 24 种商品期货与股票和债券间的动态相关关系，发现多数相关系数自 21 世纪初期开始呈上升趋势，并在全球金融危机期间达到最大值。他们指出，金融化促进了大宗商品与传统金融市场间的融合。Büyükşahin 和 Robe（2014）实证发现，对冲基金（尤其是在商品和股票市场间进行跨市交易的对冲基金）参与度增加是导致商品期货和股票联动性增强的主要原因。Girardi（2015）采用 DCC 模型估计了 1986—2013 年的 16 个农产品期货与 S&P500 股票指数间的时变相关系数，并对相关性的影响因素进行了实证考察，发现近年来农产品与股票市场相关性的上升是金融化和金融危机共同作用的结果。然而，也有学者认为金融化并未对资产相关性造成显著影响。如 Büyükşahin 等（2010）采用 DCC 模型及协整检验研究发现，1992—2008 年的商品指数和股票指数间的相关关系并未发生显著改变，尤其是在金融投资者参与度大幅增加的 2003—2008 年，两者间的相关性仍保持在较低水平，即使在金融市场极端情况下，商品与股票间的联动性也并未出现明显上升，因此金融化背景下的大宗商品仍具有良好的风险分散功能。Bruno 等（2016）指出，金融化并未导致商品市场与股票市场间发生系统性的融合，他们基于 SVAR 模型实证发现商品与股票市场联动性的变化是由经济基本面主导的，受金融化的影响较弱。Charlot 等（2016）的研究表明，在 2008 年 9 月雷曼兄弟破产之前，商品与股票和债券间的相关性始终保持在较低水平，相关性在全球金融危机期间急剧上升，危机之后则再次恢复到低位水平。他们认为，商品和传统金融资产在正常时期的低相关性体现了"风格效应"，而危机时期的高相关性则可由流动性螺旋理论解释。Öztek 和 Öcal（2017）考察了农产品和贵金属期货指数与股票指数间的动态相关系数，发现金融化以来，农产品和贵金属市场仍具有较强的风险分散优势，且在市场平稳期的风险分散效应大于在市场动荡期。他们认为，大宗商品与股票市场间的高相关性并非由金融化导致的结构性改变，而是市场动荡时期的风险传染现象。

上述文献均只涉及商品期货投资属性的某个方面，如风险溢价或资产相关性，并未在考虑金融化作用的情况下对投资组合中引入商品期货后的绩效变化进行统计检验，因此仅能提供金融化影响投资组合优化的间接证据。目前，直接考察大宗商品市场金融化对投资组合优化影响的实证研究相对较少。Zaremba（2015）以非商业持仓占比作为金融化代理变量，基于张成检验研究发现，在金融化趋势下将商品期货引入股票债券组合无法带来绩效改善，原因在于金融化降低了商品期货的展期收益率。Adhikari 等（2014）以 2001 年作为金融化分界点，他们发现，与金融化前相比，在金融化进程开启之后，商品期货对股票债券组合的风险分散效益显著下降。尽管上述研究在组合投资的框架下对金融化的影响进行了直接检验，但分析较为粗糙，缺乏对作用机制的详细阐释，也并未考虑不同金融化程度的影响差异。那么在金融化深化的过程中，投资者将商品期货纳入资产组合是不是明智的选择？金融化进程怎样影响商品期货在组合投资中的作用？金融化对投资组合优化的影响究竟是体现在风险方面还是收益方面？金融化程度不同是否影响不同？这些问题都还需我们进一步的确认和探讨。

2.5　大宗商品市场金融化对实体经济的影响

大宗商品既是工农业生产不可或缺的基础原材料，也是日常生活中必不可少的消费品，其价格变动关系到国民经济的各个方面。大宗商品市场金融化的影响势必会通过其价格动态特性的改变而传导至实体经济领域。

尽管大宗商品市场金融化影响实体经济的认识非常符合直觉，相关话题也常见于新闻媒体，但对于金融化究竟如何作用于实体经济部门，通过何种传导渠道或作用机制产生影响等重要议题，学术界尚未开展细致的研究，文献资料十分有限。在已有文献中，最为相关的是 Sockin 和 Xiong（2015）的理论研究以及 Brogaard 等（2016）的实证检验。Sockin 和 Xiong（2015）建立了对数线性均衡模型，以分析信息摩擦对大宗商品市场的影响。他们通过推导证明，在完全信息环境中，大宗商品价格变动具有成本效应，即大宗商品价格上涨会导致商品需求下降；但在不完全信息环境中，大宗商品价格变动除具有成本效应外，还存在信息效应，能够引导生产者的行为决策。大宗商品价格上涨传递了实体经济需求强劲的信号，刺激生产者扩大生产，从而增加其对大宗商品原材料的需求。Sockin 和 Xiong（2015）进一步指出，金融投资者在期货市场的非基本面交易（投机交易）将产生信息噪音，扭曲商品价格信号，从而对生产者行为决策形成反馈效应。具体而言，当存在信息摩擦时，生产者会错误地将由投机导致的大宗商品价格上涨归因于经济基本面向好，从而增加大宗商品需求以扩大生产。Brogaard 等（2016）主要研究了大宗商品市场金融化对实际投资的影响，发现金融化导致大宗商品价格变动对企业投资的影响下降。他们认为，金融化干扰了大宗商品价格的信号传递功能，从而降低了实体经济活动对大宗商品价格变动的敏感性。

总体来讲,目前国际学术界有关大宗商品市场金融化影响实体经济的研究尚处于起步阶段。从有限的文献资料来看,金融化对实体经济活动存在重要影响的经验判断得到了初步支持,但分析尚未深入。尤其是对于不同国家、不同经济部门和不同经济环境而言,金融化的影响可能存在较大差异,相关研究亟待丰富。

国内方面,尽管越来越多的学者开始认识到国际大宗商品市场金融化的加速深化不可避免地会对中国经济产生影响,但不论是理论分析还是经验研究均相当匮乏。仅有张翔等(2017)就金融化对通货膨胀、总产出、就业、消费、投资等中国宏观经济变量的影响效应进行了实证考察,但他们的分析较为笼统,并未对传导渠道及作用机制进行进一步的检验。其余多数文献基本上仅在阐述研究背景或研究意义时简单提及国际大宗商品市场金融化对中国经济的影响,如张雪莹和刘洪武(2012)指出,金融化使得大宗商品价格形成机制复杂化,其影响会因大宗商品在工业生产中的基础性地位而传导至整个经济系统;Tang等(2014)在金融化的大背景下考察国际大宗商品价格和中国通货膨胀新动态之间的关系;田利辉和谭德凯(2014)认为金融化背景下的原材料成本变动加剧,造成我国制造业利润收缩,因而产业政策制定部门应正视并积极应对大宗商品金融化问题;尹力博和柳依依(2016)指出国际金融因素将通过影响大宗商品定价对我国实体经济造成冲击。事实上,对于中国经济而言,国际大宗商品价格变动是重要的外部冲击因素。因此,国际大宗商品市场金融化对我国实体经济的影响不容小觑,相关问题需要获得国内学术界和政府部门的高度重视。

2.6 本章小结

通过以上梳理可以发现,目前,学术界关于国际大宗商品市场金融化的探讨基本集中在其内部特征方面,主要针对金融化进程中大宗商品价格的一维动态特征和多维动态特征,探析其形成机制及与金融化的关系。这方面的研究可分为两大类:一是从一维角度探究金融化背景下大宗商品价格波动的驱动因素;二是从多维角度考察金融化背景下大宗商品价格关联性的演变原因。从已有文献来看,相关研究具有如下特点:

(1)大宗商品价格驱动因素方面。首先,在研究结论上,关于金融化趋势下个体商品价格剧烈波动的原因以及金融投资者在其中扮演的角色，学术界还存在诸多争议，具体包括近年来大宗商品市场的急剧动荡是否源于金融投资者的广泛参与？金融投机行为能否以及如何影响大宗商品价格？金融投机和实体经济需求何为驱动大宗商品价格波动的主导力量？这些问题均无统一定论。其次，在研究框架上，近期研究已开始重视区分市场状态，认识到不同环境或时段中大宗商品价格受各因素影响的强弱程度可能存在差异，这有利于更加准确地刻画影响效应，但对于市场状态的划分却尚未形成统一标准，且存在主观性和随意性。最后，现有实证文献侧重于考察金融投资者行为对大宗商品价格的影响效应，对作用机理则缺乏充分有力的解释和验证。

（2）大宗商品价格关联性方面。首先，在研究结论上，近年来大宗商品价格关联特征的变化是否与金融投资者的交易活动有关？大宗商品市场呈现的内部融合现象究竟是金融化作用下的新常态，还是由基本面因素导致的暂时性变化？金融化推动大宗商品价格关联性动态演变的内在机制是什么？对于上述问题学者们的认识存在较大分歧。其次，在研究方法上，多数研究仅依据关联性的时变特征，即通过观察关联性增强时点与金融资本大量介入的时间是否相吻合，来对金融化在大宗商品市场融合过程中发挥的作用进行判断；但同一时期，来自经济基本面的共同冲击也是导致大宗商品价格关联性变化的重要原因，而传统的关联性分析并未充分控制基本面因素的影响，对金融化作用的判断缺乏可靠性。最后，直接对大宗商品价格关联特征变化与金融化的关系进行实证检验的文献较少，结论也比较笼统，具体的作用机制不甚明了。

总体来看，尽管国内外学者针对金融化进程中大宗商品价格的运行规律和形成机制进行了丰富的探究，但关于国际大宗商品市场金融化与其价格动态演变间的关系、金融投资者交易行为在国际大宗商品价格动态决定中的作用，已有文献在研究结论上还存在诸多争议，研究方法和研究视角也具有一定的局限性。因此，学术界对金融化内部特征的认识不够清晰，需要通过进一步的深入研究来提升对金融化的演化规律和内在机理的理解。

如前所述，现有关于国际大宗商品市场金融化的研究主要集中于探析金融化的内部特征，侧重于从价格形成机制的角度考察金融化给国际大宗商品市场本身带来的变化。但鲜有文献从国际大宗商品市场外部出发，探讨金融化对其他相关领域的外溢效应，尤其缺乏针对金融投资领域和实体经济层面的影响分析。在金融投资方面，尽管有间接证据显示，在金融化进程中商品类资产原本有益于资产配置的投资属性发生改变，这可能对投资组合的优化和投资机会的拓展产生不利的影响，但直接性的实证检验还十分有限，关于金融化对投资组合优化的具体影响效应和作用机制，结论尚不明确。在实体经济方面，学术界有关大宗商品市场金融化影响实体经济的研究尚处于起步阶段，对金融化如何作用于中国经济的探讨更是寥寥无几，理论分析和经验研究均相当匮乏。大宗商品市场的金融化进程如何影响投资者的投资机会和投资绩效？其通过何种机制作用于实体经济，产生怎样的影响效果？这些问题都有待进一步探索，也将是金融化领域未来重要的研究方向。尤其是对我国而言，在国际大宗商品市场与国内金融经济存在密切联系的情况下，其金融化趋势对我国的潜在影响不容小觑，相关研究亟待丰富。

3 国际大宗商品市场金融化的表现、成因与度量指标

明晰国际大宗商品市场金融化的表现、成因与度量指标，是深入理解金融化的演化规律和作用路径、分析其内部特征和外部影响的基础及前提。本章首先从交易主体金融化和价格形成金融化两方面描述了金融化的市场表现，其次详细分析了国际大宗商品市场金融化形成的内部动力和外部因素，最后介绍了本书用于度量国际大宗商品市场金融化程度以及金融投资者交易行为的主要指标。

3.1 国际大宗商品市场金融化的表现

国际大宗商品市场的金融化进程始于 21 世纪初，在 2004—2008 年蓬勃发展，并于全球金融危机之后呈加速深化之势。其主要表现是交易主体的金融化以及由此导致的价格形成金融化（李书彦，2014）。

3.1.1 交易主体金融化

在 2000 年之前，国际大宗商品市场的参与者绝大部分为生产者、贸易商、加工商、消费者等商业交易者。2000 年之后，特别是 2004 年以来，随着指数化投资的兴起以及量化投资、程序化交易的快速发展，以往活跃于股票、债券等传统金融市场的投资者，如对冲基金、投资银行、保险公司、养老基金、主权财富基金等，开始大量涉入国际大宗商品市场。这些金融投资者并不具有生产、消费、套期保值等商业性交易动机，其主要基于资产配置需求而参与大宗商品投资，以增加资产组合的多样性，达到分散投资风险、拓展收益空间的目的，投资途径以商品期货为主。

21世纪之初,四大投资银行——高盛集团、巴克莱银行、摩根士丹利国际银行和摩根大通集团率先进军大宗商品投资领域,它们将多种商品合约按一定比例组合成商品指数基金,通过滚动移仓获得展期收益;随即瑞士银行、美林银行、花旗银行、德意志银行等其他大型银行也迅速跟进。2004—2005年,包括养老金、主权财富基金、大学捐赠基金、保险公司在内的一系列机构投资者也加入指数化投资的大军,大量买入主流银行的指数基金或是跟踪这些商品指数;与此同时,随着量化投资技术的迅猛发展,对冲基金和期货管理基金也日益活跃,不断加大对大宗商品市场的投资力度和参与深度。过去十多年间,越来越多的金融投资者进入大宗商品领域,利用商品期货进行大规模的投资乃至投机交易,使得全球大宗商品市场的力量格局和参与者结构发生显著改变:商品衍生品交易量急剧增长,远远超过实物贸易和供需规模;商业交易者与实业资本的影响力逐渐下降,金融机构和金融资本凭借其敏锐的市场嗅觉、专业的投资策略、强大的信息优势以及雄厚的资金实力,日益成为市场主力(殷剑峰,2008;罗嘉庆,2015;Girardi,2015)。据统计,2000—2008年,养老金的大宗商品相关资产价值从100亿美元猛增至2 500亿美元,增长超过20倍;主权财富基金投资的大宗商品资产价值从2001年的7 650亿美元上升到2010年的23 650亿美元[①]。联合国贸易与发展会议(UNCTAD)发布的报告显示,20世纪90年代,金融投资者在全球大宗商品市场中的比重还不足25%,而到2012年已超过85%。

3.1.2 价格形成金融化

大宗商品市场的交易主体和参与者结构发生变化,意味着其价格演变规律及形成机制也随之改变。从传统意义上讲,商品属性是大宗商品的基本属性,即具有使用价值,表现为其价格变动主要由实际供求关系决定。设计期货合约的初衷是为了实现风险规避和价格发现功能,即提供套期保值工具并引导现货价格有效反映供求基本面的真实情况,从而维持大宗商品市场稳定。在21世纪之前,期货交易主要还是为实物贸易服务,大多数期货合约最终进入实物交割,在这种情况下,大宗商品的商品属性凸显(吕志平,2013)。因此,大宗商品市场总体运行较为平稳,某些品种偶尔在个别年份因自然灾害或政策变动等原因而出现动荡局面,但并不是常态化现象;而由于不同品种在生产周期、

---

① 法如奇,凯普林斯基. 中国崛起与全球大宗商品定价:全球资源体系的重构[M]. 冯超,译. 上海:上海社会科学院出版社,2015.

功能特性等方面存在较大差异，个体商品市场基本呈相互分割的状态（Tang et al., 2012）。

进入 21 世纪以来，利用商品期货来进行资产配置、投机套利的金融交易者大量增加，期货交易越来越多地被金融资本用作商品投资与投机的载体，实物交割比例大大降低，这使得大宗商品的金融属性不断增强，表现为大宗商品价格与实体供需因素的联系减弱，开始呈现出类似于金融资产的动态特征（史晨昱，2011；翟雪玲 等，2013；张成思 等，2014）。具体包括：其一，个体商品价格波动加剧，频繁经历大起大落、暴涨暴跌的局面；其二，不同品种间的关联性显著增强，大宗商品市场内部的融合程度不断提高。从基本面角度来看，同期市场的实际供求状况并未发生如此巨大的变化，因此在金融化进程中，大宗商品价格并不总是基本面的真实反映，金融资本的大量涌入导致大宗商品价格形成机制发生改变，从而形成了金融化趋势下的新常态（Adams et al., 2015）。金融化带来的价格动态新特性难以仅由传统的基本面分析框架解释，而是与日趋活跃的金融交易活动密切相关。换言之，金融投资者的交易行为成为理解新背景下大宗商品价格运行规律的重要因素（卢锋 等，2009）。

3.2 国际大宗商品市场金融化的成因

3.2.1 国际大宗商品市场金融化的内部动力

自 21 世纪初起，金融投资者大量进场形成了国际大宗商品市场金融化的原动力。金融投资者之所以青睐大宗商品，主要是被其作为另类投资工具的突出优势吸引。2000 年前后，学术界针对大宗商品的投资属性展开了积极的研究。Greer（2000）、Gorton 和 Rouwenhorst（2006）、Erb 和 Harvey（2006）等学者相继发表了一系列颇具影响力的文章，这些研究的核心观点认为，从资产配置角度来看，商品类资产（主要指商品期货）具有极佳的投资价值。其主要体现在三个方面：①商品期货与股票、债券等传统金融资产间的历史相关性较低，能够提供风险分散效益；②商品期货具有优于传统金融资产的风险收益特征，其投资收益的均值水平与股票相当，波动性则低于股票和债券，有利于提升组合的投资绩效；③商品资产投资能够有效抵抗通货膨胀风险。学术界的研究成果引导业界开始重视大宗商品对于投资优化的作用，众多的机构投资者将商品资产纳入投资组合，并不断增加其权重配比。

在国际大宗商品市场金融化进程中，有两类投资者被认为是最主要的金融推动力量，即对冲基金和商品指数交易者。

3.2.1.1 对冲基金（hedge funds）

对冲基金于20世纪50年代初诞生于美国，其早期的宗旨是利用金融衍生工具进行风险对冲。21世纪以来，对冲基金行业空前发展，交易动机早已突破原始的避险需求，而是以赚取超额收益为主要目标。大宗商品市场中的对冲基金专指代表客户进行大宗商品资产管理和投资的专业金融机构，主要包括商品基金经理（commodity pool operators，CPOs）、商品交易顾问（commodity trading advisors，CTAs）以及其他在美国商品期货交易委员会（CFTC）登记注册为"资金管理者"（managed money）的交易者（Büyükşahin et al., 2014; Cheng et al., 2015）。这类投资者通常采取主动型投资策略，其主要特征是常采用量化模型来预测市场走势并捕捉套利机会，投资期限较短，交易频繁、操作灵活，具有高杠杆性和高流动性。对冲基金往往掌握复杂的模型和算法程序，能够从市场的微小变化中探测价格信号，并由程序化交易自动触发头寸变动。相比于其他交易者类型，对冲基金通常被认为具有较高的风险偏好，其以敏锐的市场嗅觉、专业的投资操作技术和基金经理的历史业绩作为竞争优势吸引投资者买入。除专注投资一种商品外，多数对冲基金还在不同商品品种间进行套利，以及在商品和金融市场之间进行跨市交易，从而导致信息和风险在不同市场间流动和传递。在过去十多年间，国际大宗商品市场中的对冲基金数量和规模急剧增长，是参与商品投资和投机交易的绝对主力。国际清算银行（BIS）数据显示，仅在2003—2005年，对冲基金在场外（OTC）商品交易市场中的参与比例就从4.3%增长至30.7%；据美国能源对冲基金中心估计，在2005年有超过420只对冲基金投资于纽约商业交易所（NYMEX）的能源产品，其数量以每月5~15只的速度增长。

3.2.1.2 商品指数交易者（commodity index traders）

商品指数交易者是进行指数化投资的商品交易者，主要包括投资银行、养老金、主权财富基金、大学捐赠基金、保险公司等长期机构投资者，其是近十多年来加入国际大宗商品市场的新型投资者。与传统投资者不同，商品指数交易者对短期价格变化不敏感，并不关注单个品种的基本面情况，其突出特征是通过跟踪某一特定的商品指数来复制该指数的投资收益，采取的是被动型投资策略，投资期限较长，且往往具有较大的资金规模。商品指数交易者获得商品头寸的方式主要分为直接和间接两种：直接方式即参照指数构成购买一篮子商品期货合约；间接方式则是购买商品指数基金，再由指数基金和互换交易商签订合约而间接持有特定的商品指数头寸。直接购买期货合约的方式成本较高，不利于操作，绝大多数的商品指数交易者是间接参与商品期货投资。据Sanders等（2010）估计，农产品期货市场中85%左右的指数持仓都是通过互换交易商持有的。目前，商品指数交易者跟踪的商品指数主要有：路透商品研究局指数（CRB）、标普高盛商品指数（S&P GSCI）、道琼斯瑞银商品指数（DJ-UBS）和罗杰斯商品指数（RICI）。近年来，指数基金发展迅速，成长为大宗商品市场的投资新贵。据巴克莱资本①统计，全球商品指数基金的投资规模从2002年的90亿美元上升到2012年的2 400亿美元；在石油市场，指数基金在2003—2008年所投资的石油资产规模相当于这5年里中国石油进口量的增加总额，是同期美国战略石油储备的8倍；在小麦市场，商品指数交易者的投资规模几乎可以满足美国人民两年的消费需求。

3.2.2 国际大宗商品市场金融化的外部因素

3.2.2.1 监管放松为国际大宗商品市场金融化的开启提供了契机

2000年，美国出台《商品期货现代化法案》（Commodity Futures Modernization Act，CFMA），自此开始，美国期货业确立了"以原则为导向"的监管思路，标志着美国乃至全球期货监管理念和方式的重要转变。中央财务管理机构（CFMA）大幅减少了对期货等衍生产品创新和交易的限制。在这一框架下，美国商品期货交易委员会制定并实施了一系列放松监管的规则和政策，使得以往处于严格管制之中的金融机构能够更加方便、顺利地进入商品期货交易中，由此打开了全球金融投资者利用商品期货参与大宗商品投资的通道，为国际大宗商品市场金融化进程的开启提供了契机。全球金融危机之后，美国金融监管有所收紧，于2010年颁布了《多德—弗兰克法案》（Dodd-Franck Act，DFA），将场外交易纳入监管范围，但从监管理念来看，"以原则为导向"的基本思路和金融自由化的发展方向并没有改变（马险峰等，2013），因此金融机构参与大宗商品投资的趋势仍将持续。

3.2.2.2 传统金融市场动荡促进了国际大宗商品市场金融化的发展

20世纪末至21世纪初，金融市场的投资者接连遭受了两轮重创：其一，1997年7月东南亚金融危机爆发，泰国、马来西亚、印度尼西亚、菲律宾、新加坡、韩国、日本等国的货币大幅贬值，股市也轮番下跌，对本地区的金融和经济造成了巨大打击，也严重影响了全球金融系统的稳定。其二，

---

① 巴克莱资本（Barclays Capital）为跨国银行控股公司巴克莱银行集团之投资银行子公司。

2000—2001年美国互联网泡沫破裂，引发股票市场暴跌。1995—2000年，以美国股票市场为首的多国股市市值在互联网及相关板块的带动下急速增长，由互联网概念引领的投机热潮席卷全球。2000年3月10日，以科技股为主的纳斯达克指数攀升到5 132的历史峰值，互联网泡沫达到顶点。随后，在微软被判存在垄断行为等事件的冲击下，互联网泡沫开始破裂，在短短两年时间里，纳斯达克指数从5 000多点一路跌至1 200点以下，总共约5万亿美元的市值蒸发。传统金融市场的剧烈震荡使得投资者损失惨重，投资空间受到压缩，金融资本亟须寻求新的收益增长机会来分散投资风险，于是投资者把目光转向国际大宗商品市场，以此作为传统投资渠道的拓展，这进一步促进了国际大宗商品市场金融化的发展。

3.2.2.3　全球流动性扩张为国际大宗商品市场金融化创造了有利空间

2000—2004年，美国、日本和欧元区均表现出经济增长乏力其至经济衰退的迹象。为刺激经济，三大经济体纷纷采取低利率政策，导致全球流动性扩张，增加了可用于商品投资的逐利性资金，为国际大宗商品市场金融化创造了有利空间。2008年全球金融危机之后，以美联储为代表的发达国家央行相继推出量化宽松等非常规货币政策，更是致使流动性泛滥，国际大宗商品市场成为国际热钱的聚集地，金融化进程呈加速深化之势。据统计，发达国家广义货币供应量M2从2000年的4.5万亿美元增长至2008年的9万亿美元，2010年又进一步上升至10万亿美元[①]。过剩的流动性增加了金融资本的资金规模，并强化了国际热钱的投机动机，对国际大宗商品市场金融化起到了推波助澜的作用。

3.3　国际大宗商品市场金融化的度量指标

由前文论述可知，国际大宗商品市场金融化是指金融投资者越来越多地参与商品期货交易，从而在大宗商品市场中的参与度和重要性不断提升的过程及趋势。其主要特征是交易主体金融化及由此导致的价格形成金融化，大宗商品价格日益受到金融投资者交易行为的影响。基于商品期货持仓数据构造的金融持仓指标能够有效度量金融投资者的市场参与度、反映金融交易活动及其变化情况，因而被广泛应用于金融化领域的研究中，用以刻画大宗商品市场的金融

---

① 黄先明. 国际大宗农产品价格金融化机理分析及我国政策选择[J]. 国际贸易，2012（6）：23-26.

化程度以及考察大宗商品价格异动与金融投资者行为的关系。

3.3.1 商品期货持仓信息

当前研究使用的持仓数据主要来自美国，这是由于两方面原因：第一，美国在国际金融系统中占据核心地位，也是世界主要的大宗商品交易和定价中心，拥有最多的商品交易品种和最为完善的监管体系，全球70%以上的场内商品衍生品交易集中在美国（李政，2012）；第二，美国市场的期货持仓数据覆盖的信息范围最广、记录最全面，尤其是具有区分交易者类型的分类持仓报告。与之相比，尽管其他国家或地区的大宗商品交易所也具有重要的国际影响力，如英国伦敦金属交易所（LME），但由于缺乏分类持仓信息的历史数据，且上市品种相对较少，在金融化研究中较少使用。根据数据可得性，商品期货持仓信息可分为两类：一类是非公开的持仓信息；另一类是公开的持仓信息。

3.3.1.1 非公开的持仓信息

美国商品期货交易委员会是美国政府设立的金融监管机构，负责对美国市场上所有的期货期权交易活动进行监督和管理。为实施有效监管，防范市场操纵行为，CFTC建立了大户报告系统（large trader reporting system，LTRS），向持仓规模超过申报水平的交易者（包括期货经纪商、外国经纪商和结算会员）收集交易信息和持仓数据。这些大额交易者的期货头寸被统称为"报告头寸"，约占期货总持仓量的70%~90%。此外，许多小型交易者也自愿向CFTC报告持仓数据，其期货头寸被称为"非报告头寸"，且我们一般认为非报告头寸代表了小型散户的持仓行为。根据登记注册的业务类型以及CFTC搜寻的额外信息，LTRS将大额交易者（报告交易者）细分为28种，包括经销商/贸易商、制造商、生产者、互换交易商、场内经纪人和交易者、商品基金经理、商品交易顾问、经纪商代理人等，记录的信息具体到每个交易日结束时每位报告交易者账户中单个期货合约的头寸数据。尽管LTRS涵盖了丰富的市场交易信息，但为保护交易者隐私，CFTC并不对外公布个人账户数据，而仅公开部分信息。相比于LTRS原始数据，公开的持仓信息对交易者类型的划分较为粗略，且不展示单个合约的持仓信息，只汇报基于同类交易者加总的持仓数据。在获得CFTC授权的前提下，少数学者如Büyükşahin和Harris（2011）、Büyükşahin和Robe（2014）、Cheng等（2015）基于非公开的LTRS持仓数据，对各类金融投资者的交易行为和市场参与度进行了准确、细致的度量。

3.3.1.2 公开的持仓信息

目前，应用最广泛的公开持仓信息来自CFTC于每周五公布的交易者持仓

(commitments of traders，COT)报告。在 COT 报告中，所有的报告头寸被分为商业持仓和非商业持仓两大类。商业持仓对应的商业交易者大多从事与现货有关的经营活动，其交易动机主要是利用商品衍生工具来规避价格风险、锁定商业经营的成本或收益，通常被视作套期保值者；非商业持仓对应的非商业交易者则不涉及现货业务，由各类金融机构组成，其在承担风险的前提下进行商品期货交易，以期从价格波动中获利。因此，我们一般认为商业持仓代表实体经济需求，而非商业持仓则代表金融投资或投机需求（张茜，2012；钱煜昊 等，2017）。自 2009 年 9 月起，CFTC 开始发布改版的交易者持仓（disaggregated commitments of traders，DCOT）报告，进一步细分交易者类型。在 DCOT 报告中，所有报告头寸的交易者被分为四类：生产商/贸易商/加工商/用户、互换交易商、资金管理者和其他可报告者。其中，生产者/贸易商/加工商/用户为具有现货背景的经营实体，属于传统的商业交易者；互换交易商通常在场外市场进行互换交易，并使用商品期货合约对冲互换风险；资金管理者为以对冲基金为代表的专业金融投资机构；而其他可报告者是未归为以上三类的交易者，主要包括大型个人投机者、做市商和管理自有商品资产的企业。目前，DCOT 报告的历史数据可回溯至 2006 年 6 月。

由于权限原因，多数学者无法获取 LTRS 内部数据，因此绝大多数研究以及本书所使用的持仓信息均来自 CFTC 的公开持仓报告。下面，我们对本书用于刻画大宗商品市场金融化程度以及金融投资者交易行为的主要指标进行介绍。

3.3.2 基于公开信息的金融持仓指标

3.3.2.1 Working's T index

基于 COT 数据构造的金融持仓指标在大宗商品市场金融化的相关研究中得到广泛使用，其中最具代表性的是 Working's T index。该指标由 Working (1960) 提出，旨在度量非商业持仓超过商业持仓的相对规模，常被应用于测度商品期货市场的"过度投机"程度。对任一商品市场 i，其在 t 时刻的 Working's T index 计算公式为

$$\text{T index}_{i,t} = \begin{cases} 1 + \dfrac{\text{NCS}_{i,t}}{\text{CL}_{i,t} + \text{CS}_{i,t}} & if\ \text{CS}_{i,t} \geqslant \text{CL}_{i,t} \\ 1 + \dfrac{\text{NCL}_{i,t}}{\text{CL}_{i,t} + \text{CS}_{i,t}} & if\ \text{CL}_{i,t} > \text{CS}_{i,t} \end{cases} \quad (3.1)$$

其中，$\text{NCS}_{i,t}$、$\text{NCL}_{i,t}$、$\text{CS}_{i,t}$、$\text{CL}_{i,t}$ 分别为 COT 报告中的非商业空头持仓、非商

业多头持仓、商业空头持仓和商业多头持仓的数量。

部分学者认为，传统的商业交易者有时也存在投机倾向，而 Working's T index 由于忽略了商业持仓可能具有的投机性质，因此无法准确反映大宗商品市场真实的投机压力（Hartzmark，1987；Kang et al.，2014；Cheng et al.，2014）。尽管如此，根据 Büyükşahin 和 Robe（2014）以及 Bruno 等（2016）的研究，Working's T index 仍可有效刻画大宗商品市场中金融投资者的贡献度和相对重要性。Bruno 等（2016）对用 Working's T index 作为金融化代理变量的合理性进行了论述，他们指出大宗商品市场金融化所描述的是大宗商品市场中金融投资者的相对重要性上升、金融交易活动增加的现象，其核心问题是金融投资者行为及其影响。商业交易者是否具有投机动机并不是金融化的关注重点，而 Working's T index 则能够反映金融投资者参与度的变化，其数值越大，代表非商业持仓超过商业持仓的相对规模越大、金融投资者的市场贡献度和相对重要性越高，即说明大宗商品市场的金融化程度越高。Büyükşahin 和 Robe（2014）则为 Working's T index 作为金融化代理变量的有效性提供了实证支持，研究证实，在无法获得非公开的 LTRS 细分持仓数据情况下，基于 CFTC 公开数据计算的 Working's T index 是衡量金融投资者市场参与度的有效代理变量。Alquist 和 Gervais（2013）、张翔等（2017）、钱煜昊等（2017）也采用该指标作为金融化代理变量。

3.3.2.2 非商业持仓占比

非商业持仓占比即非商业持仓占总持仓的比例，该指标由 Sanders 等（2004）提出，也常被用来刻画金融投资者市场份额以及金融交易活动的变化情况。比如，Domanski 和 Heath（2007）、Zaremba（2015）用其度量大宗商品市场的金融化程度；Fan 和 Xu（2011）、韩立岩和尹力博（2012）、钟美瑞等（2016）以此作为金融投机变量。非商业持仓占比计算公式为

$$NCP_{i,t} = \frac{NCL_{i,t} + NCS_{i,t} + 2NCSP_{i,t}}{2TOI_{i,t}} \quad (3.2)$$

其中，$NCL_{i,t}$、$NCS_{i,t}$、$NCSP_{i,t}$ 和 $TOI_{i,t}$ 分别为 COT 报告中的非商业多头持仓、非商业空头持仓、非商业套利持仓和总持仓的数量。

3.3.2.3 非商业净多头占比

非商业净多头占比即非商业多头与商业空头持仓之差占非商业总持仓的比例，该指标也由 Sanders 等（2004）提出，同样被不少学者用于考察金融投资者交易行为与大宗商品价格动态间的关系，以判断金融化对大宗商品价格形成机制的影响。比如，Fan 和 Xu（2011）、Silvennoinen 和 Thorp（2013）、谭小芬

等（2015）、钱煜昊等（2017）的研究。非商业净多头占比计算公式为

$$\mathrm{NC}_{i,t} = \frac{\mathrm{NCL}_{i,t} - \mathrm{NCS}_{i,t}}{\mathrm{NCL}_{i,t} + \mathrm{NCS}_{i,t} + 2\mathrm{NCSP}_{i,t}} \tag{3.3}$$

其中，$\mathrm{NCL}_{i,t}$、$\mathrm{NCS}_{i,t}$ 和 $\mathrm{NCSP}_{i,t}$ 分别为 COT 报告中的非商业多头持仓、非商业空头持仓和非商业套利持仓的数量。

3.3.2.4 对冲基金持仓占比和指数基金持仓占比

COT 报告的非商业持仓将各类金融投资者归并在一起，基于此计算的 Working's T index、非商业净持仓占比和非商业净多头占比衡量的是总体金融投资者的市场参与度以及交易行为（Büyükşahin et al., 2014）。如前所述，有两类金融投资者在大宗商品市场金融化进程中扮演了重要角色：对冲基金和商品指数交易者（商品指数基金）。DCOT 报告则有助于我们对这两个重要的投资者类别进行进一步的区分。在大宗商品投资领域，对冲基金主要包含商品基金经理、商品交易顾问以及其他在 CFTC 登记注册为资金管理者的金融交易者。因此，DCOT 报告中的资金管理者持仓基本等同于对冲基金持仓；而相当数量的指数基金则是通过和互换交易商签订合约而间接获得的商品指数头寸。也因此，DCOT 报告中的互换交易商持仓能够在一定程度上代表指数交易行为（Sanders et al., 2011；Büyükşahin et al., 2014；Cheng et al., 2015）。参照 Büyükşahin 和 Robe（2014）、Girardi（2015）等做法，我们分别用对冲基金持仓占比和指数基金持仓占比度量两者的交易活动及市场参与度，其计算公式为

$$\text{对冲基金持仓占比：} \mathrm{HF}_{i,t} = \frac{\mathrm{HFL}_{i,t} + \mathrm{HFS}_{i,t} + 2\mathrm{HFSP}_{i,t}}{2\mathrm{TOI}_{i,t}} \tag{3.4}$$

$$\text{指数基金持仓占比：} \mathrm{CIT}_{i,t} = \frac{\mathrm{CITL}_{i,t} + \mathrm{CITS}_{i,t} + 2\mathrm{CITSP}_{i,t}}{2\mathrm{TOI}_{i,t}} \tag{3.5}$$

其中，$\mathrm{HFL}_{i,t}$、$\mathrm{HFS}_{i,t}$、$\mathrm{HFSP}_{i,t}$ 分别为商品市场 i 在 t 时刻的对冲基金多头持仓、对冲基金空头持仓和对冲基金套利持仓的数量；$\mathrm{CITL}_{i,t}$、$\mathrm{CITS}_{i,t}$、$\mathrm{CITSP}_{i,t}$ 分别为指数基金多头持仓、指数基金空头持仓和指数基金套利持仓的数量。对冲基金持仓由 DCOT 报告中的资金管理者持仓表示，指数基金持仓由 DCOT 报告中的互换交易商持仓表示。

在上述指标中，非商业净多头占比区分了多空持仓方向，在考察金融投资者交易行为对单一商品价格的影响时，由于多头与空头交易所产生的价格压力方向相反，因此需要采用这类指标明确金融持仓的方向。Working's T index、非商业持仓占比、对冲基金和指数基金持仓占比则不区分多空持仓方向，侧重于度量多空双方总体的持仓规模和市场份额，适合从整体角度刻画金融投资者

的贡献度以及大宗商品市场的金融化程度；此外，由于多空任意一方的交易增加均有可能导致不同商品间或是大宗商品与金融市场间的关联性上升，因此后一类指标更适用于考察金融交易活动对多维价格关联性的影响。

3.4 本章小结

大宗商品市场金融化是指金融投资者越来越多地参与商品期货交易，从而在大宗商品市场中的参与度和重要性不断提升的过程及趋势。国际大宗商品市场的金融化进程始于 21 世纪初，在 2004—2008 年蓬勃发展，并于全球金融危机之后呈加速深化之势，其主要表现是交易主体的金融化以及由此导致的价格形成金融化。传统的基本面分析框架已无法充分解释 21 世纪以来的价格动态新特性，大宗商品价格日益受到金融投资者交易行为的影响。

国际大宗商品金融化趋势的形成，主要有内部动力和外部因素两方面的原因。在内部动力方面，自 2000 年左右起，受学术界研究成果的引导，金融投资者开始重视商品类资产在投资优化中的作用，从而大量涌入大宗商品市场，形成金融化的原动力。这其中，对冲基金和指数基金是两类主要的金融交易力量。在外部因素方面，衍生品交易监管放松为大宗商品市场金融化的开启提供了契机，传统金融市场动荡催化了大宗商品市场金融化的发展，全球流动性扩张则进一步为大宗商品市场金融化创造了有利空间。

关于国际大宗商品市场金融化的度量，基于商品期货持仓数据构造的金融持仓指标能够有效度量金融投资者的市场参与度、反映金融交易活动及其变化情况，因而被广泛应用于金融化领域的研究中。参照已有文献的做法并根据数据可得性，本书使用的金融持仓指标主要包括 Working's T index、非商业持仓占比、非商业净多头占比、对冲基金持仓占比和指数基金持仓占比。其中，非商业净多头占比适用于考察金融投资者交易行为对单一商品价格的影响，在本书中主要被用于分析金融化与一维价格动态的内在关系。Working's T index、非商业持仓占比、对冲基金持仓占比和指数基金持仓占比更适用于考察金融交易活动对多维价格关联性的影响，并能够从市场整体角度刻画金融投资者的贡献度。因此，这些指标主要被应用于金融化与多维价格动态关系以及金融化对其他领域的影响分析中。

4 国际大宗商品市场金融化与一维价格动态的内在关系

21世纪以来，随着大宗商品市场金融化程度的不断提升，国际大宗商品价格呈现出两大新的动态特征：①一维特征方面，个体商品价格波动加剧，频繁经历急剧上涨和大幅下跌的局面；②多维特征方面，跨类别的多种商品间的价格关联性显著增强，大宗商品市场内部的融合程度不断提高。本章从一维角度出发，对金融投机与实体经济需求对单个商品价格的相对影响力，以及金融投资者交易行为在个体商品价格波动中的作用进行深入分析，从而揭示金融化与一维价格动态间的关系，以阐明金融化趋势下个体商品价格剧烈波动的原因；下一章则从多维角度出发，考察金融化力量对大宗商品价格关联性演变的解释力，以剖析金融化与多维价格动态间的关系。

对于近年来大宗商品价格的剧烈波动，许多学者基于传统的基本面分析框架进行了解释：新兴经济体快速发展带动全球经济高速增长，催生了对大宗商品原材料的旺盛需求，实体经济需求成为大宗商品价格波动的重要驱动力。与此同时，随着越来越多的金融投资者进入大宗商品领域，也有学者将近年来大宗商品市场的大起大落归因于金融化的发展，认为空前规模的金融资本介入是引发大宗商品市场动荡的主要根源。实务界和监管部门更是强调，必须加强对金融投资者的头寸限制来达到稳定大宗商品市场的目的。

金融投资者一般不关心大宗商品的使用价值，因为其并非以商业性动机（如生产、消费、套期保值）参与大宗商品市场，而主要是利用商品期货等衍生工具进行投机交易，以达到分散投资风险、拓展收益空间等目的。那么，随着大宗商品市场金融化的日益深化，金融投资者在个体商品价格波动中究竟扮演了怎样的角色？金融投机行为能否以及如何影响大宗商品价格？金融投机和实体经济需求何为个体商品价格演变的主导力量？背后的影响机制是怎样的？对于这些问题，学术界尚未形成统一认识，现有研究至少存在以下两方面的缺陷：

第一，多数文献直接以金融持仓指标等金融交易变量代表金融投机，这一做法可能会造成对金融投机和实体经济需求相对影响力的错误判断。尽管金融投资者在大宗商品市场中的交易活动在很大程度上可归为金融投机，但两者并不等同。金融投机是由分散风险、提升收益等目的以及非理性原因所驱动的金融交易行为，属于大宗商品市场中的非基本面力量（张茜 等，2012；Du et al.，2017）。Fattouh 等（2013）指出，金融投资者有时也会同其他参与者一样，对基本面信息做出反应，在这种情况下，金融投资者行为对大宗商品价格的影响实际上仍来自基本面而非金融投机。这意味着用于刻画金融投资者交易行为的金融持仓指标具有内生性，要准确度量金融投机对大宗商品价格的影响，需要将金融交易中的基本面和投机成分进行分离。

第二，尽管越来越多的学者认识到不同市场状态中大宗商品价格受金融投机和实体经济需求的影响强弱可能存在差异，但对于市场状态的划分却尚未形成统一标准，或是侧重于长短期比较分析，或是分时段或分区制来进行实证检验，这导致实证结果间的可比性较低，无法得出一致性结论。此外，多数文献侧重于考察影响效应，缺乏机理分析，因而在市场状态的划分上存在一定的主观性和随意性，这进一步加剧了研究结论的分歧。

鉴于此，本章首先借鉴 Sockin 和 Xiong（2015）的理论研究，基于信息摩擦视角阐述了金融投机影响个体商品价格的作用机理；其次采用 SVAR 模型从金融持仓中识别出真正的金融投机，避免了因忽略金融投资者交易行为可能受经济基本面驱动所导致的估计偏误。最后以信息摩擦程度划分市场状态，综合运用 ARDL 协整回归、Markov 区制转移误差修正模型（MS-ECM）和门限误差修正模型（TECM），在统一框架下就不同市场状态中金融投机与实体经济需求对单个商品价格的影响差异进行了多层次的比较分析。在此基础上，本章对金融交易行为在个体商品价格波动中的作用进行了进一步的讨论。本部分的研究有助于理清大宗商品市场金融化与一维价格动态的内在关系，并能够为金融化背景下平抑大宗商品价格波动提供政策建议。

4.1　金融投机影响个体商品价格的理论分析与研究假设

Sockin 和 Xiong（2015）从理论上论证了信息摩擦在个体商品市场中的作用，这为本书的实证研究提供了新的思路。我们以 Sockin 和 Xiong（2015）的理论模型（以下简称"SX 模型"）为研究基础，同时结合文献资料以及对市场的实际观察，提出研究假设并构建实证分析框架。

4.1.1　Sockin 和 Xiong（2015）的信息摩擦模型概述

我们先对 SX 模型的基本逻辑以及与本部分相关的内容[①]进行介绍。

首先，在完全信息条件下，即无信息摩擦时，市场主体可以直接观测到全球实体经济情况以及金融投资者的交易动机，可根据标准的供需均衡逻辑推导出大宗商品市场均衡。Sockin 和 Xiong（2015）研究证明，均衡中的大宗商品现货价格将充分反映实体经济需求信息，而期货交易不会对大宗商品价格产生影响。

其次，在不完全信息条件下，即有信息摩擦时，以大宗商品为原材料的生产者们（大宗商品需求者）无法直接观测到全球经济活动状况，而是掌握着不准确的私人信息。其通过交易将有关经济基本面的分散化信息整合到大宗商品价格中，并根据大宗商品价格信号进行生产决策。因此，大宗商品市场均衡实际上是信息聚合的结果。在这一过程中有三类重要的参与者：生产者们投入大宗商品原材料生产最终商品，同时持有商品期货多头以对冲价格风险；供应商提供大宗商品原材料，并持有商品期货空头；此外还存在金融投资者，这些交易者没有现货背景，其在期货市场的交易行为不以套期保值为目的。具体来讲，由期货市场均衡到现货市场均衡发生了两轮信息聚合。

第一轮信息聚合发生在期货市场中。生产者和供应商以预期利润最大化为目标进行期货交易。生产者通过期货交易平台进行集中化交易，实现对分散信息的整合。在众多生产者参与交易的过程中，私人信息偏误消失，有关实体经济需求的真实信息汇聚到期货价格中。除此之外，金融投资者交易也直接影响期货市场均衡和期货价格。金融投资者的期货持仓（金融持仓）可分为两部分：一部分与实体经济需求相关，意味着金融交易者可能掌握着有关实体经济状况的私人信息，从而同其他参与者一样会对经济基本面做出反应；另一部分则与实体经济需求无关，由分散化投资、控制组合风险、提升投资收益等目的所驱动，无法被其他参与者观测，属于信息噪音。故在期货市场均衡条件下，期货价格同时包含经济基本面信息和来自金融持仓的信息噪音。

第二轮信息聚合发生在现货市场中。随着期货合约到期，生产者和供应商以利润最大化为目标进行期货平仓和现货交易。在此过程中，实体经济信息在

---

① 完整的 SX 模型还讨论了信息噪音对大宗商品需求的反馈效应等，在此我们仅对模型中和本部分研究相关的内容进行阐述。

现货市场中得到进一步整合：一方面，第一轮聚合的实体经济信息经由期货市场的价格发现功能传导到现货市场；另一方面，现货交易实现实体经济信息的更新，增加现货价格的信息含量。与此同时，由于存在信息摩擦，参与者们无法准确分辨由实体经济需求驱动的和由信息噪音导致的期货价格变动，期货价格中的信息噪音被错误地当作经济基本面信号，同样进入现货价格中。可见，当存在信息摩擦时，金融投资者在期货市场中的非基本面交易行为，即金融持仓中的噪音成分，会通过干扰期货市场的价格发现功能，从而对大宗商品价格产生扭曲作用。

4.1.2 研究假设提出

SX模型将金融持仓中与实体经济需求无关、不能直接被普通套保者观测的部分视作信息噪音。而该信息噪音的性质正与金融投机相吻合，即代表由分散化投资、控制组合风险、提升投资收益等目的以及非理性因素驱动的金融交易行为，属于大宗商品市场中的非基本面力量（张茜，2012；Fattouh et al.，2013；Du et al.，2017）。因此，从信息摩擦的视角来看，金融投机实则具有信息噪音的属性，本书用金融投机噪音进行指代。需要说明的是，本章中的金融投机噪音即金融投机，我们用"噪音"二字体现金融投机的外生性特征，并与以往忽视金融投机噪音属性的文献进行区分。此外，已有文献证实，库存和产量对大宗商品价格也具有重要影响（Vercammen et al.，2014；Bruno et al.，2016），为避免信息遗漏，本书也将这两者纳入研究框架。

具体来讲，本书将由分散化投资、控制组合风险、提升投资收益等目的以及金融交易者的非理性行为所驱动的金融持仓变动定义为金融投机噪音，短期内无法被大宗商品需求者和供应商观测；将由政治活动和自然因素驱动的产量变动定义为供给噪音，短期内无法被大宗商品需求者和金融投资者观测；将由预防性需求动机驱动的库存变动定义为库存需求噪音，短期内无法被大宗商品供应商和金融投资者观测。这三种信息噪音均与实体经济需求无关（彼此之间也不相关），且在短期具有不可观测性，均会通过信息摩擦渠道影响大宗商品现货价格。

由前文可知，信息摩擦是金融投机等信息噪音影响大宗商品价格的传导渠道，关于这一传导渠道，由SX模型可得第一层含义：在完全信息情况下，大宗商品价格变动由实体经济需求决定；在不完全信息情况下，大宗商品价格会受到金融投机等信息噪音的影响，实体经济需求的影响将减弱。而根据Glosten和Milgrom（1985）的理论研究，投资期限越长，信息不对称情况越弱。更进一步讲，在长期中信息不对称将消失，相反，在短期中则存在严重的信息不对称。Merton（1971）的理论模型证实资产的长期价格是有效的，而短期价格则受噪音干扰。Black（1986）也指出随着时间推移，噪音的影响将被信息交易修正，长期中资产的价格最终会回到基本面价值。基于此，在完全信息情况下可近似刻画长期市场环境，而在不完全信息情况下可用于刻画短期市场环境。在长期中，经过多轮的信息整合与更新，经济基本面信息得到充分反映，经济系统基本上趋于稳定，金融投机等信息噪音的干扰得到修正，实体经济需求的影响将占主导地位。

图 4.1 描绘了信息噪音对大宗商品价格的影响路径。

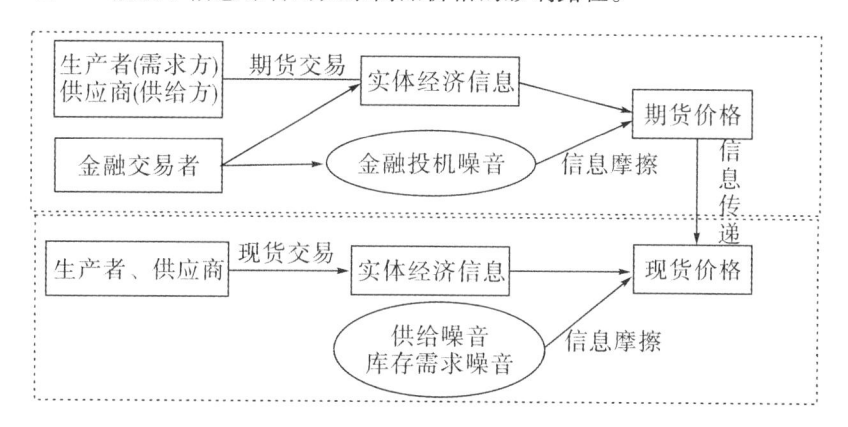

图 4.1　信息噪音对大宗商品价格的影响路径

短期中，由于存在信息摩擦，金融投机会对大宗商品价格产生扭曲作用。那么，金融投机和实体经济需求何者的影响占主导地位？基于大宗商品市场金融化加速深化的背景，本书认为，金融投机或许是造成大宗商品价格短期波动更为重要的原因。田利辉和谭德凯（2014）认为，实体经济因素的变化虽可影响大宗商品价格走势，但无法解释近年来的价格波动幅度。Silvennoinen 和 Thorp（2013）指出，金融化使得大宗商品市场和传统金融市场的融合度增强，金融市场的系统性冲击对大宗商品定价的影响将趋于主导地位。观察大宗商品价格走势可以发现，2007 年年末至 2008 年上半年，原油等多种商品价格出现大幅上涨，而彼时世界主要发达经济体纷纷陷入衰退，新兴经济体增长也明显放缓，实体经济需求难以解释如此幅度的价格上涨。与此同时，为规避投资风险，大量金融资金纷纷从陷入低谷的股票市场中逃离，加速涌入商品期货市场。金融投机噪音将引发期货价格上涨，扭曲价格信号，导致生产者对全球经济景气的高估，从而增加大宗商品需求，继而促使商品现货价格上涨。因此，尽管实体经济走弱，大宗商品价格却仍旧保持高位运行，直到更多的有效信息到达市场纠正生产者预期，大宗商品价格才最终停止攀升并开始暴跌。据此，本书提出假设4.1。

假设4.1：长期中，大宗商品价格变动由实体经济需求主导，金融投机噪音、供给噪音和库存需求噪音的影响较弱；短期中，大宗商品价格变动由金融投机噪音主导，其余信息噪音也产生明显干扰，实体经济需求影响减弱。

SX模型只有两种情形：无信息摩擦和有信息摩擦。实际上，在存在信息摩擦的情况下，金融投机不仅将对大宗商品价格产生显著影响，其影响还可能存在非线性特征，即影响随信息摩擦程度的加深而增强，这是信息摩擦渠道的第二层含义。Albagli等（2011）构建了基于异质信息的资产定价模型，证明信息摩擦越严重，资产价格偏离其基本面价值的程度越大，说明噪音干扰越强。Zhang（2006）发现，信息不确定性越高，短期内的股价漂移幅度将越大。因此，针对存在明显信息摩擦的情况，即短期中，我们能够合理推测：在信息摩擦程度较高的环境中，金融投机等信息噪音对大宗商品价格的影响要强于在信息摩擦程度较低的环境中。关于信息摩擦程度的划分，最直观的依据即市场波动情况。Hellwig和Venkateswaran（2011）指出，在充满不确定性的市场环境中，由于人们对于当期信息和未来形势的理解和判断能力有限，信息摩擦严重。Sockin和Xiong（2015）也认为，市场不确定性越高，信息摩擦越严重。因此，高波动状态可对应于高信息摩擦环境，低波动状态则可对应于低信息摩擦环境。据此，本书提出假设4.2。

假设4.2：短期中，相对于低波动的市场环境，在高波动状态下，以金融投机噪音为主的信息噪音对大宗商品价格的影响更强。

在假设4.2的基础上，我们从信息摩擦来源入手，进一步验证金融投机的影响渠道。在大宗商品市场金融化的进程中，外部金融市场信息会通过金融资本传递到大宗商品市场中（苏治 等，2015；胡聪慧 等，2017）。现有研究对此的理论解释可归为两大类：①跨市交易论。Tang和Xiong（2012）、Silvennoinen和Thorp（2013）、Büyükşahin和Robe（2014）等认为，跨市交易者在大宗商品市场和金融市场间的资金流动导致金融市场信息向大宗商品市场传递。而Büyükşahin和Robe（2014）也指出，金融化导致大宗商品市场更易受到金融市场情绪的影响。②传染论。根据Brunnermeier和Pedersen（2009）的"流动性螺旋"理论，当金融市场风险上升时，流动性不足将迫使投资者对商品资产平仓，导致风险从金融市场向商品市场蔓延，增加商品市场的不确定性。与"流动性螺旋"理论相似，根据Kyle和Xiong（2001）的"财富效应"

理论，投资者财富水平直接影响其风险厌恶程度，当金融市场的负向冲击导致财富损失时，投资者风险厌恶程度增加，促使其同时抛售商品和金融资产，这也导致金融市场风险传染到大宗商品市场。Cheng 等（2015）发现，在危机时期，投资者情绪和风险态度的变化更易传递到大宗商品市场。

可见，在金融化背景下，金融市场压力状况以及投资者情绪变化势必会对大宗商品市场的稳定性产生影响，从而导致其信息摩擦程度发生变化。特别是在金融市场压力上升以及投资者情绪高涨时，大宗商品市场的信息摩擦将更加严重。也就是说，高金融压力/高投资者情绪状态可对应于高信息摩擦环境，低金融压力/低投资者情绪状态则可对应于低信息摩擦环境。据此，本书提出假设 4.3。

假设 4.3：短期中，相对于金融压力较低、投资者情绪低落的状态，在金融压力较高和投资者情绪较高的状态下，以金融投机噪音为主的信息噪音对大宗商品价格的影响较强。

4.2 实证框架与数据说明

4.2.1 实证框架说明

本章研究假设的基本思路为：金融投机属于信息噪音，而信息摩擦是金融投机影响大宗商品价格的传导渠道。关于这一传导渠道，共有两层含义。第一层含义：无信息摩擦时，大宗商品价格变动由实体经济需求决定；而有信息摩擦时，大宗商品价格会受到金融投机等信息噪音的显著影响，实体经济需求的影响减弱。对此，本章提出假设 4.1。第二层含义：针对存在信息摩擦的情况，金融投机不仅对大宗商品价格产生显著影响，且随着信息摩擦程度的提高，金融投机及其他信息噪音的影响也将更强。对此，本章提出假设 4.2 和假设 4.3。

在对研究假设进行正式检验之前，我们需要先明确识别出具有噪音属性的金融投机。现有研究大多直接以非商业持仓等金融持仓指标作为金融投机的代理变量，如 Fan 和 Xu（2011）、Hache 和 Lantz（2013）、Kim（2015）、Liu 等（2016）、韩立岩和尹力博（2012）、钟美瑞等（2016）、钱煜昊等（2017）。根据前文分析，金融持仓同时包含实体经济信息和信息噪音，金融投机实则是其中的噪音成分。由于金融持仓具有内生性，不能真正刻画金融投机的影响，因此本章在第三部分的实证分析中，首先从金融持仓中分离出真正的金融投机，以避免对金融投机和实体经济需求相对影响力的估计偏误；其次针对信息摩擦渠道的第一层含义，即假设4.1，通过长期和短期的比较分析进行验证；最后再针对信息摩擦渠道的第二层含义，即假设4.2和假设4.3，通过短期内不同区制间的比较分析进行验证。

4.2.2 数据说明

由于大宗商品产量、库存和实体经济需求指标均为月度频率，本章使用月度数据，时间跨度为2005年1月至2015年12月。样本区间的选择主要基于以下几点考虑：第一，2004—2005年，涌入大宗商品市场的金融资本规模显著增加（Tang et al., 2012; Boons et al., 2014；韩立岩 等，2012），故本章以2005年年初作为样本起始点；第二，本章的研究时段涵盖了全球金融危机以及近年来全球经济深度调整的新态势，包含了完整的经济周期以及重要的经济金融冲击，能够全面、客观地反映经济环境的变化。

本章选取原油、铜和大豆三种有代表性的商品进行研究。研究对象的选择出于以下考虑：第一，这三种商品分属于能源、金属和农产品三大类别，可反映大宗商品市场的整体情况；第二，中国对这三者具有较高的进口依赖，研究其价格波动对我国经济发展和稳定具有重要的现实意义；第三，有证据显示，这三种商品的期货价格具有经济"晴雨表"的功能（Hu et al., 2013; Sockin et al., 2015），因此更加符合本书信息摩擦的分析框架①。

原油价格、产量和库存数据来自美国能源信息署（EIA）。原油价格采用WTI现货价格，取月平均获得月度数据。由于全球原油库存数据不可得，参照Kilian和Murphy（2014）的做法，我们用美国原油库存乘以OECD石油库存与美国石油库存的比值代表全球原油库存。铜和大豆现货价格数据来自IMF的初级商品价格数据库。铜产量和库存数据来自世界金属统计局（WBMS）。大豆产量和库存数据来自美国农业部（USDA）。所有变量取对数。

我们选取Kilian经济指数作为实体经济活动指标，该指数被广泛用作全球实体经济需求的代理变量②。

商品期货持仓量为周频数据，我们取月平均获得月度数据，数据来源于Bloomberg。

---

① 此外，我们还考察了玉米、豆油、小麦和棉花四种商品，实证结果均稳健。
② 参见Kilian的个人主页：http://www.personal.umich.edu/~lkilian/paperlinks.html.

4.3 金融投机、实体经济需求对个体商品价格影响的实证分析

4.3.1 金融投机的识别

根据第3章介绍，目前应用最广泛的公开商品期货持仓数据来自CFTC交易者持仓（commitments of traders，COT）报告，其中的非商业持仓涵盖了多种类型的金融交易者持仓头寸，能够有效反映金融投资者的交易行为（Sanders et al.，2004；Büyükşahin et al.，2014）。因此，我们以非商业持仓代表金融持仓，从中识别出属于噪音成分的金融投机。为区分影响的方向性并剔除规模因素，我们参照Sanders等（2004）的做法计算非商业净多头占比：$NC_t = (NCL_t - NCS_t)/(NCL_t + NCS_t + 2NCSP_t)$。其中，$NCL_t$、$NCS_t$ 和 $NCSP_t$ 分别为非商业多头、非商业空头和非商业套利的持仓数量。同样，根据前文分析，我们也需要从产量 $prod_t$ 和库存 $inven_t$ 中分离出供给噪音和库存需求噪音。

本章采用结构向量自回归（SVAR）模型识别信息噪音，原因如下：①非商业持仓、产量和库存均包含实体经济信息，并且彼此之间具有动态联系，要刻画多维内生变量间的互动关系，需要建立结构模型；②基于可靠的理论依据，可以对SVAR模型施加约束条件，从内生变量中识别出外生结构冲击，而这些结构冲击就是相应内生变量中噪音成分的来源；③在识别出结构冲击之后，我们能基于历史分解方法将非商业持仓、产量和库存中的噪音成分分离出来，并保证识别出的信息噪音具有良好的经济含义和统计特征。

借鉴Kilian（2009）和Bruno等（2016）的研究，我们建立了如下SVAR模型：

$$A_0 y_t = \alpha + \sum_{i=1}^{p} A_i y_{t-i} + u_t \qquad (4.1)$$

其中，$y_t = (\Delta prod_t, rea_t, \Delta inven_t, NC_t)'$，$prod_t$、$rea_t$、$inven_t$、$NC_t$分别表示大宗商品产量、实体经济需求、库存水平和非商业净多头，Δ 表示一阶差分，u_t 表示彼此不相关的结构冲击向量。我们设定的滞后期为1年（12个月），即允许各项冲击的传递具有较长时滞，并与大宗商品市场的经济周期保持一致（Hamilton et al.，2004；Kilian，2009），同时采用月度虚拟变量控制季节因素。经检验，产量变动 $\Delta prod_t$、实体经济需求指标 rea_t、库存变动 $\Delta inven_t$ 和非商业净多头占比 nc_t 均为平稳序列，故可对模型（4.1）进行可靠估计。假设同期

关系矩阵 A_0 可逆，则简化式扰动项 ε_t 与结构冲击项 u_t 具有如下关系：

$$\varepsilon_t = A_0^{-1} u_t \tag{4.2}$$

通过对 A_0^{-1} 施加约束，即可根据简化式估计结果识别出结构冲击。限定 A_0^{-1} 为下三角矩阵，则约束条件的具体形式为①

$$\varepsilon_t \equiv \begin{pmatrix} \varepsilon_t^{\Delta prod} \\ \varepsilon_t^{rea} \\ \varepsilon_t^{\Delta inven} \\ \varepsilon_t^{nc} \end{pmatrix} = \begin{pmatrix} a_{11} & 0 & 0 & 0 \\ a_{21} & a_{22} & 0 & 0 \\ a_{31} & a_{32} & a_{33} & 0 \\ a_{41} & a_{42} & a_{43} & a_{44} \end{pmatrix} \begin{pmatrix} u_t^{commodity\ supply\ shock} \\ u_t^{aggregate\ demand\ shock} \\ u_t^{precautionary\ demand\ shock} \\ u_t^{financial\ speculation\ shock} \end{pmatrix} \tag{4.3}$$

其中，$\varepsilon_t^{\Delta prod}$，$\varepsilon_t^{rea}$，$\varepsilon_t^{\Delta inven}$，$\varepsilon_t^{nc}$ 表示各变量的简化式扰动项；$u_t^{commodity\ supply\ shock}$，$u_t^{aggregate\ demand\ shock}$，$u_t^{precautionary\ demand\ shock}$，$u_t^{financial\ speculation\ shock}$ 分别表示大宗商品供给冲击、经济总需求冲击、预防性需求冲击和金融投机冲击。参照 Kilian（2009）、Sockin 和 Xiong（2015）以及 Bruno 等（2016）的定义：供给冲击为不可预测的大宗商品产量新息序列，代表来自政治活动和自然因素的冲击；预防性需求冲击为不可被供给冲击和经济总需求解释的库存新息序列，反映消费者因对未来大宗商品市场不确定性的预期而产生的预防性需求；金融投机冲击则为不能被大宗商品供给冲击、经济总需求冲击和预防性需求冲击解释的非商业净多头新息，反映金融投资者的投机交易动机。

模型（4.3）中的变量排序基本原则是：将变动相对缓慢或调整时滞性较长的变量（慢速变量）排在变动相对迅速或调整相对及时的变量（快速变量）之前。约束条件的依据如下：

（1）将产量排在其余所有变量之前。大宗商品生产的周期较长，调整成本高，短期供给缺乏弹性，因此经济总需求冲击、预防性需求冲击和金融投机冲击对当月大宗商品产量无影响（Kilian，2009）。生产商通常基于对未来需求的判断提前制订生产计划，并且预估时间大多以年度为单位，如国际能源署（IEA）和石油输出国组织（OPEC）发布的原油市场月报均会对当年一整年或下一年的石油需求进行预测。与之相似，美国农业部每月发布的农产品供需报告也会预估下一年度的全球市场供需情况。全球生产商根据这些预测信息以及自身条件安排生产，面对实际需求变化等外界冲击时，产量规模的调整并不会

---

① 为保证本书结论的稳健性，我们还考虑了其他可能的约束条件：将非商业净多头排在库存变量之前，假定大宗商品市场的预防性需求冲击不会立即影响金融投资者的期货交易行为，而金融投机冲击则会对当月的商品库存产生影响。更改约束条件后，实证结果并未发生显著改变。

在当月及时进行，而是往往存在时滞。

（2）将实体经济活动指标排在库存和非商业净多头之前，即假定个体商品市场的预防性需求冲击和金融投机冲击对当月的全球经济活动无影响，而经济总需求冲击能够引发库存和金融投资者交易行为的及时调整（Bruno et al., 2016）。这一设定也与经济直觉和现实情况相符：第一，与大宗商品市场的库存变动和金融交易活动相比，实体经济活动的变化较为迟缓。第二，对于全球整体的经济活动而言，单个商品市场的预防性需求和投机性需求变化的当期影响有限；相反，大宗商品市场的参与者往往密切跟踪全球经济形势，从而及时调整商品库存以及交易策略，导致库存需求和金融交易者对全球经济状况十分敏感，这也是金融投资者的交易行为或金融持仓变量具有内生性的原因之一。

（3）将大宗商品库存排在非商业净多头之前，即假设金融投资者能够对外生库存变动所反映的预防性需求冲击及时做出反应，而非商业持仓外生变动所传递的金融投机信号并不会立即作用于现货商的库存决策（Bruno et al., 2016）。这一假定是考虑到库存调整的频率通常比非商业持仓的变动频率要低，这与金融投资者需要及时根据市场动向调整交易头寸和交易策略，从而提升投资绩效有关。

为刻画属于噪音成分的金融投机（本章称其为"金融投机噪音"，以突出其噪音属性），我们进一步采用历史分解方法，关闭供给冲击、经济总需求冲击和预防性需求冲击，拟合出仅由金融投机冲击驱动的非商业净多头历史路径，记为 fin_n。同样，为刻画大宗商品供给噪音，我们关闭经济总需求冲击、预防性需求冲击和金融投机冲击，还原出仅由供给冲击驱动的产量历史路径，记为 supply_n；为刻画大宗商品库存需求噪音，我们关闭供给冲击、经济总需求冲击和金融投机冲击，还原出仅由预防性需求冲击驱动的库存历史路径，记为 inven_n。由这一方法识别出的金融投机噪音，能够很好地符合理论分析中的定义：①金融投机噪音是非商业持仓中仅由金融投机冲击驱动的部分，与实体经济需求无关，具有外生性；②各噪音成分彼此之间也不相关。在进行历史分解时，我们参考 Kilian 和 Murphy（2014）的做法，舍弃前 5 年数据以保证分解结果的稳定性。

表 4.1 报告了供给噪音（supply_n）、库存需求噪音（inven_n）、金融投机噪音（fin_n）、实体经济需求（rea）和大宗商品价格（cp）的平稳性检验结果。如表 4.1 所示，在 10% 的显著性水平下，原油库存需求噪音、铜库存需求噪音以及原油和大豆价格为 I（1）序列，其余变量均为 I（0）。

表 4.1 变量的平稳性检验

分类	变量	检验类型	ADF 值	p 值	结论
原油	rea	(c, t, 1)	−4.203	0.006***	平稳
	supply_n	(c, t, 0)	−3.258	0.078*	平稳
	inven_n	(c, t, 0)	−2.471	0.342	非平稳
	Δinven_n	(c, 0, 0)	−12.352	0.000***	平稳
	fin_n	(c, t, 1)	−4.732	0.001***	平稳
	cp	(c, 0, 2)	−2.540	0.108	非平稳
	Δcp	(c, 0, 5)	−5.572	0.000***	平稳
铜	supply_n	(c, t, 1)	−3.506	0.043**	平稳
	inven_n	(c, 0, 8)	−1.766	0.396	非平稳
	Δinven_n	(c, 0, 7)	−4.844	0.000***	平稳
	fin_n	(c, 0, 1)	−3.070	0.031**	平稳
	cp	(c, 0, 1)	−3.069	0.031**	平稳
大豆	supply_n	(c, 0, 1)	−3.031	0.035**	平稳
	inven_n	(c, 0, 12)	−2.803	0.061*	平稳
	fin_n	(c, 0, 1)	−3.443	0.011**	平稳
	cp	(c, 0, 1)	−2.221	0.200	非平稳
	Δcp	(c, 0, 0)	−8.490	0.000***	平稳

注：Δ 表示一阶差分。(c, t, n) 中的 c、t、n 分别为 ADF 检验中的截距项、趋势项和滞后阶数，滞后阶数由 AIC 准则确定。*、**、*** 分别表示在 10%、5%、1% 的显著性水平下拒绝原假设。

表 4.2 中，Panel A 给出了各噪音变量与实体经济需求间的 Granger 因果检验结果；作为对比，Panel B 则给出了用于分离噪音成分的原始变量，即产量 prod、库存 inven、非商业净多头 nc 与实体经济的 Granger 因果检验结果。可以看出，各噪音变量与实体经济需求之间不存在 Granger 因果关系，而未经分解的原始变量与实体经济需求之间存在一定的 Granger 因果关系。其中，检验结果差异最明显的是金融投机噪音 fin_n 和非商业净多头 nc。表 4.2 中的 Panel B 显示，实体经济需求是原油非商业净多头和大豆非商业净多头的 Granger 原因，铜的非商业净多头是实体经济需求的 Granger 原因，说明非商业净多头与实体经济需求间具有互动关系，证实了金融持仓包含基本面信息的内生性特征。表 4.2 中的 Panel A 显示，三种商品的金融投机噪音与实体经济需求间均无

Granger 因果关系,表明从非商业净多头中分离出的金融投机噪音不再涵盖实体经济需求的信息。

表 4.2 Granger 因果检验结果

Panel A:信息噪音与实体经济需求的 Granger 因果检验结果					
原假设	原油		铜		大豆	
	p 值	结论	p 值	结论	p 值	结论
rea 不是 supply_n 的原因	0.968	不拒绝	0.858	不拒绝	0.950	不拒绝
supply_n 不是 rea 的原因	0.242	不拒绝	0.886	不拒绝	0.874	不拒绝
rea 不是 inven_n 的原因	0.972	不拒绝	0.966	不拒绝	0.564	不拒绝
inven_n 不是 rea 的原因	0.604	不拒绝	0.859	不拒绝	0.226	不拒绝
rea 不是 fin_n 的原因	0.214	不拒绝	0.445	不拒绝	0.537	不拒绝
fin_n 不是 rea 的原因	0.133	不拒绝	0.220	不拒绝	0.149	不拒绝
Panel B:原始变量与实体经济需求的 Granger 因果检验结果					
原假设	原油		铜		大豆	
	p 值	结论	p 值	结论	p 值	结论
rea 不是 prod 的原因	0.146	不拒绝	0.741	不拒绝	0.421	不拒绝
prod 不是 rea 的原因	0.794	不拒绝	0.861	不拒绝	0.924	不拒绝
rea 不是 inven 的原因	0.342	不拒绝	0.095	拒绝	0.805	不拒绝
inven 不是 rea 的原因	0.090	拒绝	0.189	不拒绝	0.077	拒绝
rea 不是 nc 的原因	0.039	拒绝	0.737	不拒绝	0.075	拒绝
nc 不是 rea 的原因	0.187	不拒绝	0.018	拒绝	0.545	不拒绝

注:表中报告的是 F 统计量的 p 值,VAR 模型的最优滞后阶数由 AIC 准则确定。若变量为 I(1),则采用差分形式,以满足 Granger 检验的平稳性要求。

图 4.2 描绘了 2005 年 1 月至 2015 年 12 月大宗商品价格、实体经济需求和金融投机噪音的变动情况。

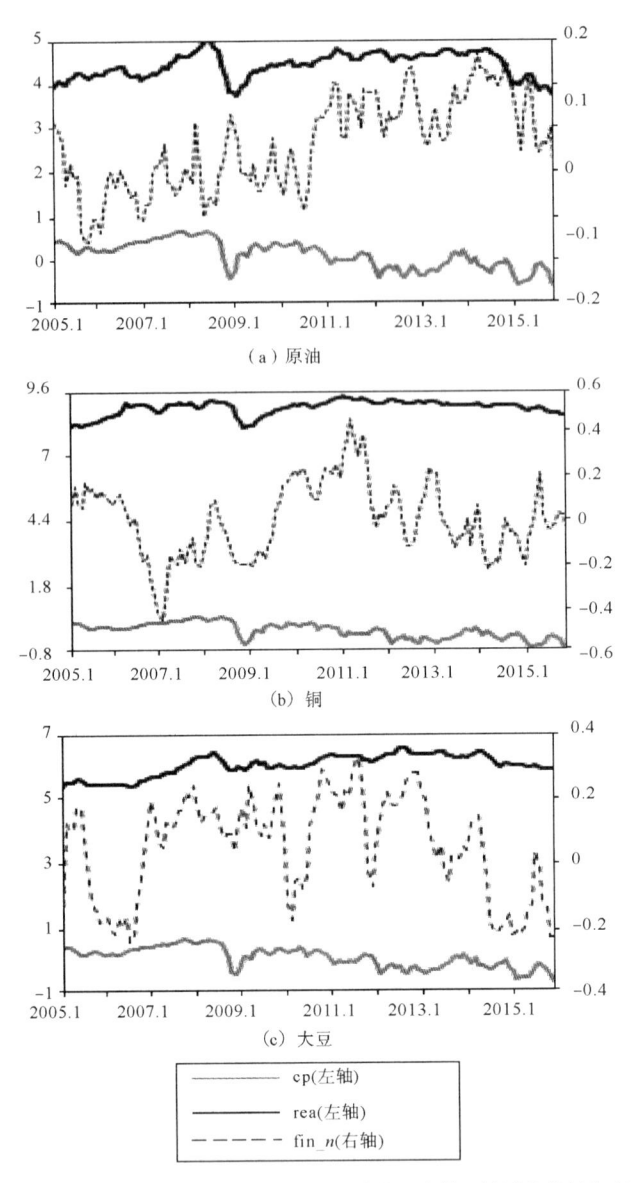

(a) 原油

(b) 铜

(c) 大豆

cp(左轴)
rea(左轴)
fin_n(右轴)

注：cp、rea、fin_n 分别代表大宗商品（对数）价格、实体经济需求指标和金融投机噪音。

图 4.2　大宗商品价格、实体经济需求和金融投机噪音的变动情况

从图 4.2 可以看出，三种商品价格在 2008 年全球金融危机前后均出现大幅波动，此后则逐渐恢复至危机前水平并呈小幅震荡，至 2014 年下半年起则再次出现大幅下跌情况。其中，原油价格涨跌幅度最大，大豆价格波动最为频繁，铜价变动则相对平稳。三种商品价格的变动情况虽然存在差异，但从长期走势来看，基本与实体经济需求的运行轨迹保持一致；而金融投机噪音的变化幅度和频率相对较高，其影响很可能体现在短期中。

4.3.2 金融投机与实体经济需求影响的长短期比较分析

为检验信息摩擦渠道的第一层含义（假设4.1），我们需分别考察大宗商品价格、实体经济需求和信息噪音间的长期与短期关系。本章采用协整模型刻画长期影响，用误差修正模型（ECM）刻画短期影响。

4.3.2.1 基于ARDL的长期影响分析

由于平稳性检验（表4.1）显示各变量单整阶数不一致，因此传统的Engel-Granger两步法和Johansen协整检验方法失效。本章采用自回归分布滞后（ARDL）模型进行协整分析。与传统的协整方法相比，ARDL模型具有以下优点：第一，不要求自变量序列为同阶单整，适用于平稳序列I（0）和一阶单整序列I（1）并存的情况；第二，可同时修正扰动项序列相关和解释变量内生性问题；第三，具有良好的小样本性质（Pesaran et al.，1999）。下面，我们就具体步骤进行介绍。

我们运用Pesaran等（2001）提出的边限检验（bounds testing）判断大宗商品价格与实体经济需求、供给噪音、库存需求噪音及金融投机噪音间是否存在长期均衡关系。我们建立了如下的条件误差修正模型（conditional ECM）：

$$\Delta \mathrm{cp}_t = a + b_1 \mathrm{cp}_{t-1} + b_2 \mathrm{rea}_{t-1} + b_3 \mathrm{supply\_} n_{t-1} + b_4 \mathrm{inven\_} n_{t-1} + b_5 \mathrm{fin\_} n_{t-1} +$$
$$\sum_{i=1}^{p-1} \delta_{1i} \Delta \mathrm{cp}_{t-i} + \sum_{i=0}^{p-1} \delta_{2i} \Delta \mathrm{rea}_{t-i} + \sum_{i=0}^{p-1} \delta_{3i} \Delta \mathrm{supply\_} n_{t-i} +$$
$$\sum_{i=0}^{p-1} \delta_{4i} \Delta \mathrm{inven\_} n_{t-i} + \sum_{i=0}^{p-1} \delta_{5i} \Delta \mathrm{fin\_} n_{t-i} + e_t \quad (4.4)$$

其中，Δ表示变量的一阶差分，cp_t表示大宗商品价格，p表示滞后阶数①，e_t表示误差项。边限检验的原假设为变量间不存在协整关系，$H_0: b_1 = b_2 = b_3 = b_4 = b_5 = 0$，即对滞后一期水平变量的联合显著性进行$F$检验，而此处$F$统计量的渐进分布是非标准的。Pesaran等（2001）提供了自变量全为I（0）和自变量全为I（1）情况下F统计量的渐进临界值，两组临界值构成了边限检验的临界值边限，当F值高于临界值上限时，拒绝原假设；当F值低于临界值下限时，不能拒绝原假设；当F值在临界值界限之内时，则无法得到明确的结论。

---

① p是水平变量的滞后阶，相应的差分变量滞后阶为$p-1$。Pesaran等（2001）指出，在确定条件误差修正模型的最优滞后阶数时，各差分变量应采用相同滞后阶数，以避免预检验（pre-testing）问题。

若边限检验表明变量间存在协整关系,则可建立 ARDL 模型:

$$cp_t = c + \sum_{i=1}^{p_1} \alpha_{1i} cp_{t-i} + \sum_{i=0}^{p_2} \alpha_{2i} rea_{t-i} + \sum_{i=0}^{p_3} \alpha_{3i} supply\_n_{t-i} + \sum_{i=0}^{p_4} \alpha_{4i} inven\_n_{t-i}$$
$$+ \sum_{i=0}^{p_5} \alpha_{5i} fin\_n_{t-i} + \xi_t \tag{4.5}$$

设 $\hat{\alpha}_{1i}(i=1, 2, \cdots, p_1)$、$\hat{\alpha}_{2i}(i=0, 1, \cdots, p_2)$、$\hat{\alpha}_{3i}(i=0, 1, \cdots, p_3)$、$\hat{\alpha}_{4i}(i=0, 1, \cdots, p_4)$ 和 $\hat{\alpha}_{5i}(i=0, 1, \cdots, p_5)$ 为回归系数的 OLS 估计量。接下来可得协整方程:

$$cp_t = \hat{\omega} + \hat{\lambda} rea_t + \hat{\gamma} supply\_n_t + \hat{\rho} inven\_n_t + \hat{\eta} fin\_n_t + ecm_t \tag{4.6}$$

其中,长期系数的 OLS 估计量分别为 $\hat{\lambda} = \sum_{i=0}^{p_2} \hat{\alpha}_{2i} / 1 - \sum_{i=1}^{p_1} \hat{\alpha}_{1i}$、$\hat{\gamma} = \sum_{i=0}^{p_3} \hat{\alpha}_{3i} / 1 - \sum_{i=1}^{p_1} \hat{\alpha}_{1i}$、$\hat{\rho} = \sum_{i=0}^{p_4} \hat{\alpha}_{4i} / 1 - \sum_{i=1}^{p_1} \hat{\alpha}_{1i}$、$\hat{\eta} = \sum_{i=0}^{p_5} \hat{\alpha}_{5i} / 1 - \sum_{i=1}^{p_1} \hat{\alpha}_{1i}$,依次表示实体经济需求、供给噪音、库存需求噪音和金融投机噪音对商品价格的长期影响,ecm_t 表示均衡误差。

在估计模型(4.5)时需要选择合适的滞后阶数,我们参照 Pesaran 等(2001)的做法:第一步,分别估计不同滞后阶数下,含趋势项和不含趋势项的回归模型(4.4),综合 AIC、SBC 准则以及检验 1 阶和 4 阶序列相关的 LM 统计量,筛选出潜在滞后阶数 $\tilde{p}$;第二步,在所有潜在滞后阶数下,对模型(4.4)中滞后水平变量之间的协整关系进行边限检验,进一步筛选出通过边限检验的滞后阶数 $\bar{p}$;第三步,以第二步得到的 $\bar{p}$ 为最大滞后阶,用 AIC 准则确定最优滞后阶模型 ARDL(p_1, p_2, p_3, p_4, p_5)[①]。下面,我们介绍具体的操作方式。

第一步,选择 ARDL 的潜在滞后阶数。我们以 8 为最大滞后阶数(差分变量最大滞后阶数为 7),并剔除最大滞后阶数所占用的前 8 个观测值,即所有待选模型均采用相同样本区间,以保证结果具有可比性。相关结果如表 4.3 所示。

---

① 由于农产品市场受季节因素影响较大,我们在针对大豆价格的回归中采用月度虚拟变量控制季节因素,并对不显著的月份予以剔除。

表 4.3 ARDL 模型潜在滞后阶数选择

分类	p	NT				T			
		AIC	SBC	$\chi^2(1)$	$\chi^2(4)$	AIC	SBC	$\chi^2(1)$	$\chi^2(4)$
原油	1	−2.028	−1.733	21.620***	25.922***	−2.020	−1.702	20.434***	24.563***
	2	**−2.171**	**−1.761**	4.432**	5.263	**−2.155**	**−1.723**	4.474**	5.351
	3	−2.157	−1.634	0.247	1.174	−2.143	−1.598	0.205	0.903
	4	−2.160	−1.523	0.160	3.422	−2.144	−1.484	0.163	3.431
	5	−2.135	−1.384	0.216	4.787	−2.119	−1.345	0.183	4.865
	6	−2.088	−1.224	0.010	2.998	−2.078	−1.191	0.120	2.377
	7	−2.073	−1.095	0.444	2.435	−2.069	−1.069	0.280	2.297
	8	−2.052	−0.960	1.500	2.911	−2.037	−0.923	1.014	2.825
铜	1	−2.534	−2.238	15.733***	17.655***	−2.518	−2.200	15.644***	17.556***
	2	−2.695	**−2.286**	0.016	3.308	−2.679	**−2.247**	0.021	3.072
	3	−2.693	−2.170	0.274	2.285	−2.682	−2.136	0.029	3.328
	4	−2.670	−2.033	2.840*	5.550	−2.663	−2.004	5.274**	10.817**
	5	−2.660	−1.910	1.290	3.987	**−2.683**	−1.910	5.184**	6.826
	6	−2.636	−1.771	0.009	1.920	−2.680	−1.793	0.045	3.213
	7	−2.662	−1.684	3.548*	6.247	−2.666	−1.665	2.442	6.135
	8	**−2.696**	−1.604	2.686	10.099**	−2.680	−1.566	3.074*	10.499**
大豆	1	−3.092	**−2.796**	0.982	3.642	−3.133	**−2.814**	0.765	4.151
	2	−3.091	−2.681	0.002	2.234	−3.167	−2.735	0.379	2.675
	3	−3.053	−2.530	0.150	2.523	−3.121	−2.576	0.000	2.390
	4	−3.097	−2.460	0.227	3.620	−3.136	−2.476	0.640	2.921
	5	−3.133	−2.382	4.970**	11.004**	−3.157	−2.384	5.090**	10.549**
	6	**−3.189**	−2.325	3.275*	5.273	**−3.218**	−2.331	3.360*	5.873
	7	−3.184	−2.206	0.032	1.043	−3.209	−2.208	0.022	1.328
	8	−3.133	−2.041	0.169	2.997	−3.177	−2.063	0.511	3.905

注：NT、T 分别表示无趋势项和有趋势项。加粗部分为最小的 AIC、SBC 值。$\chi^2(1)$ 和 $\chi^2(4)$ 分别表示滞后 1 阶与 4 阶的 LM 统计量。*、**、*** 分别表示在 10%、5%、1% 的显著性水平下拒绝序列不相关的原假设。

由表 4.3 可知，对原油方程而言，无论是否含趋势项，AIC 和 SBC 准则均选择 $\hat{p}=2$。但观察 LM 统计量，在滞后 2 阶时含趋势项与不含趋势项的模型均存在自相关，而除 1 阶及 2 阶外的其余阶数则无显著自相关。为避免过于武断，我们尽可能选取多个可能的滞后阶数来进行下一步筛选，故选择 $\bar{p}=3$、4、5、6 作为原油方程的潜在滞后阶。对铜和大豆方程来说，AIC 和 SBC 准则的选择不同，故筛选出 AIC 最小值和 SBC 最小值之间（包括取最小值时）无显著自相关的滞后阶数。对铜方程，无趋势项时选择 $\bar{p}=2$、3、5、6，有趋势项时选择 $\bar{p}=2$、3；对大豆方程，有无趋势项时均选择 $\bar{p}=1$、2、3、4。

第二步，在所有潜在滞后阶数下利用条件 ECM 进行边限检验，其检验结果如表 4.4 所示。可以看出，不含趋势项时，原油变量在滞后 3、4、5 阶时存在协整关系，而在含趋势项时，原油变量则在滞后 3 阶时存在协整关系，但回归结果显示趋势项不显著，故我们选择 F 统计量显著性水平最高的 $\bar{p}=3$ 为无趋势项 ARDL 的最大滞后阶数。铜变量在滞后 5 阶和 6 阶且无趋势项时存在协整关系，故我们选择显著性水平最高的 $\bar{p}=6$ 为无趋势项 ARDL 的最大滞后阶数。大豆变量在滞后 1~4 阶、有趋势项时存在协整关系，且趋势项显著，故我们选择 F 统计量显著性水平最高的 $\bar{p}=2$ 为有趋势项 ARDL 的最大滞后阶数。

表 4.4　边限检验 F 统计量

分类	是否含趋势项	水平变量滞后阶数					
		1	2	3	4	5	6
原油	NT	—	—	5.395***	4.144**	4.249**	2.970
	T	—	—	4.504**	3.418	3.503	2.544
铜	NT	—	2.920	2.926	—	3.826*	4.236**
	T	—	2.413	2.497	—	—	—
大豆	NT	3.103	3.218	2.482	3.062		
	T	3.793*	4.613**	3.697*	3.561*		

注：NT、T 分别表示无趋势项和有趋势项。*、**、*** 分别表示在 10%、5%、1% 的显著性水平下拒绝水平变量间不存在协整关系的原假设。

第三步，选择最优阶 ARDL（p_1、p_2、p_3、p_4、p_5）。以原油方程为例，每一水平变量可选滞后阶数为 0~3 阶，共有 4^5 个待估方程，我们选择 AIC 值最小者为最优方程形式，最终有 ARDL（2、0、1、0、2）。铜方程和大豆方程的最优形式分别为 ARDL（2、0、0、0、1）和 ARDL（1、2、0、2、1）。

在确定最优 ARDL 模型之后，则可估计协整方程得到长期系数，结果如表 4.5 所示。

表 4.5　ARDL 长期系数估计结果

原油 ARDL (2、0、1、0、2)								
c	t	rea	supply_n	invent_n	fin_n	F 统计量	Q (10)	Q^2 (10)
4.117***	—	0.746***	−0.952	−4.252	0.568	134.720***	13.232	19.340
(0.114)		(0.242)	(3.107)	(3.647)	(1.169)	[0.000]	[0.211]	[0.036]
铜 ARDL (2、0、0、0、1)								
c	t	rea	supply_n	invent_n	fin_n	F 统计量	Q (10)	Q^2 (10)
8.699***	—	0.511***	0.016	−0.092	0.549*	187.970***	12.680	13.867
(0.155)		(0.183)	(0.894)	(0.315)	(0.298)	[0.000]	[0.242]	[0.179]
大豆 ARDL (1、2、0、2、1)								
c	t	rea	supply_n	invent_n	fin_n	F 统计量	Q (10)	Q^2 (10)
5.512***	0.007***	0.554**	0.740	2.173	1.495***	357.860***	17.248	18.548
(0.106)	(0.001)	(0.215)	(0.848)	(1.911)	(0.260)	[0.000]	[0.069]	[0.046]

注：c、t 分别表示截距项和趋势项。圆括号内为各系数的标准差。Q (10) 和 Q^2 (10) 分别为 ARDL 残差和残差平方的 10 阶 Ljung-Box 统计量，方括号内为 p 值。Ljung-Box 统计量显示，原油方程和大豆方程分别存在一定程度的异方差和序列相关，故我们对其报告 Newey-West 稳健标准差，对铜直接报告 OLS 标准差。*、**、*** 分别表示在 10%、5%、1% 的显著性水平下显著。

由表 4.5 可知，实体经济需求对原油和铜价的长期影响在 1% 的水平下显著为正，对大豆价格的长期影响在 5% 的水平下也显著为正，供给噪音和库存需求噪音的长期影响则不显著，说明长期中实体经济需求是驱动大宗商品价格变动的主导力量，而来自供给和库存变动的信息噪音的影响消失。理论上讲，金融投机噪音的长期影响也将不显著。观察发现，金融投机噪音对原油价格的长期影响系数不显著，对铜价的影响系数仅在 10% 的水平下边际显著，基本符合理论判断。而金融投机噪音对大豆价格的影响系数在 1% 的水平下显著，说明长期中金融投机对大豆价格具有一定的扭曲作用。导致这一现象的可能原因有 3 点：①即使是长期环境也不属于真正的完全信息状态，市场仍可能存在较弱的信息摩擦；②在金融化深化过程中，随着金融资本持续加速涌入，金融投机噪音不断膨胀，基本面信息的更新难以完全修正金融投机噪音的扭曲作用；③大宗商品市场中一类重要的金融投资者是商品指数交易者，旨在通过跟踪商品指数进行资产配置和分散化投资，其交易动机和策略具有长期性（Girardi，2015），因此，由商品指数交易带来的金融投机噪音很可能也具有长期性。总体而言，从影响的显著性以及广泛程度来看，长期中，实体经济需求是大宗商品价格变动的主导力量，而信息噪音的影响较弱。

4.3.2.2　基于 ECM 的短期影响分析

在得到长期协整关系的基础上，我们则可以进一步建立误差修正模型

(ECM),估计变量间的短期动态关系①,即

$$\Delta cp_t = \pi + \sum_{i=1}^{p_1-1} \beta_{1i}\Delta cp_{t-i} + \sum_{i=0}^{p_2-1} \beta_{2i}\Delta rea_{t-i} + \sum_{i=0}^{p_3-1} \beta_{3i}\Delta supply\_n_{t-i} +$$

$$\sum_{i=4}^{p_4-1} \beta_{4i}\Delta inven\_n_{t-i} + \sum_{i=0}^{p_5-1} \beta_{5i}\Delta fin\_n_{t-i} + \varphi ecm_{t-1} + e_t \quad (4.7)$$

其中,Δ 表示变量的一阶差分,β_{2i}、β_{3i}、β_{4i}、β_{5i} 分别表示实体经济需求、供给噪音、库存需求噪音和金融投机噪音对大宗商品价格的短期影响系数,其滞后阶数与最优阶 ARDL 模型保持一致。误差修正项 ecm_{t-1} 由 ARDL 协整方程给出,前面的调整系数 φ 表示短期偏离向长期均衡收敛的调整速度。

表 4.6 报告了 ECM 短期系数估计结果。

表 4.6 ECM 短期系数估计结果

变量	原油	铜	大豆
Δrea_t	0.137** (0.060)	0.102 (0.088)	0.063 (0.041)
Δrea_{t-1}	—	—	-0.079* (0.041)
$\Delta supply\_n_t$	-3.073*** (1.104)	-0.423 (0.299)	-0.143 (0.207)
$\Delta inven\_n_t$	-1.531 (1.010)	-0.041 (0.083)	-0.298* (0.173)
$\Delta inven\_n_{t-1}$	—	—	-0.436** (0.171)
Δfin_n_t	0.623*** (0.216)	0.496*** (0.072)	0.415*** (0.071)
Δfin_n_{t-1}	-0.560** (0.241)	—	—
ecm_{t-1}	-0.197*** (0.043)	-0.147*** (0.038)	-0.088*** (0.016)
Adj. R^2	0.349	0.469	0.387
F 统计量	7.531***	12.949***	12.013***

注:Δ 表示变量的一阶差分。限于篇幅,此处略去自回归和常数项的估计系数。括号内为标准差。*、**、*** 分别表示在 10%、5%、1%的显著性水平下显著。

---

① 为保证实证分析的逻辑性和连贯性,此处先采用线性 ECM 刻画平均意义上的短期影响;后文中,我们用 BDS 统计量对误差修正项进行非线性检验,发现大宗商品价格短期波动存在非线性特征,故进一步在 ECM 模型中引入区制转换机制。而无论是否考虑区制转换机制,长短期比较的结果均一致,即对假设 4.1 的检验结果具有稳健性。

可以看出，所有误差修正项的估计系数均显著为负，符合短期修正机制。对原油而言，实体经济需求和供给噪音的当期值分别产生显著的正向影响和负向影响；金融投机噪音的当期影响显著为正，滞后1期影响显著为负，但从系数大小和显著性程度来看，金融投机噪音的总体影响仍显著为正；与表4.5结果对比可以发现，短期中，实体经济需求的显著性有所下降，而供给噪音和金融投机噪音在长期中无显著影响，却在短期中高度显著。对铜而言，实体经济需求的短期系数不显著，而仅在长期中具有微弱影响的金融投机噪音，其短期影响系数高度显著。对大豆而言，实体经济需求的当期和滞后1期影响系数分别为正和负，前者不显著，后者仅边际显著（10%的显著性水平），与长期相比，其影响强度明显减弱；金融投机噪音的短期影响系数在1%的水平下显著为正，此外，长期影响不显著的库存需求噪音也具有显著为负的短期影响。

总体来看，短期中，金融投机噪音对三种商品价格均产生显著的正向影响，另两种信息噪音即供给噪音和库存需求噪音也产生明显干扰；从影响的显著性和广泛程度来看，金融投机噪音占主导地位；而相比于长期，实体经济需求在短期内的影响大大减弱。因此，综合表4.5和表4.6的估计结果可知，长期中，大宗商品价格变动由实体经济需求决定，金融投机噪音、供给噪音和库存需求噪音的影响较弱；短期中，大宗商品价格变动由金融投机噪音主导，其余信息噪音也产生明显干扰，实体经济需求影响减弱，假设4.1成立。

4.3.3　金融投机与实体经济需求影响的短期区制间比较分析

现在我们落脚于存在明显信息摩擦的短期市场环境，检验信息摩擦渠道的第二层含义（假设4.2和假设4.3）。我们在刻画短期影响的ECM中引入区制转换机制，以区分短期市场的信息摩擦状态。针对假设4.2，我们建立了Markov区制转换ECM（MS-ECM），识别高低波动区制，并进行区制间的比较分析。针对假设4.3，我们建立了门限ECM（TECM），分别以金融压力和投资者情绪作为门限变量，进行高低金融压力区制、高低投资者情绪区制间的比较分析。

4.3.3.1　基于MS-ECM的检验

我们先建立两区制MS-ECM模型。设状态变量 $s_t \in \{1, 2\}$ 服从一阶Markov过程，其转移概率为 $p_{ij} = P(s_t = j | s_{t-1} = i)$，$\sum_{j=1}^{m} p_{ij} = 1$，$\forall i, j = 1, 2$。

MS-ECM 模型设定如下,其滞后阶数与最优阶 ARDL 模型保持一致①:

$$\Delta \mathrm{cp}_t = \pi(s_t) + \sum_{i=1}^{p_1-1} \beta_{1i}(s_t) \Delta \mathrm{cp}_{t-i} + \sum_{i=0}^{p_2-1} \beta_{2i}(s_t) \Delta \mathrm{rea}_{t-i} + \sum_{i=0}^{p_3-1} \beta_{3i}(s_t) \Delta \mathrm{supply\_n}_{t-i} +$$

$$\sum_{i=0}^{p_4-1} \beta_{4i}(s_t) \Delta \mathrm{inven\_n}_{t-i} + \sum_{i=0}^{p_5-1} \beta_{5i}(s_t) \Delta \mathrm{fin\_n}_{t-i} + \varphi(s_t) \mathrm{ecm}_{t-1} + v_t$$

$$v_t \sim nid(0, \sigma(_t^s)2) \tag{4.8}$$

其中,截距项、调整系数、短期影响系数和扰动项方差均具有区制转移特征。$\beta_{2i}(s_t)$、$\beta_{3i}(s_t)$、$\beta_{4i}(s_t)$、$\beta_{5i}(s_t)$ 表示在不同状态下实体经济需求、供给噪音、库存需求噪音和金融投机噪音对商品价格波动的短期影响。遵循 Psaradakis 等(2004)的做法,我们分两步估计 MS-ECM 模型,首先估计变量间的长期关系,此处由 ARDL 协整方程给出,其次将协整系数代入带区制转移的误差修正模型,估计剩余参数。

我们采用 BDS 统计量对误差修正项进行非线性检验,检验结果如表 4.7 所示。可以看出,所有维度上的 BDS 统计量在 1% 的显著性水平下拒绝原假设,说明大宗商品价格短期波动确实存在非线性特征。

表 4.7 BDS 检验结果

分类	维度	2	3	4	5	6
原油	BDS 统计量	0.135 2	0.217 1	0.260 2	0.277 7	0.278 3
	标准差	0.004 2	0.006 6	0.007 8	0.008 1	0.007 8
	p 值	0.000 0	0.000 0	0.000 0	0.000 0	0.000 0
铜	BDS 统计量	0.157 7	0.260 3	0.322 5	0.356 9	0.372 6
	标准差	0.006 4	0.010 2	0.012 1	0.012 7	0.012 2
	p 值	0.000 0	0.000 0	0.000 0	0.000 0	0.000 0
大豆	BDS 统计量	0.082 9	0.124 2	0.139 3	0.139 6	0.130 0
	标准差	0.006 3	0.010 0	0.011 9	0.012 5	0.012 1
	p 值	0.000 0	0.000 0	0.000 0	0.000 0	0.000 0

图 4.3 中的(a)、(b)、(c)三个图分别给出了三种商品各区制的平滑概率估计结果。

---

① 举例说明,若 p 是 ARDL 中水平变量的滞后阶,则 MS-ECM 中相应的差分变量滞后阶为 $p-1$。

年份
区制1

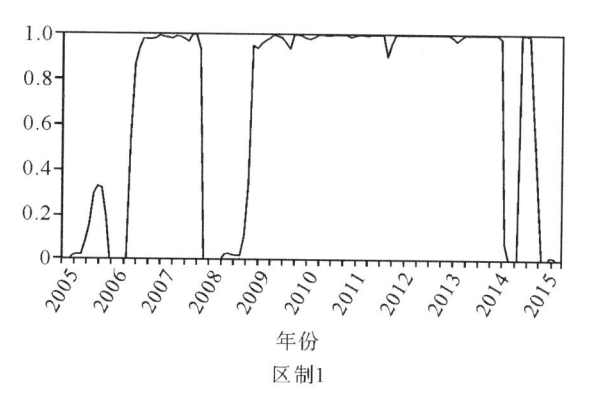

年份
区制2

(a) 原油方程平滑概率

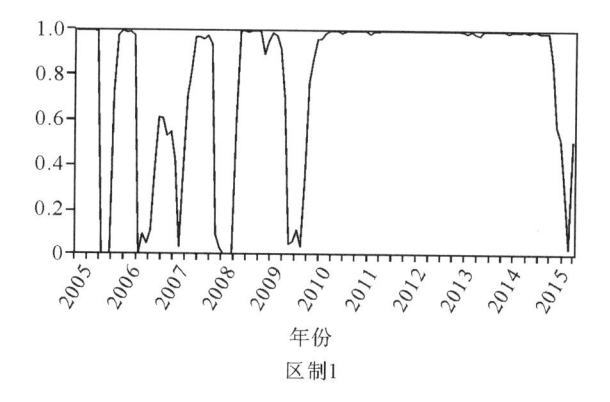

年份
区制1

4 国际大宗商品市场金融化与一维价格动态的内在关系 | 67

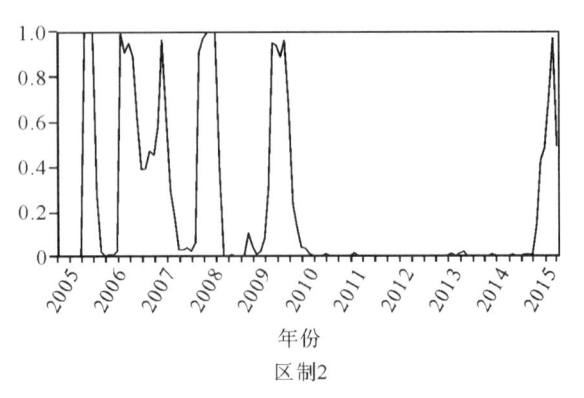

(b) 铜方程平滑概率

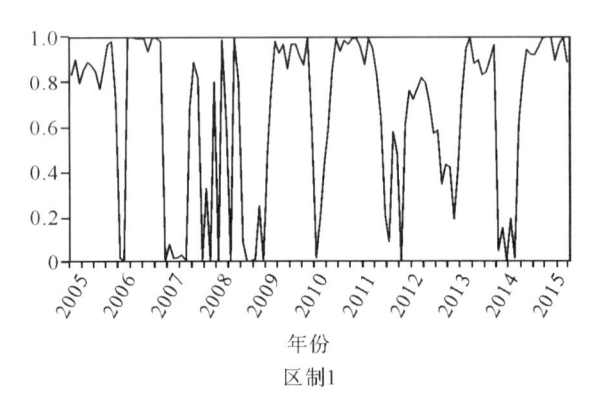

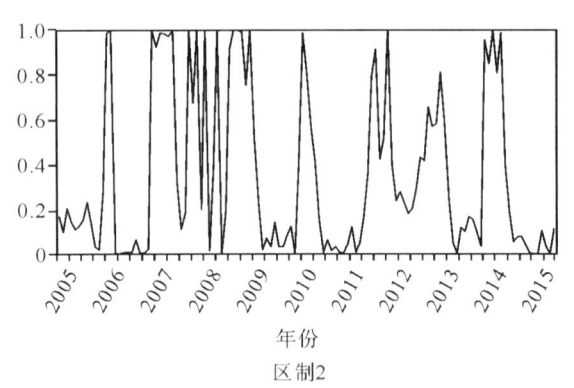

(c) 大豆方程平滑概率
图 4.3 平滑概率估计结果

从图 4-3 可以看出，对三种商品而言，区制 1 和区制 2 的平滑概率均具有较好的区分度，两区制特征较为稳定。由区制转移概率和持续期的估计结果可知①，各区制的持续概率较高，均超过 0.5，而区制间相互转移的概率都较小，不易发生"跳跃式"转变。由此可确认，各方程的区制划分是合理的。进一步讲，将区制分布与商品价格走势以及样本区间内的重要历史事件相对照，可以发现，商品价格在 2007—2008 年的暴涨暴跌、2014—2015 年的大幅波动大多出现在区制 2 中；以 2008 年 9 月雷曼兄弟破产为标志的全球金融危机和 2009—2010 年迅速蔓延和恶化的欧债危机也基本出现在区制 2 中。而在区制 1 中，商品价格走势较为稳定。因此，区制 2 更多地体现为大宗商品市场以及国际宏观经济环境存在很大不确定性的时段，即代表高波动区间，区制 1 则代表低波动区间。

表 4.8 给出了 MS-ECM 模型的参数估计结果。对三种商品而言，区制 2 的标准差均大于区制 1 的标准差，再次说明区制 2 代表高波动时期，而区制 1 代表低波动时期。

表 4.8 MS-ECM 估计结果

变量	原油 区制 1	原油 区制 2	铜 区制 1	铜 区制 2	大豆 区制 1	大豆 区制 2
Δrea_t	−0.011 (0.058)	0.325*** (0.104)	−0.055 (0.034)	0.372** (0.156)	−0.052 (0.048)	0.342*** (0.070)
Δrea_{t-1}	—	—	—	—	−0.050 (0.036)	−0.067 (0.078)
$\Delta supply\_n_t$	−3.356*** (1.115)	−5.400* (3.272)	0.057 (0.239)	−0.900 (0.912)	0.048 (0.133)	0.116 (0.579)
$\Delta inven\_n_t$	−0.910 (0.977)	−2.130 (2.720)	−0.016 (0.075)	−0.473 (0.399)	−0.147 (0.201)	−0.365* (0.208)
$\Delta inven\_n_{t-1}$	—	—	—	—	−0.184 (0.175)	−0.740*** (0.201)
Δfin_n_t	0.490*** (0.173)	1.281*** (0.466)	0.377*** (0.053)	0.856*** (0.245)	0.308*** (0.057)	0.809*** (0.149)
Δfin_n_{t-1}	−0.702*** (0.182)	0.986** (0.469)	—	—	—	—

---

① 转移概率矩阵和持续期估计结果在此并未列出，如有兴趣可向笔者索取。

表4.8(续)

变量	原油		铜		大豆	
	区制1	区制2	区制1	区制2	区制1	区制2
ecm_{t-1}	-0.091*** (0.024)	-0.367*** (0.077)	-0.081*** (0.015)	-0.589*** (0.200)	-0.048** (0.019)	-0.197*** (0.035)
$\hat{\sigma}$	0.046***	0.070***	0.031***	0.064***	0.025***	0.044***

注：限于篇幅，略去自回归和常数项的估计系数。$\hat{\sigma}$ 为残差标准差。括号内为渐进标准差。*、**、*** 分别表示在10%、5%、1%的显著性水平下显著。

由表4.8可知，对原油方程而言，在区制1中，供给噪音当期系数对油价变动存在显著为负的短期影响；金融投机噪音的当期系数和滞后1期系数分别为正和负；而库存需求噪音影响不显著。在区制2中，实体经济需求的当期系数显著为正；金融投机噪音的当期系数显著为正，且大于区制1，滞后1期系数也显著为正，说明金融投机噪音在区制2的影响要强于区制1；供给噪音的当期系数影响显著为负，且要强于区制1。对铜方程而言，金融投机噪音在两个区制内的影响系数均显著为正，且在区制2的系数为区制1的2.27倍。此外，在区制2中，实体经济需求当期系数对铜价变动存在显著正向影响，其余信息噪音的影响均不显著。对大豆方程而言，在区制1中，仅金融投机噪音的当期系数对大豆价格存在显著影响，影响方向为正。在区制2中，实体经济需求当期系数对大豆价格存在显著正的短期影响；库存需求噪音当期系数和滞后1期系数显著为负；金融投机噪音的当期系数显著为正，且是区制1系数的2.63倍。在两个区制内，误差修正项的系数估计均显著为负，体现出短期偏离向长期均衡收敛。其中，区制1的调整系数绝对值小于区制2的调整系数，说明区制1的调整速度小于区制2的调整速度。

总结估计结果：短期内，实体经济需求对大宗商品价格的影响减弱（在区制1中影响系数不显著），信息噪音产生明显的干扰作用，其中金融投机噪音影响始终显著，表明金融投机噪音是大宗商品价格短期波动的主要来源。这一发现与表4.6的结果一致。更重要的是，在高波动区制中，金融投机噪音的影响系数均显著高于低波动区制，供给噪音对油价的影响和库存需求噪音对大豆价格的影响也强于低波动区制。这说明，短期中，相对于低波动状态，在高波动状态下，信息摩擦程度更加严重，以金融投机噪音为主的信息噪音对大宗商品价格的影响更强，因此假设4.2成立。

4.3.3.2 基于TECM的检验

在金融化的背景下，外部金融市场风险以及投资者情绪变化势必会对大宗商品市场的稳定性产生影响,从而导致其信息摩擦程度发生变化。为进一步验证这一非线性机制,我们分别以 Kansas 金融压力指数(记为 FS)和 BW 投资者情绪指数(记为 BW)作为门限变量①,建立两区制 TECM 模型。设 q_t 为门限变量,γ 为门限值,模型设定如下:

$$\Delta \text{cp}_t = (\pi + \sum_{i=1}^{p_1-1} \beta_{1i} \Delta \text{cp}_{t-i} + \sum_{i=0}^{p_2-1} \beta_{2i} \Delta \text{rea}_{t-i} + \sum_{i=0}^{p_3-1} \beta_{3i} \Delta \text{supply\_}n_{t-i} +$$
$$\sum_{i=0}^{p_4-1} \beta_{4i} \Delta \text{inven\_}n_{t-i} + \sum_{i=0}^{p_5-1} \beta_{5i} \Delta \text{fin\_}n_{t-i} + \varphi \text{ecm}_{t-1}) \cdot 1(q_t < \gamma) +$$
$$(\pi^* + \sum_{i=1}^{p_1-1} \beta_{1i}^* \Delta \text{cp}_{t-i} + \sum_{i=0}^{p_2-1} \beta_{2i}^* \Delta \text{rea}_{t-i} + \sum_{i=0}^{p_3-1} \beta_{3i}^* \Delta \text{supply\_}n_{t-i} +$$
$$\sum_{i=0}^{p_4-1} \beta_{4i}^* \Delta \text{inven\_}n_{t-i} + \sum_{i=0}^{p_5-1} \beta_{5i}^* \Delta \text{fin\_}n_{t-i} + \varphi^* \text{ecm}_{t-1}) \cdot 1(q_t \geq \gamma) + e_t$$

(4.9)

其中,1(.) 为示性函数。当 $q_t < \gamma$ 时,$1(q_t < \gamma) = 1$,$1(q_t \geq \gamma) = 0$;当 $q_t \geq \gamma$ 时,$1(q_t < \gamma) = 0$,$1(q_t \geq \gamma) = 1$。

表 4.9 和表 4.10 给出了 TECM 的估计结果,即金融压力门限效应估计结果和投资者情绪门限效应估计结果。

表 4.9 金融压力门限效应估计结果

变量	原油		铜		大豆	
	FS<1.370	FS≥1.370	FS<1.400	FS≥1.400	FS<0.510	FS≥0.510
Δrea_t	-0.018 (0.068)	-0.019 (0.153)	-0.026 (0.040)	0.129 (0.133)	-0.009 (0.042)	0.133 (0.100)
Δrea_{t-1}	—	—	—	—	-0.079* (0.041)	-0.192** (0.097)
$\Delta \text{supply\_}n_t$	-2.180 (1.348)	-6.786* (3.755)	-0.372 (0.356)	-2.212 (1.340)	0.019 (0.188)	-1.045 (0.716)
$\Delta \text{inven\_}n_t$	-1.757 (1.163)	10.975* (5.810)	-0.000 (0.101)	1.969*** (0.448)	-0.126 (0.191)	-0.139 (0.366)
$\Delta \text{inven\_}n_{t-1}$	—	—	—	—	-0.067 (0.188)	-0.789** (0.325)

---

① Kansas 金融压力指数涵盖了股票价格隐含波动率、股票债券相关系数和 TED 利差等 11 个金融市场变量,其数值上升表示金融市场不确定性增加;BW 投资者情绪指数是由 Baker 和 Wurgler(2006)基于 IPO(首次公开募股)首日收益率、IPO 数量、封闭式基金折价率、换手率、股利溢价和新股发行占比六个指标进行主成分分析所构造的综合性投资者情绪指标。

表4.9(续)

变量	原油 FS<1.370	原油 FS≥1.370	铜 FS<1.400	铜 FS≥1.400	大豆 FS<0.510	大豆 FS≥0.510
$\Delta\text{fin\_}n_t$	0.899*** (0.214)	0.625 (0.705)	0.461*** (0.063)	0.685*** (0.254)	0.398*** (0.065)	0.616*** (0.205)
$\Delta\text{fin\_}n_{t-1}$	-0.511** (0.217)	1.722* (0.879)	—	—	—	—
ecm_{t-1}	-0.032 (0.027)	-0.609*** (0.138)	-0.082*** (0.020)	-0.571*** (0.133)	-0.052*** (0.015)	-0.189*** (0.049)
Sup F	39.528***	45.467***	22.281*	—	—	—
Adj. R^2	0.435	0.586	0.489	—	—	—

注：略去自回归和常数项的估计系数。Sup F 为门限效应检验。*、**、*** 分别表示在10%、5%、1%的显著性水平下显著。

表4.10 投资者情绪门限效应估计结果

变量	原油 BW<-0.188	原油 BW≥-0.188	铜 BW<0.024	铜 BW≥0.024
Δrea_t	0.166* (0.093)	-0.018 (0.185)	0.048 (0.053)	0.287** (0.116)
$\Delta\text{supply\_}n_t$	-7.738*** (2.102)	0.101 (1.550)	-0.177 (0.423)	-0.768* (0.445)
$\Delta\text{inven\_}n_t$	-1.433 (1.725)	-3.777*** (1.056)	-0.115 (0.129)	0.260 (0.188)
$\Delta\text{fin\_}n_t$	0.100 (0.356)	0.977*** (0.263)	0.367*** (0.088)	0.821*** (0.091)
$\Delta\text{fin\_}n_{t-1}$	-0.926*** (0.282)	-0.147 (0.344)	—	—
ecm_{t-1}	-0.118*** (0.039)	-0.060** (0.030)	-0.066*** (0.024)	-0.198*** (0.053)
Sup F	27.893**	40.010***	—	—
Adj. R^2	0.368	0.514	—	—

注：大豆方程未通过门限效应检验，故这里只报告原油和铜方程的估计结果。Sup F 为门限效应检验。*、**、*** 分别表示在10%、5%、1%的显著性水平下显著。

除了以投资者情绪为门限变量的大豆方程外，其余各模型均具有显著的门限效应，且可决系数均大于线性模型的可决系数，说明相比线性模型，门限模型能更好地拟合商品价格的短期动态。表4.9的结果显示，对原油、铜和大豆方程而言，金融压力指数的门限值分别为1.370、1.400和0.510。依据门限值我们可以将金融市场压力分为高、低两个区制，其中原油和铜方程的门限值较接近，而大豆方程中金融压力指数的门限值低于前两者，说明大豆市场对金融压力上升的敏感性更高。对三种商品而言，当金融压力指数高于门限值时，信息噪音的系数大小和显著性程度均要强于金融压力指数低于门限值的情况。其中，金融投机噪音总影响始终显著为正，且在高金融压力区制中的影响系数显著高于低金融压力区制，而实体经济需求的影响较弱。金融压力上升代表金融市场不确定性增加，如前所述，这种不确定性通过跨市资金流动和信息溢出效应传递到大宗商品市场，从而加剧大宗商品市场的信息摩擦。因此，金融压力门限效应的估计结果与MS-ECM的结果一致。表4.10的结果表明，原油和铜方程的投资者情绪指数门限值分别为-0.188和0.024，当投资者情绪高涨（高于门限值）时，市场投机氛围加重，信息摩擦程度加深，商品价格受信息噪音的干扰更强。综合表4.9和表4.10的估计结果，短期中，相对于金融压力较低、投资者情绪低落的状态，在金融压力较高和投资者情绪高涨的状态下，以金融投机为主的信息噪音对大宗商品价格的影响更强。因此，假设4.3得到证明。

4.4 进一步讨论金融交易行为在个体商品价格波动中的作用

4.4.1 金融投机的信息噪音属性

前文指出，金融投机具有信息噪音的属性，而金融投资者在大宗商品市场中的交易活动既有可能属于金融投机，又有可能与经济基本面有关。多数研究使用非商业持仓等金融持仓变量代表金融投机，未对金融投资者交易行为中的基本面和噪音成分进行区分，因而可能错误地判断了金融投机和实体经济需求的相对影响力。为说明识别信息噪音的重要性，在表4.11中，我们以原始的产量 prod、库存 inven 和非商业净多头占比 nc 代替信息噪音，也采用 ARDL 模型估计长期协整关系，用 ECM 模型估计短期动态关系，分别与表4.5和表4.6的结果进行对比。为保证结果的可比性，所有方程的最大滞后阶、趋势项及最优阶选择准则均与表4.5、表4.6相同，并对产量和库存序列进行季节调整，以避免季节因素的干扰。

表 4.11 未识别信息噪音情况下的长短期系数估计结果

Panel A：长期系数估计结果			
变量	原油	铜	大豆
rea	0.459 (0.204)**	0.349 (0.238)	−0.095 (0.154)
prod	−0.013 (2.318)	−0.344 (0.918)	−0.945 (0.824)
inven	−5.202 (2.167)**	0.057 (0.208)	0.677 (0.396)*
nc	1.977 (0.678)***	0.657 (0.224)***	1.717 (0.257)***
Panel B：短期系数估计结果			
变量	原油	铜	大豆
Δrea_t	0.116 (0.048)**	0.096 (0.080)	−0.032 (0.037)
$\Delta prod_t$	−1.063 (0.859)	−0.199 (0.279)	0.544 (0.318)*
$\Delta prod_{t-1}$	—	—	0.648 (0.319)**
$\Delta inven_t$	−1.524 (0.909)*	−0.052 (0.060)	−0.309 (0.134)**
$\Delta inven_{t-1}$	—	—	−0.285 (0.134)**
Δnc_t	1.645 (0.190)***	0.575 (0.072)***	0.535 (0.058)***
Δnc_{t-1}	−0.590 (0.228)**	—	−0.074 (0.061)
ecm_{t-1}	−0.197 (0.059)***	−0.148 (0.040)***	−0.108 (0.019)***

注：省略趋势项和常数项的估计系数。括号内为标准差。*、**、*** 分别表示在 10%、5%、1% 的显著性水平下显著。

对比表 4.11 的 Panel A 和表 4.5 的结果可以发现，对原油价格而言，在未识别信息噪音的情况下，实体经济需求的长期影响系数大小和显著性均有所下降；库存具有显著为负的长期影响；与金融投机噪音的长期系数不显著不同，非商业净多头占比对原油价格存在显著正的长期影响。对铜和大豆价格而言，在未识别信息噪音的情况下，实体经济需求的长期影响系数不再显著，非商业净多头占比的长期系数高于金融投机噪音的长期系数,并且前者的显著性也强于后者。因此,从长期来看,实体经济需求在未识别信息噪音情况下的影响要远弱于识别信息噪音的情况,非商业持仓的影响则明显强于金融投机噪音的影响。而表 4.11 Panel B 和表 4.6 的对比结果显示,虽然从显著性来看,识别信息噪音与未识别信息噪音情况下的短期影响差异并不明显,但从系数大小来看,未识别信息噪音的情况下实体经济需求的短期影响系数均低于识别信息噪音的情况,而非商业净多头占比的短期系数均高于金融投机噪音的短期系数。

上述结果再次证实,金融投资者在大宗商品市场中的交易行为并不完全等同于金融投机。实际上,刻画金融投资者行为的非商业持仓变量中既包括具有噪音属性的金融投机成分,又包括经济基本面信息。若仅以非商业持仓等金融交易变量代表金融投机,不对其中的基本面和噪音成分加以区分,则将高估金融投机、低估实体经济需求对大宗商品价格的相对影响力。而这种估计偏误在分析长期影响时更为严重,甚至可能得出长期中金融投机影响超越实体经济需求影响的失真结论①。如 Fan 和 Xu(2011)发现,2000—2008 年的油价波动均由投机主导,而实体经济需求的影响则不显著;韩立岩和尹力博(2012)发现,自 2004 年大宗商品市场开启金融化进程以来,投机力量超越实体经济需求,成为造成大宗商品价格波动的主要原因。与本书的结果相比,上述文献确实可能高估了金融投机的影响。因此,本小节分析不仅论证了识别信息噪音对正确刻画金融投机影响力的重要性,还意味着,不对金融投资者交易行为进行准确区分和识别,而是一味地限制非商业持仓规模,反而可能降低大宗商品价格的信息含量。

4.4.2 金融化与个体商品价格波动

近年来,大宗商品价格波动频繁,金融投资者成为众矢之的,被认为是造

---

① 除了以非商业持仓代表金融投机外,还有少数研究用股票市场指数作为投机行为的代理变量。作为"经济晴雨表",股票指数中势必包含反映宏观经济状况的基本面信息,因此本小节的分析结论对股票指数同样适用。如田利辉和谭德凯(2015)以美国标准普尔 500 股票指数代表金融投机,发现在 2002—2012 年,不论从长期还是短期来看,金融投机对原油价格的影响均强于实体经济需求。实际上,Büyükşahin 和 Robe(2014)、Bruno 等(2016)均发现,实体经济需求对股票指数和大宗商品价格间的相关性具有重要影响,表明股票指数对大宗商品价格的影响并不一定与投机行为有关。此外,以股票指数代表金融投机未利用大宗商品市场的交易数据,缺乏与本书理论基础和机理分析的直接联系。

成商品价格偏离基本面价值剧烈波动的罪魁祸首。学术界和实务界有越来越多的声音要求针对金融投资者设定更加严格的持仓限制（Master，2008）。前文实证结果表明，金融投机噪音对大宗商品价格的干扰程度取决于信息摩擦的严重程度。我们以非商业持仓占总持仓比例（非商业持仓占比）代表金融投资者的市场份额，并依据前文的区制划分，分别计算非商业持仓占比在不同区制下（不同信息摩擦程度下）的平均值。由于大豆市场无投资者情绪的门限值，我们以 BW 情绪指数的中位数为界进行区制划分。不同区制下的非商业持仓占比平均值见表 4.12。

表 4.12　不同区制下的非商业持仓占比平均值

分类	市场波动 高	市场波动 低	金融压力 高	金融压力 低	投资者情绪 高	投资者情绪 低
原油	0.412	0.442	0.415	0.423	0.403	0.439
铜	0.345	0.391	0.351	0.387	0.347	0.400
大豆	0.358	0.357	0.327	0.357	0.350	0.351

注：非商业持仓占比计算公式为 $(NCL_t + NCS_t + 2NCSP_t)/2TOI_t$，其中 NCL_t、NCS_t、$NCSP_t$ 和 TOI_t 分别为非商业多头、非商业空头、非商业套利和总持仓的数量。

可以看出，对原油和铜来说，高市场波动、高金融压力和高投资者情绪状态下的非商业持仓占比均明显小于低市场波动、低金融压力和低投资者情绪状态下的非商业持仓占比；对大豆而言，尽管高波动状态下的非商业持仓占比略大于低波动状态下的非商业持仓占比，但高金融压力和高投资者情绪状态下的非商业持仓占比仍小于低金融压力和低投资者情绪状态下的非商业持仓占比。因此，由表 4.12 可知，在本章所考察的商品样本和数据区间内，当信息摩擦程度较高、金融投机等信息噪音影响加剧时，金融投资者的市场份额反而降低。其原因在于，在信息摩擦较强的环境中，参与者对信息噪音的辨别能力下降，尽管金融交易者市场份额不高，金融投机噪音的影响却更甚。而在信息摩擦较弱的市场环境中，虽然金融投资者参与度上升，但信息噪音的干扰性降低，金融投机噪音影响减弱。

结合前述分析可以发现，金融化对于个体商品价格动态具有"双刃剑"的作用：一方面，大量增加的金融投机活动会对商品价格产生扭曲作用，致使其偏离基本面水平而剧烈波动；另一方面，金融投资者参与度的上升也有可能为市场注入更多有效的基本面信息，有助于提升大宗商品价格的信息含量。这意味着，单纯对金融投资者进行持仓限制，并不一定能够达到稳定市场的目的；而平抑大宗商品价格波动更为有效的措施，应是提高大宗商品市场透明度，及时公布不同投资者类型的持仓信息，减少市场中的信息摩擦。

4.5 本章小结

针对国际大宗商品市场金融化进程中的一维价格动态特征，本章基于信息摩擦的视角，在一维框架下就金融投资者交易行为在个体商品价格波动中的作用进行了实证探究，重点考察金融投机和实体经济需求对单一商品价格的影响强弱及作用机理。

本章借鉴 Sockin 和 Xiong（2015）的理论框架阐述了金融投机对大宗商品价格的影响机理：金融投机具有信息噪音的属性；在完全信息条件下，大宗商品价格变动由实体经济需求决定；而在不完全信息条件下，大宗商品价格会受到金融投机等信息噪音的明显干扰，且信息摩擦程度越高，信息噪音的影响将越强。由于金融投机是金融交易行为中的噪音成分，若以金融持仓代表金融投机，将会高估金融投机、低估实体经济需求的影响力，故在实证检验部分，我们先对信息噪音进行识别，从金融持仓中分离出真正的金融投机。在此基础上，我们分别从期限长短、市场波动性高低、金融压力高低和投资者情绪高低等多个角度出发，对市场的信息摩擦状态进行区分，定量分析大宗商品价格在不同信息摩擦环境中受金融投机和实体经济需求的影响差异。

研究发现：①长期中，大宗商品价格变动由实体经济需求主导；短期中，大宗商品价格变动由金融投机主导，其他信息噪音也产生明显干扰。②短期中，相对于低波动的市场环境，在高波动状态下，以金融投机为主的信息噪音对大宗商品价格的影响更强。③短期中，相对于金融压力较低、投资者情绪低落的状态，在金融压力较高和投资者情绪高涨的状态下，以金融投机为主的信息噪音对大宗商品价格的影响更强。

不少学者将近年来国际大宗商品价格的大涨大跌归咎于金融化过程的深化，不断进场的金融投资者成为众矢之的，被认为是造成大宗商品价格剧烈波动的罪魁祸首。实务界和政府部门更是"谈金融化色变"。越来越多的声音要求对金融持仓设置更为严格的头寸限制，以稳定大宗商品市场。但本章通过进一步的分析证实，金融投资者的交易行为既包含投机成分，也包含基本面成分；而在信息摩擦更加严重的环境中，金融投机对大宗商品价格的影响增强，金融投资者的市场份额反而降低。因此，大宗商品市场的金融化对个体商品价格波动具有"双刃剑"的作用：一方面，金融投资者大量涌入大宗商品市场，其后果之一就是投机交易大幅增加，从而带来严重的信息噪音，扭曲大宗商品价格，导致其偏离基本面而剧烈波动；另一方面，金融投资者参与度的上升也有可能为市场注入更多有效的基本面信息，从而帮助大宗商品价格实现基本面价值。这两种作用究竟何为主导，则取决于市场信息摩擦的程度。这意味着，一味地限制金融投资者的持仓规模并不一定会起到稳定大宗商品市场的作用，反而可能会降低大宗商品价格的信息含量。在金融化的背景下，稳定大宗商品市场的关键不在于对金融投资者设置更严格的持仓限制，而在于提高大宗商品市场透明度，减少信息摩擦，从市场质量而非市场规模层面出发，降低信息噪音对商品价格的影响。

5 国际大宗商品市场金融化与多维价格动态的内在关系

上一章在一维框架下，通过分析金融投机与实体经济需求对单一商品价格的相对影响力，以及金融投资者交易行为在个体商品价格波动中的作用，揭示了金融化与一维价格动态间的关系。本章将在多维框架下，从非基本面角度考察跨类别商品价格间的关联机制，着重探究金融交易力量对关联性演变的解释力，从而剖析金融化与多维价格动态之间的内在联系。

在 2000 年以前，国际大宗商品市场内部基本处于分割状态，不同品种间的关联性较低。自 2000 年起，尤其是 2004 年以来，随着金融化进程的开启和深化，各类商品价格的关联性显著增强，分属于能源、农产品和金属等不同类别的商品间的联动和溢出效应日益明显，国际大宗商品市场内部的融合程度不断提高，由此引发实物界和学术界的广泛关注，其争论的焦点在于：近年来国际大宗商品价格关联特征的变化是否与金融投资者的交易活动有关？国际大宗商品市场呈现的内部融合现象究竟是金融化作用下的新常态，还是由基本面因素导致的暂时性变化？金融化驱动关联性动态演变的内在机制是什么？

尽管不少学者将近年来国际大宗商品价格关联性的显著上升归因于金融化的作用，但直接检验两者关系的文献较少，作用机制尚不清晰。多数研究仅基于国际大宗商品价格关联性开始增强的时点与金融资本大量涌入国际大宗商品市场的时间相一致的经验证据，来说明国际大宗商品市场的内部融合趋势是金融化所导致的新常态，然而经济基本面同样是国际大宗商品价格关联性的重要来源。在金融化开启和深化的同一时期，世界经济先后经历了持续的高速增长和严重的动荡与衰退，来自经济基本面的共同冲击亦有可能导致国际大宗商品价格间的关联特征发生改变。因此，在未考虑基本面影响的情况下，仅依据关联性的时变特征来对金融化在国际大宗商品市场融合过程中发挥的作用进行判断，缺乏可靠性。此外，根据前一章节的研究推论，金融投资者除了大量进行投机交易外，还有可能为市场注入更多基本面信息，如果仅是后者的作用造成关联性上升，那么融合现象本质上仍反映了经济基本面的暂时性变化，并不是金融化带来的结构性改变（新常态）。

为全面、准确地刻画国际大宗商品价格关联性的动态演变与金融化进程的关系，在本部分的研究中，我们将国际大宗商品价格"过度联动"（excess co-movement）的思想与 Diebold 和 Yilmaz（2012，2014）的溢出指数（spillover index）方法相结合，构建"过度溢出"（excess spillover）分析框架，在充分控制经济基本面影响的情况下，对国际大宗商品价格间超越基本面的多维关联特征进行全景式考察。具体来讲，本书将国际大宗商品价格的"过度溢出"效应定义为不能被经济基本面所解释的价格关联性。

基于此，本章的研究内容主要包括两个方面：第一，对国际大宗商品价格过度溢出效应进行定量分析，目的是对金融化与基本面的作用进行明确分离。由于充分过滤了基本面的影响，过度溢出的强度、方向和时变特征能够为金融化在国际大宗商品价格关联性演变中的作用提供直观证据。第二，运用回归方法对金融化力量与过度溢出的关系进行直接检验，目的是进一步理清金融化对国际大宗商品价格关联性的作用机制。我们首先采用 ARDL 回归与逐步回归考察了金融投资者参与度对过度溢出强度的长短期影响；其次通过面板 Logit 回归模型考察了金融投资者结构对过度溢出传导方向的影响，特别就对冲基金和指数基金在过度溢出网络结构中所扮演的角色进行了对比分析。本部分的研究有助于明晰金融化与多维价格动态的内在关系，同时也可以为国际大宗商品进口国和出口国维持经济稳定及抵御通胀压力提供深刻启示。

5.1 金融化改变多维价格关联性的理论基础与过度溢出框架的提出

5.1.1 金融化改变国际大宗商品价格关联性的理论基础

近年来，国际大宗商品市场上众多品种间关联性的显著上升类似于股票市场上的多股联动或是金融资产的共振现象，这表明随着金融资本越来越多地介入国际大宗商品市场，金融投资者的动机和策略很可能使得国际大宗商品价格间产生了新的互动关系及关联机制。

金融化或金融交易行为作用于国际大宗商品价格关联性的可能机制包括以下三个：

（1）风格效应（style effect）。风格效应理论最早由 Barberis 和 Shleifer（2003）提出，用于解释个股间超过基本面的联动现象。组合投资者在进行投资决策时，往往根据某些标准对个体资产进行分类，然后基于大的资产类别进行资产配置等投资操作。不同的资产类别形成不同的投资风格，属于同一投资风格的个体资产间具有与基本面无关的联动趋势。而在金融化进程中，国际大宗商品作为新兴的资产类别或"投资风格"进入投资者的资产组合，因此风格效应导致不同商品间的价格联动性上升。

（2）财富效应（wealth effect）。财富效应理论由 Kyle 和 Xiong（2001）提出，用于解释资本市场的风险传染现象。当在某一市场遭受严重损失时，金融投资者的风险容忍度下降，促使其同时对所有资产头寸进行减持或平仓，导致跨市场间的风险蔓延。财富效应可以为金融危机期间国际大宗商品价格联动性或溢出效应的急剧增加提供合理解释。

（3）流动性螺旋效应（liquidity spiral effect）。根据 Brunnermeier 和 Pedersen（2009）提出的流动性螺旋理论，当金融危机等外部冲击导致资金条件恶化时，金融中介机构将减少在所有市场中的流动性供应，由此导致多种资产间的联动性上升。因此，与财富效应相似，流动性螺旋效应也可用于解释危机期间国际大宗商品价格关联性的显著增强。

5.1.2 过度溢出框架的提出：基于非基本面的关联性测度

为排除来自经济基本面的共同冲击对国际大宗商品价格关联性的暂时性影响，以明确金融化在多维价格动态演变中的作用，本章基于"过度联动"的思想构建"过度溢出"（excess spillover）分析框架，以刻画国际大宗商品价格间超越基本面的多维关联特征。

国际大宗商品价格过度联动的概念最早由 Pindyck 和 Rotemberg（1990）提出，指在过滤掉宏观经济基本面的系统性影响之后，多种无明显经济联系的大宗商品（seemingly unrelated commodities）间存在的价格联动性。其中，无明显经济联系是指需求交叉弹性以及供给交叉弹性接近于 0，即彼此之间无显著替代或互补关系。理论上讲，这些商品的联动性应完全由宏观基本面因素所驱动，而过度联动现象意味着基于供求均衡的标准定价模型失效。Pindyck 和 Rotemberg（1990）将其归因于羊群行为等非理性交易行为。随后，不少学者对过度联动进行了实证检验，早期使用 2000 年以前数据的文献大多拒绝或仅发现微弱的过度联动现象，但最近研究显示，在 2000 年之后的时间段，国际大宗商品价格存在明显的过度联动效应。由于控制了经济基本面的影响，这种联动性变化成为金融化促进国际大宗商品市场内部融合的有力证据。

受此启发，本章以过度联动为基础，扩展出过度溢出的分析框架。过度联动的基本测度方法分为两步：首先，以个体商品收益率作为因变量，对通货膨胀、工业产出增长率等宏观经济指标进行多元回归，得到商品收益率残差序列，即过滤掉经济基本面冲击之后的商品收益率；其次，基于相关系数等方法测度回归残差间的同步相关性（concurrent correlation）。而本章的扩展主要体现在以下两个方面：

第一，运用大型近似因子模型（large approximate factor model），从全球主要发达国家和新兴国家的298个宏观经济指标中提取主成分因子，充分控制全球经济基本面因素对价格关联性的影响。关于哪些变量可以代表影响国际大宗商品价格的经济基本面因素，学术界尚未达成共识，多数研究仅以几个宏观经济指标作为基本面因素的代表，如 Pindyck 和 Rotemberg（1990）、Deb 等（1996）、Büyükşahin 和 Robe（2014）、谭小芬等（2014）。由于经济指标的数量和种类较少，这些研究覆盖的信息范围较为有限。韩立岩和尹力博（2012）则使用了更为丰富的经济信息，他们从中、美两国共144个宏观经济指标[①]中提炼出影响国际大宗商品价格的实体经济因素，但作者仅以中、美作为全球经济的代表，没有将其他具有重要影响力的经济体纳入分析框架，仍可能存在严重的信息遗漏。本章则对经济信息集进行了显著扩展，选取美国、英国等8个发达国家以及中国、印度等9个新兴国家共计298个宏观经济变量构建高维数据集，涵盖劳动力市场、国内贸易与消费、工业生产活动、房地产市场、对外贸易、价格水平、货币与信贷、利率、汇率、股票市场指数10个方面，从中提取基本面因子，有效地避免了信息遗漏。

第二，采用 Diebold 和 Yilmaz（2012，2014）的溢出指数方法，测度商品收益率残差间的关联性，即本书所定义的"过度溢出"。过度联动虽然在检验市场有效性方面具有重要价值，但并不满足本章的研究需要。首先，关联特征既包括同步关系又包括动态关系（Chevallier et al.，2013；Adam et al.，2015），而过度联动旨在从统计意义出发检验商品收益率残差间的同步相关程度，无法捕捉序列间的动态联系。其次，过度联动仅考虑两两相关关系（pairwise correlation），难以吸收复杂的多维互动信息。最后，过度联动不区分关联方向，无

[①] 韩立岩和尹力博（2012）共搜集了中、美两国的532个指标，其中144个指标为宏观经济变量，作者以此代表全球实体经济信息，其余变量则分别代表金融市场信号、大宗商品供需及库存、国际投机因素。

法识别信息传导路径。而 Diebold 和 Yilmaz（2012，2014）的溢出指数方法将所有研究对象纳入同一系统，同时考虑了同期以及滞后的溢出及传导关系，能够捕捉多个变量间的动态交互影响，不仅能够刻画关联性的强度和规模，还能识别关联方向。因此，本书基于溢出指数方法，将过度联动拓展为过度溢出，对与基本面无关的价格关联性进行全景式考察，定量测度关联性的总体强度、方向和时变特征。

5.2 过度溢出模型构建

本节对过度溢出的度量方法进行说明。第一步，基于大型近似因子模型（large approximate factor model）提取代表宏观经济基本面信息的主成分因子；第二步，采用因子增广回归（factor augmented regression）对商品收益率进行过滤，过滤掉经济基本面因素的影响，得到收益率残差序列；第三步，基于 Diebold 和 Yilmaz（2012，2014）的溢出指数方法刻画收益率残差间的关联特征，构建过度溢出测度指标。

5.2.1 提取基本面因子：大型近似因子模型

大型近似因子模型能够有效地从高维数据集中提炼信息，在金融资产定价领域和宏观经济分析领域得到广泛应用。

设 X 为 $T\times N$ 维宏观经济数据集，$x_{i,t}$ 为第 i 个变量在 t 时刻的观测值，因子模型的基本形式为

$$x_{i,t} = \lambda_i' f_t + e_{i,t} \quad i = 1, \cdots, N; \ t = 1, \cdots, T \tag{5.1}$$

其中，f_t 是 r（$r \ll N$）维公共因子向量，λ_i 为 r 维因子载荷向量，$e_{i,t}$ 为 $x_{i,t}$ 的特质成分；所有的公共因子、因子载荷与特质成分均不可观测，公共因子与特质扰动项不相关。针对高维数据特征，大型近似因子模型允许时间维度 T 与横截面维度 N 均趋于无穷，并且允许特质扰动项存在弱截面相关与序列相关。

值得说明的是，本书参照 Ludvigson 和 Ng（2009）以及 McCracken 和 Ng（2016）的做法，采用模型（5.1）形式的静态因子模型提取基本面信息。与静态因子模型相对的是动态因子模型，即通过增加因子的滞后项捕捉变量与因子间的动态关系。静态因子与动态因子各具优缺点，本书选择前者的原因主要有以下三点：第一，动态因子模型可经简单变换表述为静态形式，因此本质上这两类模型具有一致性（Ludvigson et al., 2009）；第二，Boivin 和 Ng（2005）

以及 D'Agostino 和 Giannone（2012）通过实证检验证实，静态因子和动态因子模型具有相近的预测精度；第三，动态因子模型需采用频域方法进行估计，对辅助参数的选择较为敏感，而静态因子的估计较为简便，具有稳健性，在因子增广回归分析中得到广泛使用（Bai et al., 2008）。

本书采用渐进主成分分析法（APCA）估计上述近似因子模型。APCA 的目标函数如下：

$$\min_{\Lambda, f} (NT)^{-1} \sum_{i=1}^{N} \sum_{t=1}^{T} (x_{i,t} - \lambda_i' f_t)^2 \quad (5.2)$$

其中，$\Lambda = (\lambda_1', \cdots, \lambda_N')'$ 为 $N \times r$ 维因子载荷矩阵，$f = (f_1, \cdots, f_T)'$ 为 $T \times r$ 维因子矩阵。

由于无法单独识别 f 和 Λ，需对模型（5.2）添加约束条件。通用的约束条件有两组：$f'f/T = I_r$，$\Lambda'\Lambda$ 为对角阵；$\Lambda'\Lambda/N = I_r$，$f'f$ 为对角阵。两者本质相同，主要区别在于运算速度。当 $N > T$ 时，前者运算成本较低，而当 $T > N$ 时，后者的运算成本较低。鉴于本书的数据结构①，我们选用第一组约束条件求解出因子矩阵的估计量 $\hat{f}$，即为矩阵 XX' 前 r 个最大特征值所对应的特征向量与 $\sqrt{T}$ 的乘积，载荷矩阵的估计量 $\hat{\Lambda}$ 等于 $X'\hat{f}/T$。Bai 和 Ng（2002）以及 Stock 和 Watson（2002）证明，采用 APCA 方法估计大型近似因子模型，能够得到共同因子的一致估计量。

考虑到数据集中存在异常值和缺失值，为提高估计精度，我们参照 McCracken 和 Ng（2016）的做法进行迭代运算。具体步骤如下：第一步，基于已有观测值的样本均值对缺失值进行填补，并采用 Z-score 方法对补充后的数据集进行标准化处理，以使每一序列的均值为 0、方差为 1；第二步，采用 APCA 方法从调整后的数据集中估计出公共因子和因子载荷，得到因子模型的拟合值；第三步，对每一序列的拟合值进行去标准化处理，即重新乘以初始序列的标准差并加回样本均值，用去标准化之后的拟合值对原始缺失值进行更新；第四步，对更新后的数据集重新进行标准化处理，采用 APCA 估计因子和载荷，得到新的拟合值；重复第三步、第四步过程，直至因子估计值收敛为止。

在估计因子模型前，还需确定因子个数 r。本书采用 Bai 和 Ng（2002）提出的信息准则法估计因子个数，具体形式如下：

$$IC_p(k) = \ln[S(k)] + kg(N, T) \quad (5.3)$$

其中，$S(k) = (NT)^{-1} \sum_{i=1}^{N} \sum_{t=1}^{T} (x_{i,t} - \hat{\lambda}_i^{k'} \hat{f}_t^k)^2$，代表假定因子个数为 k 时估计因子

---

① 后文将对宏观数据样本进行具体说明。

模型得到的残差平方和，$g(N, T)$ 代表惩罚函数。最小化模型（5.3）即可得到因子个数的一致估计量。常用的惩罚函数有 4 种：$g_1(N, T) = \frac{N+T}{NT}\ln\left(\frac{NT}{N+T}\right)$、$g_2(N, T) = \frac{N+T}{NT}\ln[\min(N, T)]$、$g_3(N, T) = \ln[\min(N, T)]/\min(N, T)$ 和 $g_4(N, T) = (N+T-k)\ln(NT)/NT$。Bai 和 Ng（2002）指出 $g_2(N, T)$ 的有限样本性质最为理想，McCracken 和 Ng（2016）也推荐使用 $g_2(N, T)$，因此本书选择 $g_2(N, T)$ 为惩罚项。

5.2.2 过滤商品收益率：因子增广回归

估计出代表经济基本面的主成分因子 $\hat{f}_t$ 之后，接下来，我们以基本面因子为解释变量建立因子增广回归，对商品收益率序列进行过滤。

考虑到商品收益率分布往往具有异方差和非正态的特点（Deb et al., 1996），本书在线性回归的基础上引入广义自回归条件异方差模型，假定扰动项服从学生 t 分布下的 GJR-GARCH（1, 1）过程，基本模型形式如下：

$$R_{i, t} = \delta_i + \rho_i R_{i, t-1} + \varphi_i' \hat{F}_t + u_{i, t}, i = 1, \cdots, M; t = 1, \cdots, T$$

$$u_{i, t} = h_{i, t}^{1/2} z_{i, t}$$

$$h_{i, t} = \omega + (\alpha_i + \gamma_i I_{t-1}) u_{i, t-1}^2 + \beta_i h_{i, t-1} \tag{5.4}$$

其中，$R_{i, t}$ 为第 i 个商品的对数收益率；δ_i 为常数项；ρ_i 为收益率滞后项系数；$\hat{F}_t$ 为 $\hat{f}_t$ 的子集；φ_i 为因子系数向量；$u_{i, t}$ 为扰动项；$h_{i, t}$ 为条件方差；$z_{i, t}$ 为服从标准学生 t 分布的 i.i.d. 序列；I_{t-1} 为示性函数，当 $u_{i, t} < 0$ 时取 1，反之取 0；α_i、β_i 和 γ_i 分别为 ARCH 项系数、GARCH 项系数和杠杆效应系数。若将 $\hat{F}_t$ 替换为包含通货膨胀、工业产值增长率、汇率、利率、货币供应量增长率和股票市场指数收益率的解释变量向量，则模型（5.4）中的均值方程即变为多数学者研究过度联动效应时用来过滤商品收益率的传统模型（Pindyck et al., 1990; Deb et al., 1996; Alausa, 2014; Ohashi et al., 2016）。

值得注意的是，对宏观经济信息具有良好代表性的因子并不一定能够显著影响商品收益率。借鉴 Ludvigson 和 Ng（2009）的做法，我们选择对收益率 $R_{i, t}$ 具有重要解释力的部分因子及其多项式组成代表宏观基本面因素的解释变量集 $\hat{F}_t$。确定 $\hat{F}_t$ 的具体方法为：首先，分别用单个因子代替 $\hat{F}_t$，估计模型（5.4），依次检验各因子对收益率的影响是否具有显著性[①]；其次，将显著因

[①] 以 10% 为显著性标准。

子全部引入方程，重新进行估计；最后，考虑可能存在的非线性影响，在上一步的基础上继续加入显著因子的平方项和立方项，以 SBC 最小者为最优模型设定。估计此最优模型形式得到回归残差 $\hat{u}_{i,t}$，即过滤掉经济基本面冲击之后的商品收益率。

5.2.3 构建过度溢出指标体系：溢出指数方法

接下来，我们采用 Diebold 和 Yilmaz（2012，2014）的溢出指数方法度量收益率残差间的关联性，构建过度溢出指标体系。

Diebold 和 Yilmaz（2012，2014）以广义向量自回归（GVAR）的方差分解为基础，提出能够测度多市场间关联性的溢出指数。该方法将所有研究对象纳入同一系统，可以有效吸收多维互动信息，这不仅能够衡量总体关联度，还能识别关联方向，并且通过滚动样本分析捕捉关联性的动态时变信息。本书借鉴"过度联动"的思路，用溢出指数方法测度商品收益率残差间的关联性，并将其定义为"过度溢出"，即表示不能被经济基本面因素所解释的价格关联情况。

首先，我们建立如下 M 维 VAR 模型：

$$y_t = \sum_{i=1}^{p} \Phi_i y_{t-i} + \varepsilon_t \tag{5.5}$$

其中，$y_t = (\hat{u}_{1,t}, \cdots, \hat{u}_{M,t})'$ 是 M 维商品收益率残差向量，收益率残差由模型（5.4）的因子增广回归得到；p 是滞后阶数，Φ_i（$i=1, \cdots, p$）是 $M \times M$ 维系数矩阵；$\varepsilon_t \sim i.i.d.(0, \Sigma)$ 是 M 维独立同分布的扰动项向量，其协方差矩阵为 Σ。因此，Φ_i 描述了变量间的动态相依关系，而同期关系则反映在 Σ 的非对角元素中。

在满足平稳性条件的情况下，模型（5.5）可表示为移动平均过程，即

$$y_t = \sum_{i=0}^{\infty} A_i \varepsilon_{t-i} \tag{5.6}$$

其中，A_i 是服从递归公式 $A_i = \Phi_1 A_{i-1} + \Phi_2 A_{i-2} + \cdots + \Phi_p A_{i-p}$ 的 $M \times M$ 维系数矩阵，A_0 是 $M \times M$ 维单位矩阵，当 $i<0$ 时，$A_i=0$。

从移动平均表达模型（5.6）出发可进行方差分解分析。我们将任意一个内生变量的预测误差方差分解为系统中不同变量冲击所解释的部分，从而揭示该内生变量在多大程度上受到系统中其他变量的影响。Diebold 和 Yilmaz（2009）率先采用 Cholesky 正交方差分解构造溢出指数，度量多维变量间的总体关联程度。但 Cholesky 分解结果严格依赖于变量顺序，为解决这一问题，Diebold 和 Yilmaz（2012，2014）根据 Koop 等（1996）以及 Pesaran 和 Shin

(1998)提出的 GVAR 模型，通过广义方差分解对溢出指数进行修正和拓展。在 GVAR 中，变量 j 对变量 i 的 H 步预测误差方差的贡献比例为

$$\theta_{i,j}(H) = \frac{\sigma_{jj}^{-1} \sum_{h=0}^{H-1} (e_i' A_h \Sigma e_j)^2}{\sum_{h=0}^{H-1} (e_i' A_h \Sigma A_h' e_i)} \tag{5.7}$$

其中，Σ 是模型（5.5）中 ε_t 的协方差矩阵；σ_{jj} 是向量 ε_t 中第 j 个元素的标准差，即 Σ 的第 j 个对角元素的平方根；e_i 是一 M 维列向量，其第 i 个元素为 1，其余均为 0。在本书的分析框架中，$\theta_{i,j}(H)$ 具体度量了商品收益率残差 $\hat{u}_j$ 对商品收益率残差 $\hat{u}_i$ 的 H 步预测误差方差的解释比例。由于在广义方差分解中各项冲击对变量 i 的方差贡献比例之和并不一定为 1，即 $\sum_{j=1}^{M} \theta_{i,j}(H) \neq 1$，因此我们采用以下方式进行标准化处理：

$$\tilde{\theta}_{i,j}(H) = \frac{\theta_{i,j}(H)}{\sum_{j=1}^{M} \theta_{i,j}(H)} \tag{5.8}$$

此时有 $\sum_{j=1}^{M} \tilde{\theta}_{i,j}(H) = 1$，$\sum_{i,j=1}^{M} \tilde{\theta}_{i,j}(H) = M$。

基于模型（5.8）则可构建包含总溢出指数、定向溢出指数和净溢出指数的溢出指数体系。

（1）总溢出指数（total spillover index）。总溢出指数度量了系统中所有变量的总体关联度，其数值越大表示系统的总溢出程度越高、联系越紧密，其计算公式为

$$TS(H) = \frac{\sum_{i,j=1, i \neq j}^{M} \tilde{\theta}_{i,j}(H)}{\sum_{i,j=1}^{M} \tilde{\theta}_{i,j}(H)} \times 100 = \frac{\sum_{i,j=1, i \neq j}^{M} \tilde{\theta}_{i,j}(H)}{M} \times 100 \tag{5.9}$$

（2）定向溢出指数（directional spillover index）。定向溢出指数描述单个变量对系统中其他变量的总影响程度，以及单个变量受其他变量的总影响程度。具体来讲，变量 i（商品 i 的收益率残差 $\hat{u}_i$）对所有其他变量（所有其他商品收益率残差）的定向溢出指数的计算公式为

$$DS_{i \rightarrow}(H) = \frac{\sum_{j=1, j \neq i}^{M} \tilde{\theta}_{j,i}(H)}{\sum_{i,j=1}^{M} \tilde{\theta}_{j,i}(H)} \times 100 = \frac{\sum_{j=1, j \neq i}^{M} \tilde{\theta}_{j,i}(H)}{M} \times 100 \tag{5.10}$$

类似地，所有其他变量（所有其他商品收益率残差）对变量 i（$\hat{u}_i$）的

定向溢出指数为

$$\mathrm{DS}_{i\leftarrow}(H) = \frac{\sum_{j=1, j\neq i}^{M} \tilde{\theta}_{i,j}(H)}{\sum_{i,j=1}^{M} \tilde{\theta}_{i,j}(H)} \times 100 = \frac{\sum_{j=1, j\neq i}^{M} \tilde{\theta}_{i,j}(H)}{M} \times 100 \quad (5.11)$$

（3）净溢出指数（net spillover index）。在定向溢出指数的基础上我们可进一步得到净溢出指数，刻画变量 i（$\hat{u}_i$）对其他所有变量（所有其他商品收益率残差）的净影响，计算公式为

$$\mathrm{NS}_i(H) = \mathrm{DS}_{i\to}(H) - \mathrm{DS}_{i\leftarrow}(H) \quad (5.12)$$

净溢出指数能够更加清晰地揭示关联方向。其值大于 0，说明变量 i（$\hat{u}_i$）是溢出效应的净传递者（net transmitter）；其值小于 0，则说明变量 i 是溢出效应的净接收者（net receiver）。

为与"过度溢出"的分析框架保持一致，在后文的实证分析中，以上三种溢出指数分别被称作"总过度溢出指数""定向过度溢出指数"和"净过度溢出指数"。因此，本书基于总过度溢出指数衡量过度溢出的总体强度，采用定向过度溢出指数和净过度溢出指数对总过度溢出效应进行分解，分离出传递端和接收端，从而刻画过度溢出的结构和方向。

5.3 国际大宗商品价格过度溢出效应分析

5.3.1 数据说明

本部分的实证研究涉及两方面的数据：一是国际大宗商品价格数据；二是全球宏观经济数据。绝大多数宏观经济指标为月度或季度频率，为更加准确地刻画国际大宗商品价格动态，本章使用月度数据。样本数据的时间跨度为 1997 年 1 月至 2016 年 12 月。数据区间选取的主要理由如下：第一，本章的宏观经济信息集涵盖全球各主要经济体，既包括发达国家，又包括新兴国家。与发达国家相比，新兴国家经济指标体系的建立起步较晚，时间跨度较短，鉴于数据可得性，我们选择 1997 年 1 月为起始点，从而将在世界经济中占有重要地位的新兴国家全部纳入信息集，尽可能全面地覆盖全球宏观信息。第二，本书采用滚动窗口估计模型（5.5），除去滚动窗口和滞后期所占用的观测值，

最终得到的过度溢出指数序列起始点为 2002 年 5 月[1]，符合国际大宗商品市场于 21 世纪初开启金融化进程的研究背景。

在国际大宗商品方面，我们选取小麦、棉花、铜、原油、可可、白糖、瘦猪肉和黄金 8 种代表性商品为研究对象，涵盖了农产品、能源、工业金属、贵金属和牲畜等主要商品类别。其中，黄金价格使用伦敦黄金现货价格，数据来源于 Bloomberg 数据库；其余商品现货价格均来自 IMF 初级商品价格数据库。商品样本的选择主要依据两个标准：①按照 Pindyck 和 Rotemberg（1990）的做法，选取在实际使用方面无明显联系的商品（seemingly unrelated commodities），即彼此之间的需求交叉弹性和供给交叉弹性较小。这一标准排除了由互补或替代效应导致的价格联系。从理论上讲，系统性的价格关联应全部来自宏观经济基本面。②各商品具有较为活跃的期货市场以及完整的分类持仓数据，这是本书量化金融化影响的必备条件。关于标准①，Pindyck 和 Rotemberg（1990）、Deb 等（1996）、Le Pen 和 Sévi（2013）等学者在过度联动的研究中均明确给出了无明显经济联系的商品集合[2]，在这些学者的样本范围内再根据标准②进行筛选，最终确定上述 8 种商品作为研究对象。商品收益率通过对数差分计算，即 $R_t = 100 \times \log(P_t/P_{t-1})$。

在全球宏观经济方面，我们选取世界主要经济体的共计 298 个宏观经济变量，涵盖劳动力市场、国内贸易与消费、工业活动、房地产市场、对外贸易、物价指数、货币与信贷、利率、汇率、股票市场指数 10 个方面。其中，185 个指标来自美国、英国、日本、德国、澳大利亚、法国、加拿大和意大利 8 个发达国家，113 个指标来自中国、俄罗斯、印度、巴西、南非、韩国、墨西哥、印度尼西亚和新加坡 9 个新兴国家。所有经济指标源于 Bloomberg 数据库。因此，与以往研究相比，本书的显著特点是包含了全球范围内相当广泛的宏观基本面信息，尤其是考虑了在世界经济结构中占据重要地位的新兴经济体，有效地避免了信息遗漏。

参照 Ludvigson 和 Ng（2009）以及 McCracken 和 Ng（2016）的做法，本书对原始宏观经济序列进行了合适的变换，以满足因子分析的平稳性要求。具体有 5 种变换方式：一是直接采用水平值；二是对原序列进行一阶差分；三是取

---

[1] 具体说明见后文。
[2] Pindyck 和 Rotemberg（1990）研究了小麦、棉花、铜、黄金、原油、木材和可可 7 种商品。Deb 等（1996）研究了棉花、可可、铜、黄金、铅、白糖、小麦、咖啡和玉米 9 种商品。Le Pen 和 Sévi（2013）研究了小麦、铜、银、大豆、白糖、棉花、原油和猪肉 8 种商品。

对数;四是取对数后一阶差分;五是取对数后二阶差分。在变换处理之后,参照 McCracken 和 Ng(2016)的做法,我们将对样本中位数偏离程度超过 10 个四分位间距的观测值定义为异常值,并剔除掉所有异常值。参照附表,其给出了全球宏观经济数据集的详细信息,包括各指标的 Bloomberg 代码、变换方式和相关描述。

5.3.2 基本面因子估计结果

根据 Bai 和 Ng(2002)的 IC_{p2} 信息准则,本书从高维经济数据集中提炼了 7 个基本面因子,即 $\hat{f}_i(i=1,\cdots,7)$。表 5.1 给出了各因子的 1~3 阶自相关系数,以及对宏观经济数据集的累计解释程度。

表 5.1 基本面因子的自相关系数及累计解释程度

因子 i	ρ_1	ρ_2	ρ_3	R_i^2
$\hat{f}_1$	0.800	0.651	0.516	0.094
$\hat{f}_2$	0.958	0.927	0.893	0.160
$\hat{f}_3$	−0.262	−0.167	0.401	0.212
$\hat{f}_4$	0.559	0.422	0.479	0.259
$\hat{f}_5$	0.675	0.561	0.580	0.296
$\hat{f}_6$	0.357	0.180	0.180	0.327
$\hat{f}_7$	−0.024	−0.008	0.040	0.355

注:$\hat{f}_i$ 表示因子 i;ρ_1、ρ_2、ρ_3 分别表示 1 阶、2 阶和 3 阶自相关系数;R_i^2 为因子 1 至 i 对宏观经济样本数据的累计解释程度。

表 5.1 显示,$\hat{f}_1$ 对全球宏观经济信息集的解释力为 9.4%,$\hat{f}_1$ 和 $\hat{f}_2$ 的累计解释力为 16%,随着因子个数的增加,累计解释力显著上升,前 5 个因子的累计解释力为 29.6%,而 7 个因子总体的解释程度为 35.5%,略低于 Ludvigson 和 Ng(2009)以及 McCracken 和 Ng(2016)基于美国宏观数据集提取的主因子的累计解释程度(40% 和 47.6%),这与本书使用全球数据导致信息更加分散有关。从自相关系数来看,各因子表现出不同程度的序列相关性,其中 $\hat{f}_2$ 的序列相关性最强,而 $\hat{f}_7$ 的序列相关性最弱。

为刻画各基本面因子的经济含义,参照 Ludvigson 和 Ng(2009)的做法,我们首先对经济变量进行归类,并按类型依次对变量从 1 到 298 进行编号;其次以单个因子作为解释变量，分别与数据集中各经济变量进行一元回归，得到可决系数 R^2；最后以变量编号为横坐标，以 R^2 值为纵坐标，采用柱状图形式描述 R^2 的分布情况，其中高 R^2 值最密集的变量类别则代表与该因子最相关的经济信息。为便于理解，表5.2给出了宏观经济变量类别与相应的编号范围，而单个变量的编号信息详见附表。

表5.2 宏观经济变量类别与相应的编号范围

编号范围	1~36	37~59	60~83	84~94	95~107
变量类别	发达国家：劳动力市场	发达国家：国内贸易与消费	发达国家：工业生产	发达国家：房地产市场	发达国家：对外贸易
编号范围	108~128	129~154	155~173	174~179	180~185
变量类别	发达国家：物价指数	发达国家：货币与信贷	发达国家：利率	发达国家：汇率	发达国家：股票市场指数
编号范围	186~195	196~200	201~218	219~223	224~240
变量类别	新兴国家：劳动力市场	新兴国家：国内贸易与消费	新兴国家：工业生产	新兴国家：房地产市场	新兴国家：对外贸易
编号范围	241~260	261~283	284~287	288~292	293~298
变量类别	新兴国家：物价指数	新兴国家：货币与信贷	新兴国家：利率	新兴国家：汇率	新兴国家：股票市场指数

图5.1依次给出了7个因子的 R^2 分布情况。

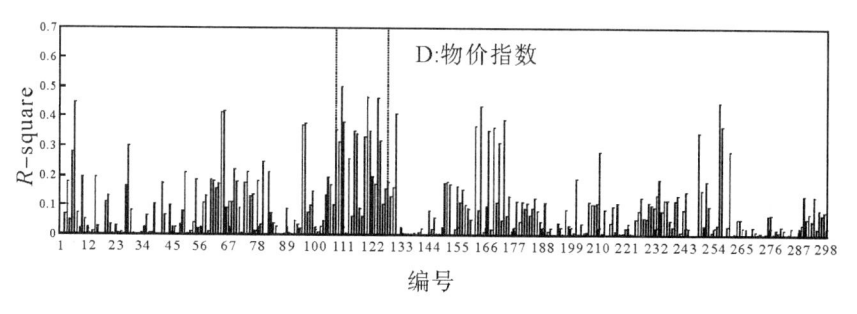

(a) 因子1的 R^2 分布

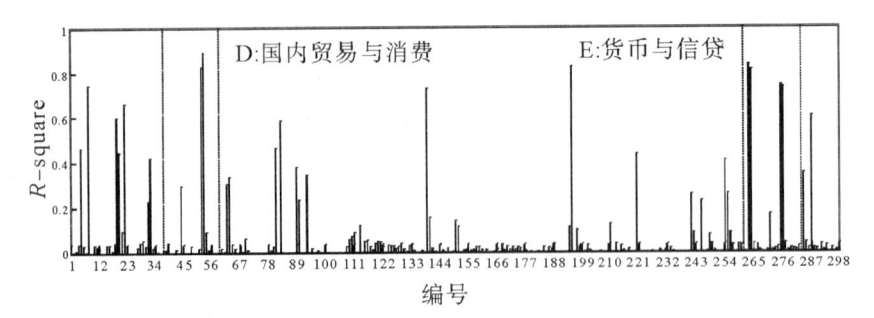

(b) 因子 2 的 R^2 分布

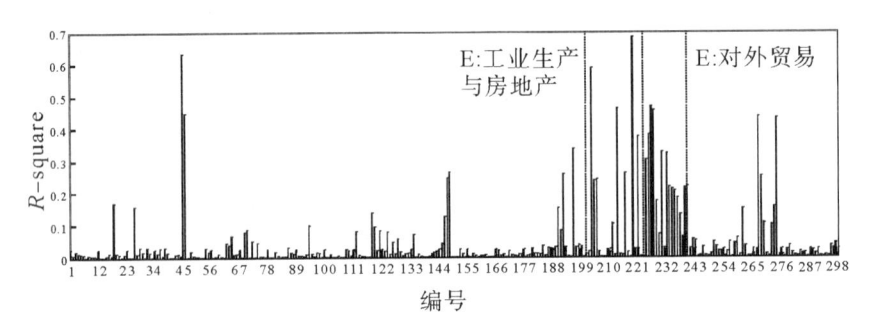

(c) 因子 3 的 R^2 分布

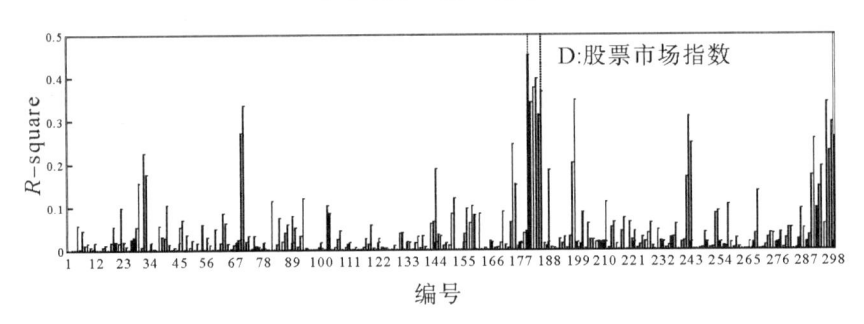

(d) 因子 4 的 R^2 分布

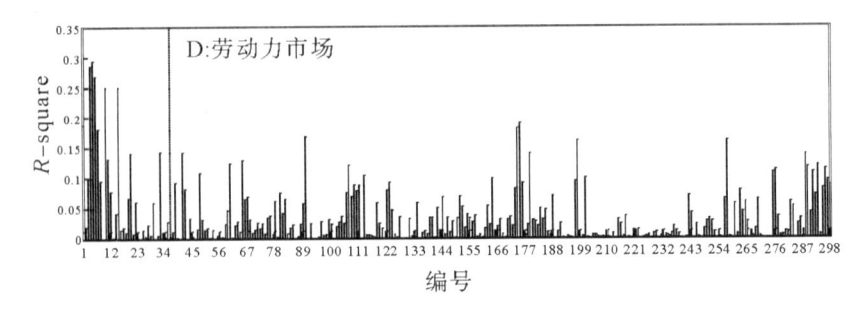

(e) 因子 5 的 R^2 分布

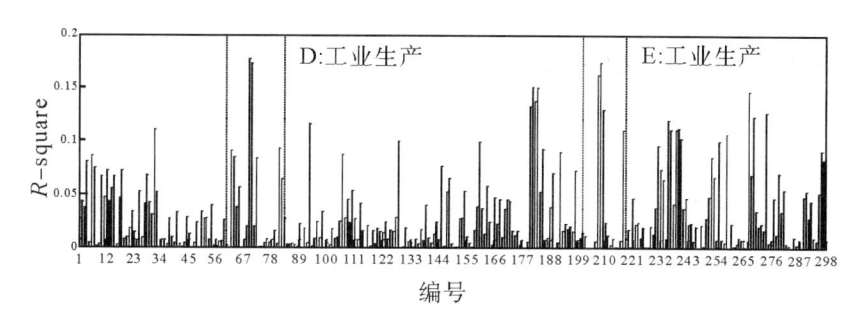

(f) 因子 6 的 R^2 分布

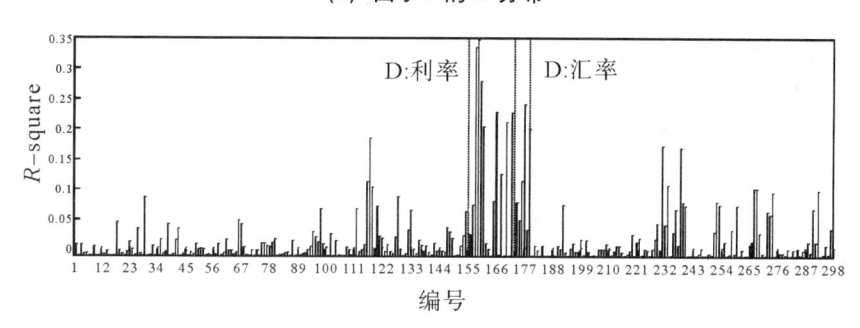

(g) 因子 7 的 R^2 分布

注：D 代表发达国家，E 代表新兴国家。

图 5.1　基本面因子的 R^2 分布情况

由图 5.1 可以看出，$\hat{f}_1$ 主要与发达国家的物价水平相关，如对美国进口价格指数变动的解释程度为 50%，对德国进口价格指数变动的解释程度为 47%，对意大利生产者价格指数变动的贡献程度为 46%，因此 $\hat{f}_1$ 可理解为发达国家通货膨胀因子。$\hat{f}_2$ 的经济含义则不太明确，既与发达国家的国内贸易与消费变量高度相关，又与新兴国家的货币与信贷指标具有密切联系，如对法国消费支出变动以及俄罗斯 M_0 变动的贡献度分别达到 89% 和 83%。$\hat{f}_3$ 对新兴国家的房地产、工业生产和对外贸易变量具有较高的解释力，如对中国房屋销售、俄罗斯工业生产指数、俄罗斯出口额变动的解释力度分别为 68%、59% 和 47%，因此 $\hat{f}_3$ 主要反映新兴国家实体经济状况。$\hat{f}_4$ 主要与发达国家股票市场指数相关，可解释为发达国家股票市场因子。$\hat{f}_5$ 与发达国家劳动力市场变量的相关性较高，因此可代表发达国家实体经济状况。与其他因子相比，$\hat{f}_6$ 对各变量变动的解释力普遍较低，主要与发达国家和发展中国家的工业生产指标相关，能在一定程度上反映全球实体经济水平。$\hat{f}_7$ 则主要代表发达国家利率和汇率因素。

5.3.3　商品收益率过滤结果

在估计出代表全球宏观经济状况的基本面因子之后，我们采用最优形式的因子增广回归模型（5.4）对商品收益率进行过滤，参数估计结果如表5.3所示。

由表5.3可以看出，除瘦猪肉以外，$\hat{f}_5$对其余商品收益率均存在显著影响。因此，发达国家实体经济活动是驱动国际大宗商品价格变动的最重要的宏观经济基本面因素。$\hat{f}_1$和$\hat{f}_2$也对商品收益率具有重要解释力。具体来说，$\hat{f}_1$进入五种商品的最优模型，并对小麦（农产品）、铜（工业金属）、原油（能源）和瘦猪肉（牲畜）四种商品的收益率存在显著影响，证实通货膨胀与国际大宗商品价格间存在较强联系。$\hat{f}_2$则对棉花、铜、原油和黄金的收益率产生显著影响，其中棉花、铜和原油分别是重要的农业原材料、工业生产要素和能源物质。结合$\hat{f}_2$的经济意义，该因子对这三种商品的影响很大程度上与它们被广泛用于发达国家的国内贸易和消费等实体经济领域有关。而对黄金而言，$\hat{f}_2$则很有可能体现了新兴国家货币和信贷因素的影响。$\hat{f}_4$对铜和原油收益率存在显著影响，意味着这两种商品价格具有与发达国家股票市场相似的经济"晴雨表"功能，这与Hu和Xiong（2013）的发现一致。$\hat{f}_3$、$\hat{f}_6$和$\hat{f}_7$均只对其中一种商品收益率具有显著影响，说明这三个基本面因子在驱动国际大宗商品价格方面的重要性相对较低。其中，$\hat{f}_3$对可可收益率影响显著，表示可可价格变动与新兴国家实体经济因素有关；$\hat{f}_6$对原油收益率影响显著，这与石油在全球工业生产中的重要地位相一致；$\hat{f}_7$则显示，发达国家利率和汇率因素能够显著影响国际黄金价格变动。

上一章的实证分析表明，实体经济需求对国际大宗商品价格具有重要驱动作用，而以上结果再次印证了这一结论。进一步讲，表5.3还揭示了发达国家和新兴国家实体经济需求的影响差异。具体来讲，代表发达国家实体经济因素的$\hat{f}_5$显著影响多个商品收益率，而与之形成鲜明对比的，是代表新兴国家实体经济因素的$\hat{f}_3$仅对可可收益率存在显著影响，对其他商品收益率影响均不明显。尤其是对于铜和原油而言，中国、印度等新兴经济体是这两种工业原材料的进口大国，但新兴国家实体经济需求对两者价格的影响却并不显著，这与Le Pen和Sévi（2013）的发现不同。尽管许多学者将21世纪以来国际大宗商品价格出现的持续快速上涨现象归咎于新兴国家经济的高速增长（Kilian，2009；Hamilton，2009），但本书的研究结果表明，过去十多年间，新兴经济体需求对国际大宗商品价格变动的影响力十分有限，远弱于发达国家实体经济需求的影响，这与Tang和Xiong（2012）、谭小芬等（2014）以及田利辉和谭德凯（2015）的结论一致。

表 5.3 因子增广回归估计结果

变量	小麦	棉花	铜	原油	可可	白糖	瘦猪肉	黄金
AR(1)	0.061 (0.061)	0.349*** (0.055)	0.120** (0.056)	−0.174*** (0.048)	0.207*** (0.056)	0.249*** (0.057)	0.124** (0.054)	0.065 (0.053)
f_1	−1.430** (0.581)	−0.596 (0.388)	−2.261*** (0.597)	−5.478*** (0.310)	—	—	−1.447*** (0.451)	—
f_2	—	0.579*** (0.189)	0.990*** (0.302)	1.563*** (0.338)	—	—	—	0.472*** (0.148)
f_3	—	—	—	—	0.695** (0.342)	—	—	—
f_4	—	—	−1.906*** (0.441)	−2.004*** (0.365)	—	—	—	—
f_5	−1.130*** (0.311)	−0.508* (0.272)	−1.623*** (0.334)	−2.748*** (0.399)	−1.171*** (0.319)	−0.951** (0.463)	—	−1.009*** (0.225)
$f_5^{\,2}$	0.876** (0.348)	—	—	—	—	—	—	—
f_6	—	—	—	−2.017*** (0.268)	—	—	−0.877 (0.561)	—
f_7	—	—	—	—	—	—	—	−1.043*** (0.256)

5 国际大宗商品市场金融化与多维价格动态的内在关系 | 95

表5.3（续）

变量	小麦	棉花	铜	原油	可可	白糖	瘦猪肉	黄金
ARCH	0.236** (0.115)	0.265*** (0.083)	0.081** (0.035)	0.238*** (0.060)	0.135*** (0.048)	0.088 (0.058)	-0.061*** (0.002)	0.094** (0.047)
GARCH	0.585*** (0.162)	0.590*** (0.130)	0.878*** (0.046)	0.186*** (0.042)	0.733*** (0.057)	0.810*** (0.130)	0.788*** (0.003)	0.721*** (0.084)
GJR	—	—	—	-0.068** (0.028)	—	—	0.320*** (0.012)	—
Log-L	-768.492	-697.749	-695.658	-761.176	-736.895	-812.330	-865.125	-627.860
Q(5)	4.622 [0.464]	7.819 [0.167]	14.747 [0.012]	9.395 [0.094]	4.537 [0.475]	0.737 [0.981]	7.277 [0.201]	5.895 [0.317]
Q^2(5)	2.813 [0.729]	4.818 [0.439]	3.424 [0.635]	0.626 [0.987]	10.947 [0.052]	5.874 [0.319]	6.902 [0.228]	1.947 [0.856]

注：AR（1）表示收益率一阶滞后项系数，f_i表示因子i，f_i^2表示因子i的平方项，圆括号内的数值表示系数对应系数的标准差。简洁起见，这里省略均值方程和方差方程的常数项估计结果。Log-L表示对数似然函数值。Q（5）和Q^2（5）分别表示标准化残差和标准化残差平方的5阶Ljung-Box统计量，方括号内的数值表示Q统计量的p值。*、**、*** 分别表示在10%、5%、1%的水平下显著。

此外，表 5.3 的结果还显示，商品收益率普遍存在条件异方差性，所有方程的 GARCH 项系数均在 1% 的水平下显著为正，表明各收益率序列具有显著的波动聚集特征，GARCH 项系数与 ARCH 项系数之和接近于 1，说明条件方差的持续性较强。而在杠杆效应方面，仅原油和瘦猪肉方程的杠杆效应系数（GJR）显著。其中，原油方程的杠杆效应系数为负，说明正向冲击比负向冲击更易增加原油价格的波动性。根据 Silvennoinena 和 Thorp（2013）的研究，当库存压力导致国际大宗商品价格上涨时，价格波动性将会增大，这可能是原油方程具有负杠杆效应系数的原因。瘦猪肉方程的杠杆效应系数为正，表明瘦猪肉价格波动对利空消息的反应强于对利好消息的反应，这与多数金融资产价格的波动特性一致。针对其余 6 种商品收益率序列，由于无明显的非对称效应，故在条件方差方程中删除 GJR 项，以避免模型过度参数化。最后，各标准化残差平方的 Ljung-Box 统计量在 5% 的水平下均不显著，说明引入 GARCH 模型有效控制了原残差序列的异方差性。

在使用因子增广回归过滤掉商品收益率中的经济基本面成分之后，我们先采用简单相关系数对收益率残差间的同步相关性即过度联动效应进行初步考察，结果如表 5.4 所示。其中，对角线下方为收益率残差的相关系数值，作为对比，对角线上方给出了原始收益率的相关系数值。可以发现：第一，原始收益率序列间普遍存在较为明显的同步相关性，有 22 个相关系数在 10% 的水平下显著，有 18 个相关系数在 5% 的水平下显著。在 22 组显著的同步相关关系中，原油和铜的相关程度最高，达到 0.487；铜和瘦猪肉的相关程度最低，为 0.109。与 Pindyck 和 Rotemberg（1990）以 1960—1985 年为样本区间以及 Deb 等（1996）以 1974—1992 年为样本区间的观察结果相比，表 5.4 中的商品收益率相关系数的大小和显著性均明显增加，说明国际大宗商品价格间的相关性在近十多年间显著提升。第二，与预期相符，在过滤掉宏观经济基本面的影响之后，商品收益率间的同步相关性显著减弱。收益率残差间的相关系数均小于原始序列的相关系数，并且在 10%（5%）水平下显著的系数下降为 7（5）个。在所有显著的收益率残差相关系数中，黄金和铜的相关系数最高，为 0.242，可可和小麦的相关系数最低，为 0.123。

表 5.4 商品收益率残差的简单相关系数

分类	小麦	棉花	铜	原油	可可	白糖	瘦猪肉	黄金
小麦	1	0.180***	0.237***	0.171***	0.184**	0.242***	0.086	0.155**
棉花	0.096	1	0.248***	0.242***	0.113	0.154**	0.040	0.041
铜	0.142**	0.040	1	0.487***	0.150*	0.210***	0.109*	0.295***
原油	0.100	0.000	0.076	1	0.118*	0.132*	0.127*	0.137*
可可	0.123*	0.039	0.058	0.052	1	0.229***	-0.010	0.217**
白糖	0.231***	0.086	0.125*	0.064	0.191***	1	-0.053	0.173**
瘦猪肉	0.079	-0.021	0.008	0.028	-0.009	-0.027	1	-0.011
黄金	0.065	-0.027	0.242***	0.013	0.161**	0.085	-0.038	1
—	Residual χ^2 (28) = 61.240***					Raw χ^2 (28) = 185.052***		

注：对角线上方为原始商品收益率间的简单相关系数，对角线下方为商品收益率残差间的简单相关系数。Residual χ^2 为检验收益率残差相关系数整体显著性的 LR 统计量，Raw χ^2 为检验原始收益率相关系数整体显著性的 LR 统计量。*、**、*** 分别表示在 10%、5%、1% 的水平下显著。

为进一步测度相关系数的整体显著性，参照 Pindyck 和 Rotemberg（1990）的做法，我们构造了似然比检验（LR）统计量，对所有相关系数是否为 0 进行联合检验。LR 检验的原假设为：相关系数矩阵为单位阵。检验统计量为 $-2\log(|R|^{N/2})$，服从自由度为 $1/2M(M-1)$ 的 χ^2 分布，其中 $|R|$ 为相关系数矩阵的行列式，N 为样本量，M 为变量个数（商品个数）。从表 5.4 最后一行可以看出，原始收益率的 LR 统计量为 185.052，在 1% 的水平下显著，说明总体上 8 个商品收益率序列存在显著的同步相关性。而收益率残差的 LR 统计量为 61.240，尽管小于原始收益率的 LR 统计量，但仍在 1% 的水平下显著，这就意味着，平均来看，近十多年间国际大宗商品价格确实存在过度联动效应，这与 Le Pen 和 Sévi（2013）、Ohashi 和 Okimoto（2016）的研究结论基本一致。但从单个相关系数的大小和显著性来看，本书所度量的过度联动强度要明显弱于这两篇文献所测度的过度联动强度，这凸显了充分控制全球宏观经济信息对准确测度过度联动乃至过度溢出的重要性。

过度联动关注商品收益率残差的同步相关程度。Chevallier 和 Ielpo（2013）以及 Adams 和 Glück（2015）指出，关联特征既包括同步关系又包括动态关系。因此，尽管表 5.4 中商品收益率残差间的同步相关性不强，但并不意味总体关联度较低，更加丰富的价格联系可能隐藏在动态关系中。为说明这一点，表 5.5 给出了商品收益率残差滞后 1 期、2 期和 4 期的交叉相关矩阵（cross-correlation matrix），其中第 (i, j) 个元素为收益率残差 $\hat{u}_{i,t}$ 与 $\hat{u}_{j,t-l}$（$l=1, 2, 4$）间的相关系数。为便于与同步相关程度进行比较，我们对在绝对值上大于相应的简单相关系数的交叉相关系数进行加粗标注[①]。

表 5.5 商品收益率残差滞后 1 期、2 期和 4 期的交叉相关矩阵

Lag 1								
分类	小麦	棉花	铜	原油	可可	白糖	瘦猪肉	黄金
小麦	0.167	0.012	-0.010	0.057	0.084	0.002	-0.040	0.055
棉花	**0.173**	0.070	0.006	**-0.043**	**0.071**	0.060	**0.035**	-0.022
铜	0.047	-0.023	0.117	-0.020	**0.086**	0.052	-0.013	-0.023
原油	**-0.104**	**0.001**	0.011	0.139	**-0.060**	-0.002	**0.082**	**0.052**
可可	0.079	**0.042**	-0.046	0.047	0.034	0.087	**0.073**	-0.030
白糖	0.025	**0.092**	0.031	0.051	0.007	-0.001	0.001	0.047

---

① 例如，滞后 1 期的小麦收益率残差与当期棉花收益率残差间的交叉相关系数（0.173）远高于两者间的简单相关系数（0.096），故进行加粗标注。

表5.5(续)

Lag 1

分类	小麦	棉花	铜	原油	可可	白糖	瘦猪肉	黄金
瘦猪肉	−0.130	0.028	0.090	0.015	−0.030	−0.123	0.003	0.023
黄金	0.108	0.058	−0.029	0.002	0.131	0.117	−0.029	−0.020

Lag 2

分类	小麦	棉花	铜	原油	可可	白糖	瘦猪肉	黄金
小麦	−0.034	0.064	0.032	0.027	−0.003	−0.002	−0.098	−0.015
棉花	0.115	−0.094	0.078	0.004	−0.014	0.027	−0.024	0.071
铜	0.031	−0.011	−0.098	−0.090	0.000	0.066	−0.025	0.027
原油	0.025	0.038	0.096	−0.021	0.023	0.042	0.082	−0.055
可可	−0.042	0.072	0.077	−0.047	−0.119	−0.016	0.036	0.033
白糖	0.034	−0.147	0.040	0.084	−0.039	0.073	0.019	−0.006
瘦猪肉	−0.032	−0.021	−0.090	−0.181	−0.030	−0.058	−0.168	−0.040
黄金	−0.008	0.074	−0.071	−0.087	−0.156	−0.013	0.040	−0.142

Lag 4

分类	小麦	棉花	铜	原油	可可	白糖	瘦猪肉	黄金
小麦	−0.028	−0.046	0.012	−0.094	−0.029	−0.124	0.030	−0.009
棉花	−0.029	0.078	0.038	0.022	0.067	−0.023	−0.072	0.071
铜	−0.065	0.038	−0.030	0.113	0.020	0.050	−0.014	0.092
原油	0.048	−0.009	−0.035	−0.065	0.054	0.066	−0.042	0.067
可可	0.101	0.012	−0.023	0.039	0.021	0.022	−0.082	−0.091
白糖	−0.032	0.118	−0.002	0.095	0.002	0.016	0.142	−0.059
瘦猪肉	0.051	0.057	0.056	0.048	−0.054	−0.092	0.006	0.082
黄金	0.086	−0.102	−0.129	0.020	0.147	0.089	−0.087	0.083

注：滞后 l 期交叉相关矩阵的第 (i, j) 个元素为收益率残差 $\hat{u}_{i,t}$ 与 $\hat{u}_{j,t-l}$ ($l=1, 2, 4$) 间的相关系数。加粗数值表示该交叉相关系数的绝对值水平大于相应的简单相关系数绝对值。

从表5.5可以看出，多对商品收益率残差间的非同步交叉相关程度要强于同步相关程度。可见，收益率残差间的动态关系蕴含了更为丰富的关联信息，而这种关联性是过度联动所无法捕捉的，这也说明了本书构建过度溢出分析框架的合理性和重要性。表5.4和表5.5的度量结果为国际大宗商品间存在超过经济基本面的价格关联性提供了初步证据。但基于相关系数（包括同步相关和交叉相关）的测度方法存在一定的局限性：首先，当变量维数较高时，相关系数的数量也较多，增加了信息提取和整合的难度。如本章的分析涉及8个商品，仅简单相关系数就有 28 个，若同时考虑滞后 1 期和滞后 2 期的交叉相关矩阵，则总共有 140 个相关系数①，难以对如此多的相关关系进行直接分析。其次，相关系数仅度量两两相关关系，无法全面吸收系统内复杂的多维互动信息，因而对多维变量间的关联强度和关联结构的刻画存在偏差（Diebold et al.，2014）。而 Diebold 和 Yilmaz（2012，2014）的溢出指数方法有效解决了以上问题。接下来，本书采用溢出指数方法对商品收益率残差间的关联性即过度溢出效应进行定量测度。

5.3.4 过度溢出度量结果及分析

为捕捉过度溢出的时变特征，同时考虑到金融化进程以及全球金融危机等重大事件可能给国际大宗商品市场带来的结构性影响，我们借鉴 Antonakakis 等（2017）的处理方法，基于 60 个月（5 年）的滚动窗口估计 VAR 模型（5.5），选择的滞后阶数为 2、预测误差方差分解的步长为 10②。

5.3.4.1 过度溢出的总体强度：总过度溢出指数

我们先考察过度溢出的总体强度。图 5.2 描绘了总过度溢出指数的走势情况。可以看出，本章所考察的 8 种商品价格间存在显著的过度溢出效应。2002 年 5 月至 2016 年 12 月③，总过度溢出指数的均值为 35.24%，表明平均而言，国际大宗商品价格间与经济基本面无关的总体关联程度达到 35.24%。此外，总过度溢出指数具有明显的时变特征。在 2004 年之前，指数数值始终低于均值水平，在 2004 年 2 月降到最小值 26.79% 之后，开始呈现明显的上升趋势。2007 年 6—7 月，溢出指数出现跳跃性上涨，并在 2008 年下半年急剧增加，至 2008 年 10 月达到最大值 40.98%，随后维持在 38% 左右的高位水平，直至 2010 年年初开始有所回落。2010—2016 年，总过度溢出指数的波动幅度增大，其中在 2012 年 7 月和 2015 年 3 月分别达到 39.69% 和 40.90% 的峰值水平。

从图 5.2 中我们能够获得三方面的有效信息，从而对国际大宗商品价格关联特征的变化原因及金融化所发挥的作用进行合理判断。

---

① 此处未包括变量的自相关系数，则滞后 1 期和滞后 2 期的交叉相关系数分别有 56 个，28+56+56=140。

② 本书也采用不同预测步长（4~10）、不同滚动窗口长度（48 和 72）和不同滞后阶数（2~4）进行分析，结果均无显著差异，即过度溢出的度量结果具有稳健性。

③ 用于估计过度溢出的收益率残差序列起始点为 1997 年 4 月，除去滚动窗口和滞后期所占用的前 62 个观测值，最终得到的过度溢出时间序列起始点为 2002 年 5 月。

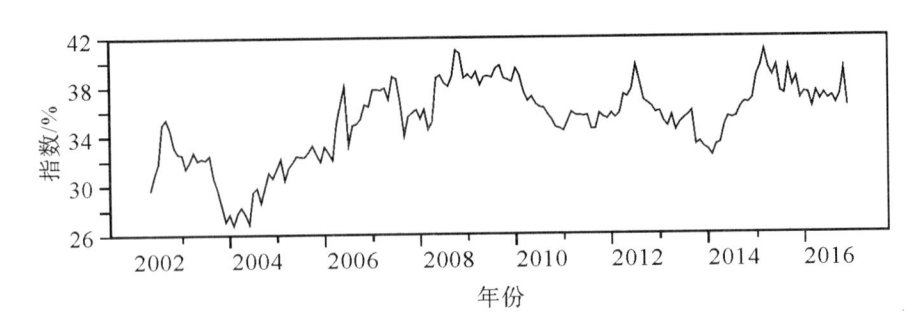

图 5.2 总过度溢出指数的走势情况

第一,在整个样本期内(2002 年 5 月至 2016 年 12 月),过度溢出的总体水平较高,意味着去除宏观经济基本面因素的影响之后,国际大宗商品价格间仍存在显著的关联性。21 世纪以来,特别是 2004—2008 年,国际市场上众多大宗商品价格出现齐涨同跌现象,原本处于分割状态的个体市场出现融合趋势。许多学者对此进行了解释,其中一种代表性观点认为,国际大宗商品市场大范围的联动现象主要是由新兴经济体总需求扩张所导致的,而与金融投机等非基本面因素关系不大(Krugman,2008;Hamilton,2009)。但本书的结果却不支持这一观点。从图 5.2 可以看出,总过度溢出指数不仅具有较高的均值水平,还在 2004—2008 年呈明显的上升趋势。因此,国际大宗商品价格关联程度的大幅上升并不能单纯由经济基本面因素所解释。

第二,在 2007—2009 年全球金融危机期间过度溢出效应显著增强。2007 年 7 月美国第五大投行贝尔斯登(Bear Sterns)旗下两支对冲基金陷入严重亏损,由此拉开了次贷危机的序幕,总过度溢出指数出现跳跃性上升;2008 年 9 月雷曼兄弟破产,次贷危机迅速蔓延成全球性金融危机,总过度溢出指数也随之达到样本期间的最大值。基于上述观察,很容易将过度溢出效应解读为一种危机现象,即认为过度溢出的根本原因在于金融危机或金融动荡。Kyle 和 Xiong(2001)的财富效应理论(wealth effect)能够为危机期间过度溢出效应的显著增强提供合理解释:在金融危机或金融动荡时期,严重的财富损失导致投资者风险容忍度下降,促使其同时对所有资产头寸进行减持或平仓,造成跨市场间的风险蔓延。另一相似的解释为 Brunnermeier 和 Pedersen(2009)的流动性螺旋理论(liquidity spiral):当金融市场风险上升时,金融中介机构资金条件恶化,倾向于对所有市场减少流动性供应,由此导致多种资产的关联程度急剧增加。但金融危机并不是过度溢出存在和变化的唯一原因。无论是根据流动性螺旋理论还是根据财富效应理论,过度溢出强度应在 2009 年之后回归危机前水平。而图 5.2 的结果显示，在全球金融危机结束之后，总过度溢出指数尽管有所回落，但仍旧在高位区间运行，其在危机后的均值高于危机前的均值，并在 2015—2016 年几乎再次达到危机期间的峰值水平。可见，即使在市场平稳时期，国际大宗商品价格间仍存在较强的过度溢出效应。此外，过度溢出指数的上升并非突然出现于危机期间，而是产生于 2004 年左右。因此，金融危机可能对过度溢出存在暂时性的放大效应，但并非是引发其变动的主导原因。

第三，过度溢出强度开始出现明显上升趋势的时间（2004 年）远早于全球金融危机，更重要的是，该时点与金融资本大量涌入国际大宗商品市场的时间相一致（Tang et al.，2012）。由于排除了经济基本面因素的影响，这一现象表明国际大宗商品价格的过度溢出效应极有可能与金融化进程有关。金融化过程中，国际大宗商品市场参与者结构发生显著改变，原本集中于传统金融市场的投资者出于分散化投资、控制组合风险、提升投资收益等目的大规模进场。这些金融投资者同时活跃于多个商品市场，其在不同商品市场中的交易策略并非完全独立，而是存在密切联系，从而导致国际大宗商品市场关联性上升。

基于上述分析，我们可以提出合理推测：金融化是过度溢出的主要驱动力，而金融危机或金融动荡则起到暂时性的放大作用。

5.3.4.2 过度溢出的结构和方向：定向过度溢出指数

接下来，我们考察过度溢出的结构和方向。表 5.6 报告了定向过度溢出指数的描述性统计结果。其中，$DS_{i\rightarrow}$ 表示商品 i 对其他商品的过度溢出水平，$DS_{i\leftarrow}$ 表示商品 i 接收其他商品的过度溢出水平。

表 5.6 定向过度溢出指数的描述性统计　　　　单位：%

分类	小麦		棉花		铜		原油	
	$DS_{i\rightarrow}$	$DS_{i\leftarrow}$	$DS_{i\rightarrow}$	$DS_{i\leftarrow}$	$DS_{i\rightarrow}$	$DS_{i\leftarrow}$	$DS_{i\rightarrow}$	$DS_{i\leftarrow}$
均值	44.74	34.41	31.90	32.89	43.39	36.76	30.43	34.32
中位数	43.80	34.40	32.12	32.71	44.07	37.98	28.94	34.03
最大值	68.80	47.41	50.42	47.60	67.22	48.11	59.98	47.25
最小值	18.47	26.12	19.09	21.55	19.79	17.54	15.32	15.42
标准差	12.94	4.20	6.62	5.27	10.34	6.26	9.72	6.90

表 5.6（续）

分类	可可 DS$_{i\rightarrow}$	可可 DS$_{i\leftarrow}$	白糖 DS$_{i\rightarrow}$	白糖 DS$_{i\leftarrow}$	瘦猪肉 DS$_{i\rightarrow}$	瘦猪肉 DS$_{i\leftarrow}$	黄金 DS$_{i\rightarrow}$	黄金 DS$_{i\leftarrow}$
均值	28.97	36.00	37.22	34.61	31.16	35.82	34.10	37.10
中位数	28.49	36.00	37.61	34.52	30.41	34.04	31.02	37.95
最大值	48.77	46.99	69.19	51.93	55.24	58.75	66.75	53.49
最小值	13.34	24.66	14.29	18.53	14.54	21.45	12.90	20.53
标准差	8.21	4.72	13.98	8.10	9.02	7.53	12.68	8.41

注：DS$_{i\rightarrow}$表示商品 i 对其他商品的过度溢出水平，DS$_{i\leftarrow}$表示商品 i 接收其他商品的过度溢出水平。

从最大值、最小值和标准差可以看出，定向过度溢出指数也具有显著的时变特征。从横截面维度来看，各商品传递或接收过度溢出的能力存在明显差异。在对外溢出方面（DS$_{i\rightarrow}$），小麦对其他商品过度溢出的平均水平最高，达到44.74%；之后是铜，平均水平为43.39%；可可对外过度溢出的平均水平最低，为28.97%。在接收溢出方面（DS$_{i\leftarrow}$），黄金接收其他商品过度溢出的平均水平最高，达到37.10%；之后是铜，平均水平为36.76%；可可的平均水平也较高，达到36%；棉花接收过度溢出的平均水平最低，为32.89%。表5.6的结果表明，在过度溢出的传递端或接收端，不同商品的相对重要性不同；而同一商品传递和接收溢出的能力也存在明显的不对称性。

5.3.4.3 过度溢出的结构和方向：净过度溢出指数

为更加清晰地揭示过度溢出的动态传导方向，图 5.3 给出了各商品的净过度溢出指数走势。指数数值大于 0，表示该商品为过度溢出效应的净传递者；指数数值小于 0，则代表该商品为过度溢出效应的净接收者。

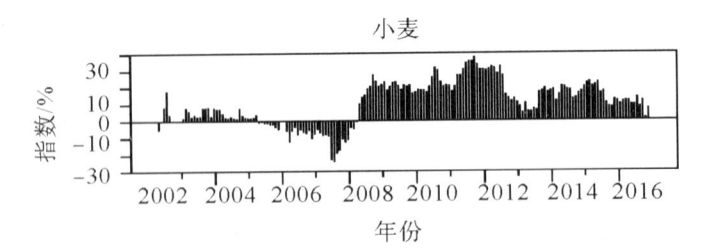

铜

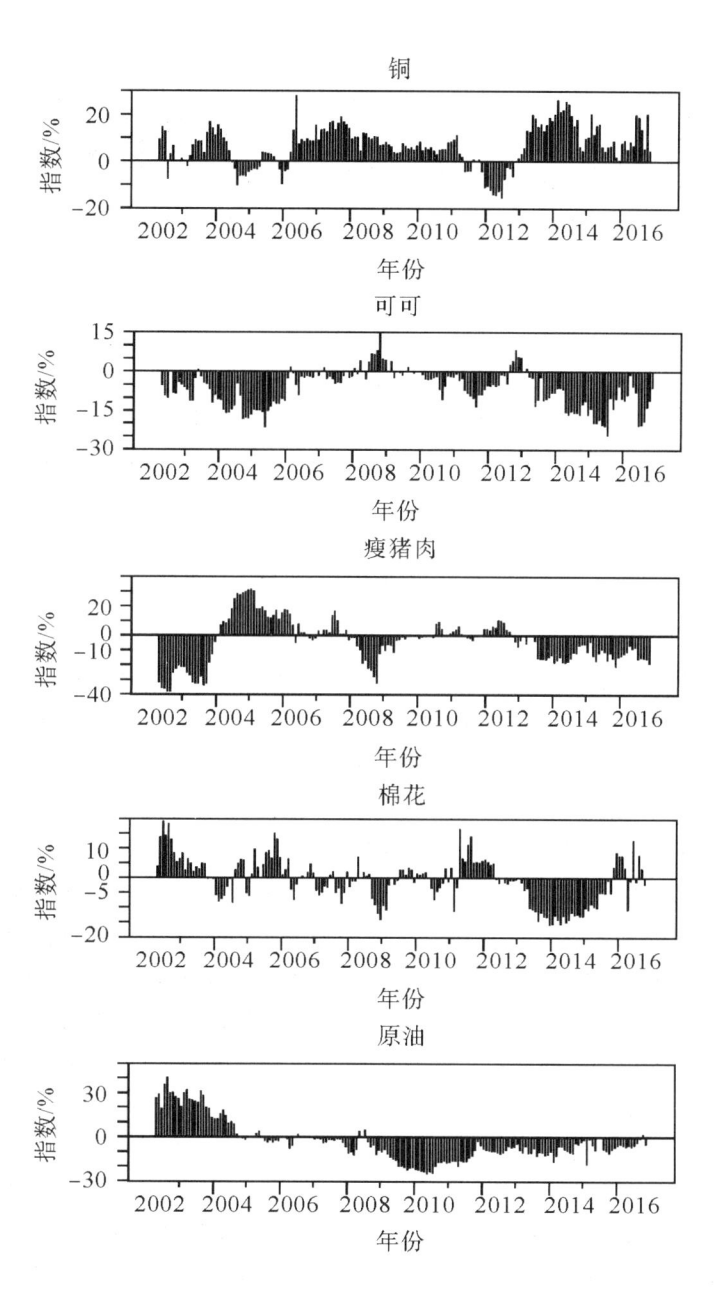

年份

可可

年份

瘦猪肉

年份

棉花

年份

原油

年份

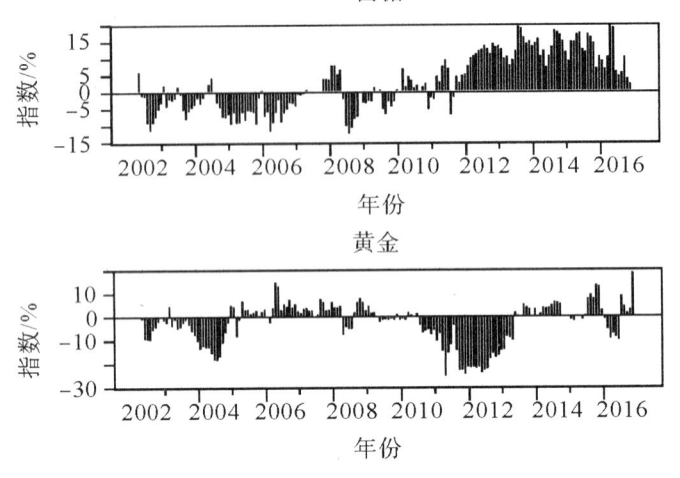

图 5.3 净过度溢出指数

由图 5.3 可以看出，不同商品在过度溢出网络结构中扮演的角色存在显著差异，且各商品的净溢出方向也随时间推移而发生变化。在 2005 年之前，小麦基本上是过度溢出的净传递者，2005—2008 年逐渐转变为净接收者，自 2008 年中期开始，小麦再次成为净传递者，直至样本期期末净过度溢出指数始终为正，且数值较高，在 2011 年 10 月一度达到 37.70%。铜在样本期的大多数时段内（除 2004 年年中至 2006 年年初和 2011 年年中至 2012 年年末之外）扮演较强的净传递者角色。可可则在多数时期（除 2008 年年中至 2009 年年初和 2012 年年中至 2013 年年初之外）扮演显著的净接收者角色。瘦猪肉在 2002—2004 年是过度溢出的净接收者，在 2004—2006 年则转变为净传递者，此后，再次在 2008 年全球金融危机期间以及 2014—2016 年扮演显著的净接收者角色。相较于其他商品，棉花的净过度溢出规模较小，且在 2012 年之前角色变换频繁，在 2012 年之后则主要为过度溢出的净接收者。原油在 2002—2005 年为过度溢出的净传递者，在 2008—2016 年为过度溢出的净接收者，其余时段的净过度溢出效应则不太明显。在 2012 年之前的多数时间段内，白糖均扮演净接收者的角色，而 2012 年后直至样本期期末，白糖则一直是有力的净传递者。黄金在 2002—2005 年和 2010—2013 年这两个时间段内是过度溢出效应较强的净接收者，在 2005—2010 年主要扮演净传递者的角色。

图 5.3 的结果进一步印证了前文对过度溢出效应来源的推测。首先，金融危机并未对净过度溢出指数产生系统性影响。2008 年全球金融危机期间，小麦和铜的净过度溢出指数显著正向增加，可可的净过度溢出指数由负变正，瘦

猪肉的净过度溢出指数则显著负向增加，而其余四种商品的净过度溢出指数却未出现明显的结构变化，说明金融危机可能对过度溢出的传导机制产生一定影响，但并不是主要的影响因素。其次，在市场平稳时期，如 2012—2016 年，各商品仍具有较强的净溢出能力，同一时期，从危机中恢复过来的金融资本逐渐回流至国际大宗商品市场。因此，过度溢出在很大程度上可归因于金融化的作用，而不同市场的金融化程度及金融交易者结构不同，这可能是个体商品在过度溢出网络结构中扮演不同角色的原因。

5.4 金融化与过度溢出关系的实证检验

前文通过定量测度过度溢出的强度、方向和时变特征，就金融化在国际大宗商品价格关联性动态演变中的作用进行了初步判断。在本节中，我们进一步采用回归分析对金融化与过度溢出效应的关系进行直接检验，所需要回答的问题是：国际大宗商品市场中的金融投资者参与度上升、金融交易活动增加是否会导致过度溢出效应增强？金融参与度对过度溢出强度的解释程度如何？不同类型的金融投资者在过度溢出传导机制中扮演的角色有何异同？

5.4.1 金融化指标及金融投资者交易行为的刻画

本书在第 3 章中对大宗商品市场金融化的常用指标进行了具体介绍，如前所述，基于商品期货持仓数据构造的金融持仓指标能够有效度量金融投资者的市场参与度、反映金融交易活动及其变化情况，在金融化方面的研究中得到广泛应用。按是否区分多空交易方向，现有研究中的金融持仓指标主要可分为两类：一类区分多空方向；另一类不区分多空方向。上一章中，我们以非商业净多头占比作为金融持仓变量，原因在于多头交易和空头交易所产生的价格压力方向相反，因此在测度金融交易行为乃至金融投机对单一商品价格的影响时，我们需要明确金融持仓的方向。而活跃于多个商品市场的金融投资者在多空任意一方的交易增加均有可能导致国际大宗商品价格间的关联性上升，因此本章选用不区分多空方向的金融持仓指标。相关指标的构造及应用在第 3 章中均有详细阐述，此处只给出简要说明。

5.4.1.1 总体金融投资者参与度：Working's T index

该指标由 Working（1960）提出，旨在衡量非商业持仓超过商业持仓的相对规模，常被用于测度商品期货市场的"过度投机"程度，其缺陷在于：

①忽略了商业交易者的投机动机，对国际大宗商品市场投机强度的度量可能存在一定偏误（Cheng et al., 2014）；②根据上一章分析，金融交易者也会对经济基本面做出反应，因此非商业持仓具有内生性，不能刻画真正的金融投机行为。不过，由于 Working's T index 能够反映大宗商品市场中金融投资者的参与度与相对重要性，因此虽然在刻画总投机强度或金融投机方面存在缺陷，但这并不影响其作为金融化代理变量的有效性（Büyükşahin et al., 2014；Bruno et al., 2016）。

模型（3.1）给出了个体商品市场的 Working's T index 计算公式，记为 T index，相应的持仓量数据来自 COT 报告。由于 COT 的数据频率为周，为与过度溢出指数频率相一致，对周度持仓量取月平均获得月度数据。为刻画八个商品市场整体的金融参与度及金融化程度，我们进一步计算个体商品 Working's T index 的平均值，记作 T index_all。

图 5.4 描绘了 T index_all 的变动情况。可以看出，在 2004 年左右，本章所考察的八个商品市场整体的金融投资者参与度以及金融化程度明显上升，这与 Tang 和 Xiong（2012）、Büyükşahin 和 Robe（2014）等学者的发现一致。自 2012 年以来，T index_all 的上涨幅度和速度进一步提升，表明近年来国际大宗商品市场的金融化进程呈加速深化的趋势。

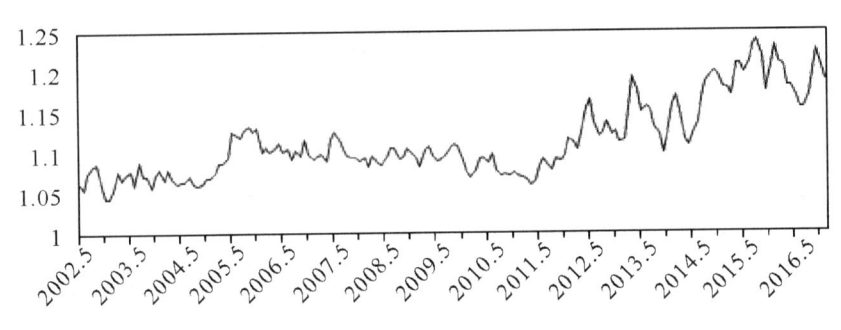

图 5.4 T index_all 的变动情况

5.4.1.2 对冲基金参与度、指数基金参与度：对冲基金持仓占比、指数基金持仓占比

基于 COT 数据的 Working's T index 将各类非商业交易者归并在一起，刻画的是总体金融投资者的市场参与度及交易行为（Büyükşahin et al., 2014）。在国际大宗商品市场金融化进程中，有两类投资者的表现尤为突出：对冲基金和商品指数交易者（商品指数基金）。据 Cheng 等（2015）的保守估计，2000—2010 年参与商品期货交易的对冲基金数量增长了两倍以上，商品指数交易者

数量增加了三倍以上。由第 3 章可知，对冲基金通常采取主动型投资策略，投资期限较短，并具有高杠杆性；而商品指数交易者则采用被动型投资策略，投资期限较长，且往往具有较大的投资规模。尽管已有部分文献考察了对冲基金持仓和指数基金持仓对国际大宗商品与股票市场联动性的差异性影响（Büyükşahin et al., 2014; Girardi, 2015），但探究两者对国际大宗商品市场内部关联性影响异同的研究较少①，本章不仅考察金融投资者的总体影响，也对这两种重要的投资者类别进行区分。

具体而言，我们采用对冲基金持仓占比和指数基金持仓占比来刻画两者的市场参与度及交易行为，计算公式由模型（3.4）和模型（3.5）给出，分别记为 HF 和 CIT，相应的持仓量数据来自 DCOT 报告。目前，DCOT 数据可回溯至 2006 年 6 月，数据频率为周，同样取月平均获得月度数据。为刻画八个商品市场整体的对冲基金参与水平，我们进一步计算个体商品市场对冲基金持仓占比的平均值，记为 HF_all；同样地，计算个体商品市场指数交易者持仓占比的平均值，代表八个市场整体的指数基金参与水平，记为 CIT_all。

图 5.5 描绘了 HF_all 和 CIT_all 的变动情况。总体上讲，2006—2012 年，两者均呈平稳上升趋势，而 2012 年之后，八个商品市场总体的指数基金参与程度即 CIT_all 有所下降，而对冲基金参与程度即 HF_all 则进一步提升，且提升幅度更加明显。这与图 5.4 的情形相似，表明对冲基金和商品指数交易者在国际大宗商品市场的金融化进程中均扮演了重要角色。

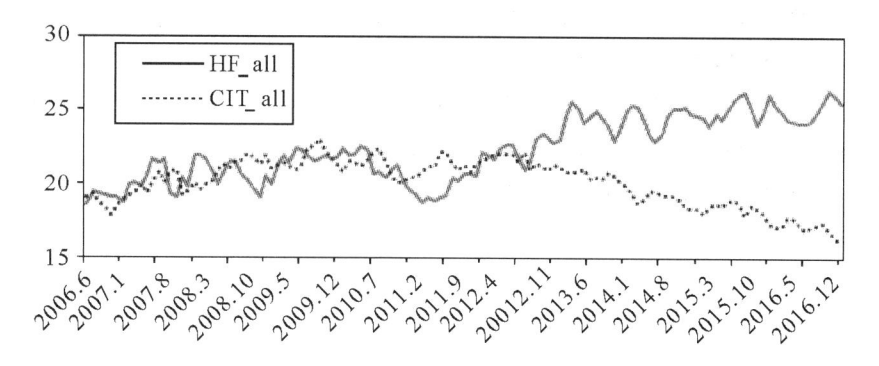

图 5.5 HF_all 和 CIT_all 的变动情况

---

① Tang 和 Xiong（2012）分析了商品指数交易者在大宗商品价格联动性上升过程中发挥的作用，而 Le Pen 和 Sévi（2013）考察了总体非商业交易者对国际大宗商品价格过度联动的影响。

5.4.2 金融化与过度溢出强度：ARDL 回归分析

本小节借鉴 Büyükşahin 和 Robe（2014）的做法，建立 ARDL 回归，以总过度溢出指数①作为被解释变量，从长期层面出发，检验金融投资者参与度对过度溢出总体强度的影响是否具有统计显著性。关于 ADRL 模型的基本形式和长期系数的估计，上一章中已有详细介绍，此处不再赘述。

我们基于 COT 持仓数据考察总体金融参与度的影响，样本区间为 2002 年 5 月至 2016 年 12 月。基准模型的解释变量包括：总体金融投资者参与度 T index_all；考虑到金融危机及金融动荡的可能影响，引入反映金融市场稳定状况的 Kansas 金融压力指数，记为 FS；此外，为探测金融参与度在不同金融压力状态下的影响是否有所不同，加入 T index_all 与 FS 的交叉项，记为 T index_all×FS。回归结果如表 5.7 的 Panel A 所示。

Panel A 的第（1）列为基准模型估计结果。金融压力 FS 的系数显著为正，表明在金融压力更高、金融系统动荡的危机时期，国际大宗商品价格间的过度溢出效应更强，这与流动性螺旋理论和财富效应理论的预期一致。T index_all 的系数也显著为正，说明当金融投资者的总体参与度上升、金融交易活动增加时，过度溢出程度会增强，而这一长期关系没有被金融动荡的影响所掩盖。交叉项 T index_all×FS 的系数为正但不显著，表明总体金融投资者的交易活动对过度溢出的影响可能在金融动荡时期有所增强，但增强并不明显。

考虑到 2007—2009 年全球金融危机对国际大宗商品关联性的影响可能不同于其他金融压力事件，参考 Büyükşahin 和 Robe（2014）的处理方法，我们在 Panel A 第（2）列中引入代表 2007—2009 年全球金融危机的虚拟变量 DUM，其在 2007 年 7 月至 2009 年 12 月取值为 1，其余时期取值为 0②。结果表明，DUM 的系数并不显著，因此 FS 能够充分控制金融危机的影响。

---

① ADF 检验显示总过度溢出指数为平稳序列。
② Büyükşahin 和 Robe（2014）以 2007 年 8 月至 2009 年 8 月作为全球金融危机时间段；Daskalaki 和 Skiadopoulos（2011）则以 2007 年 8 月至 2009 年 12 月作为全球金融危机期。本书以 2007 年 7 月美国第五大投行贝尔斯登（Bear Sterns）旗下的两支对冲基金倒闭为次贷危机以及全球金融危机的起始点。

表 5.7 ARDL 回归长期系数估计结果

Panel A：总体金融参与度的影响 2002 年 5 月至 2016 年 12 月			Panel B：对冲基金和指数基金参与度的影响 2006 年 6 月至 2016 年 12 月			
变量	（1）	（2）	变量	（1）	（2）	（3）
FS	0.756*** (0.257)	0.663** (0.323)	FS	0.388 (0.331)	0.295 (0.480)	0.303 (0.362)
T index_all	0.835*** (0.304)	0.830*** (0.296)	HF_all	0.717*** (0.257)	0.714*** (0.262)	0.144 (0.542)
T index_all×FS	0.647 (0.531)	0.629 (0.517)	HF_all×FS	1.501*** (0.483)	1.483*** (0.519)	1.128*** (0.378)
—	—	—	CIT_all	0.360** (0.159)	0.365** (0.152)	0.240 (0.233)
—	—	—	CIT_all×FS	1.633*** (0.393)	1.656*** (0.360)	1.284** (0.524)
—	—	—	CH_all	—	—	−0.560 (0.418)
—	—	—	CH_all×FS	—	—	−0.009 (0.673)
DUM	—	0.310 (0.721)	DUM	—	0.200 (0.598)	—
Log-L	−60.147	−60.066	Log-L	−87.527	−87.463	−95.508
F 统计量	315.881***	251.483***	F 统计量	35.444***	31.983***	20.062***

注：除虚拟变量 DUM 之外，其余所有变量均经标准化处理。简洁起见，此处省略常数项估计结果。括号内数据表示对应系数的 Newey-West 标准差。Log-L 表示对数似然函数值。F 统计量给出回归模型整体显著性检验结果。*、**、*** 分别表示在 10%、5%、1% 的水平下显著。

接下来，我们基于 DCOT 持仓数据考察对冲基金和指数基金参与度的影响，样本区间为 2006 年 6 月至 2016 年 12 月。基准模型的解释变量包括对冲基金参与度 HF_all、指数基金参与度 CIT_all、金融压力状况 FS、交叉项 HF_all×FS 和 CIT_all×FS。回归结果如表 5.7 的 Panel B 所示。

Panel B 的第（1）列为基准模型估计结果。对冲基金参与度 HF_all 和指数基金参与度 CIT_all 的影响系数均显著为正，交叉项 HF_all×FS 和 CIT_all×FS 的系数也显著为正。上述结果表明，对冲基金和商品指数交易者的市场参与度上升均会导致过度溢出总体强度增加，且两者在金融动荡时期的影响更强。而 FS 的系数仍为正，但不再显著，说明与以上两类金融投资者的影响相比，金融动荡对过度溢出的相对重要性较低。

Panel B 第（2）列中进一步引入虚拟变量 DUM，以控制全球金融危机的异常影响。结果与此前一致，DUM 系数不显著，模型的估计结果无明显改变。Büyükşahin 和 Robe（2014）研究发现，不同于以往的金融动荡时期，2007—2009 年全球金融危机确实对国际大宗商品与股票市场的关联性产生了异常影响,而本书的实证结果则显示,该异常影响尚未体现在大宗商品市场内部的关联性上。

在 Panel B 第(3)列中,为进一步明确对冲基金和指数基金对过度溢出影响的相对重要性,我们在基准模型的基础上引入传统商业交易者的市场参与度指标。我们以 DCOT 报告中的生产商/贸易商/加工商/用户代表商业套期保值者,计算其持仓占比:$CH_{i,t} = (CHL_{i,t} + CHS_{i,t})/2TOI_{i,t}$,其中 $CHL_{i,t}$、$CHS_{i,t}$ 分别为商业套期保值者的多头和空头持仓数量。我们同样取个体市场的平均值,记为 CH_all,同时加入交叉项 CH_all×FS。传统套保者在不同商品市场中[1]的交易策略要么通过经济基本面而产生关联,要么因个体商品的差异性而相互独立。因此,从理论上讲,过度溢出与商业套保者的交易活动无关。与预期一致,CH_all 和 CH_all×FS 的系数均不显著。在对冲基金和指数基金方面,两者与金融压力的交叉项 HF_all×FS 和 CIT_all×FS 的影响系数均显著为正,数值略低于前两列;而 HF_all 和 CIT_all 的系数仍旧为正,但不显著,导致这一结果的可能原因,是部分对冲基金和指数基金是商业套保者的交易对手方,因此将套保持仓占比纳入回归方程会产生一定程度的多重共线性。总之,综合 Panel B (1) 至 (3) 列的估计结果可以看出,对冲基金和指数基金交易活动对过度溢出具有重要影响,而商业套保者的影响则不显著。

除表 5.7 的模型设定之外,我们还考虑引入季节虚拟变量,用 2008 年 9 月雷曼兄弟破产之前取值为 0、之后为 1 的虚拟变量代替 DUM,用 St. Louis 联储金融压力指数(St. Louis fed financial stress index)代替 Kansas 金融压力指数,实证结果均稳健。

表 5.7 的估计结果印证了前文的推测:金融投资者的市场参与度即金融化程度对过度溢出强度具有显著的正向影响,并且其影响在金融市场不确定性增加、金融压力上升时期进一步增强。

5.4.3 金融化与过度溢出强度:逐步回归分析

在确认金融投资者参与度对过度溢出总体强度的长期影响存在统计显著性之后,我们进一步从短期层面出发,就其影响的经济显著性进行考察。

借鉴 Le Pen 和 Sévi (2013) 的做法,我们以总过度溢出指数作为被解释变量对个体商品市场的金融持仓指标进行多元回归。具体来讲,我们选用 8 个商品市场的对冲基金持仓占比和指数基金持仓占比作为解释变量,相比于平均

---

[1] 这里指无明显经济联系的商品,即彼此间无显著的互补或替代关系。

指标 HF_all 和 CIT_all，个体市场指标涵盖了更为丰富的金融交易信息，有助于更加准确地度量金融投资者参与度对过度溢出强度的解释程度。此外，我们引入金融压力指数 FS 以控制金融动荡的影响。为进一步分离出 2007—2009 年全球金融危机的影响，除全样本期（2006 年 6 月至 2016 年 12 月）外，我们还分别以区间 2007 年 7 月至 2009 年 12 月作为危机中、以 2010 年 1 月至 2016 年 12 月作为危机后，进行分段回归分析①。

由于个体市场的对冲基金持仓占比和指数基金持仓占比各有 8 个，即总共有 16 个金融持仓变量，若这 16 个变量全部进入回归方程，则可能产生较为严重的多重共线性，同时也会损失大量自由度。鉴于此，我们借助逐步回归（stepwise regression）方法对模型进行简化。基本步骤为：在仅包含常数项和金融压力 FS 的初始回归方程中逐个引入金融持仓变量，引入条件为该变量的偏回归平方和②在所有尚未进入回归的待选变量中最大，且偏回归平方和通过显著性检验；每次在引入新变量之后，对此前引入的变量逐一进行检验，从偏回归平方和最小者开始，依次剔除偏回归平方和未通过显著性检验的变量；引入和剔除交替进行，直到无金融持仓变量进出回归方程为止。参考文献资料，本书以 0.2 作为引入和剔除变量的显著性标准（Bendel et al., 1977; Flack et al., 1987; Draper et al., 1998）③。

表 5.8 的（1）至（3）列分别报告了全样本期（2006 年 6 月至 2016 年 12 月）、危机中（2007 年 7 月至 2009 年 12 月）和危机后（2010 年 1 月至 2016 年 12 月）的逐步回归估计结果。

---

① 由于危机前（2006 年 6 月至 2007 年 6 月）的时间段过短，因此我们未对该阶段进行回归分析，但通过比较全样本期、危机中和危机后的回归结果，能够推断出危机前的影响情况。

② 某一变量的偏回归平方和是指引入该变量之后的回归平方和与引入该变量之前的回归平方和之差。

③ Bendel 和 Afifi（1977）指出，当引入变量的显著性标准位于 0.15 ~ 0.25 时（包括 0.15 和 0.25），能够有效阻止噪音变量的进入，同时也能保证真正的重要变量被纳入模型中。Draper 和 Smith（1998）建议引入和剔除均使用相同的显著性标准。根据他们的建议，Flack 和 Chang（1987）将引入和剔除的显著性标准定为 0.15。本书选用相对保守的显著性标准 0.2，不过采用其他数值如 0.15 并不会改变回归在不同样本区间内的相对表现。

表 5.8 逐步回归估计结果

变量	(1) 2006年6月至2016年12月	(2) 2007年7月至2009年12月	(3) 2010年1月至2016年12月
FS	0.772 [10.256]***	0.552 [5.239]***	0.479 [4.013]***
HF_棉花	0.551 [7.159]***	—	0.268 [3.081]***
HF_铜	0.139 [1.355]	—	0.153 [1.181]
HF_原油	-0.378 [-3.998]***	-0.774 [-9.348]***	—
HF_可可	-0.332 [-2.922]***	—	-0.761 [-7.264]***
HF_瘦猪肉	0.329 [5.043]***	—	0.183 [2.124]**
HF_黄金	0.419 [4.752]***	—	0.470 [4.504]***
CIT_小麦	0.184 [2.120]**	—	0.549 [4.979]***
CIT_棉花	—	0.564 [2.257]**	—
CIT_原油	—	-0.450 [-1.578]	0.636 [5.489]***
CIT_瘦猪肉	0.488 [2.585]**	0.295 [3.266]***	—
CIT_黄金	0.697 [4.333]***	—	0.768 [5.012]***
R^2	0.673	0.846	0.724
Adj. R^2	0.645	0.814	0.690
Wald 统计量	20.151***	81.025***	32.862***
ΔAdj. R^2	0.458	0.615	0.640

注：所有回归系数均为标准化系数。HF_商品、CIT_商品分别表示该商品市场中的对冲基金持仓占比和指数基金持仓占比。简洁起见，此外省略常数项估计结果。ΔAdj. R^2 为回归方程中含有金融持仓变量时的 Adj. R^2 与未含有金融持仓变量时的 Adj. R^2 之差。方括号内的数据为 Newey-West 调整后的 t 值。Wald 统计量给出金融持仓变量联合显著性的检验结果。**、*** 分别表示在 5%、1%的水平下显著。

由表 5.8 可以看出：第一，金融压力 FS 的系数始终显著为正，表明金融系统不确定性增加将导致过度溢出效应增强，这一结果符合流动性螺旋理论和财富效应理论；第二，检验金融持仓变量联合显著性的 Wald 统计量显示，无论是在全样本期还是在两个子样本期内，各个市场的对冲基金和指数基金交易活动联合起来对过度溢出总体强度都有显著影响；第三，根据调整的可决系数 Adj. R^2，2007—2009 年全球金融危机期间，金融压力 FS 与金融持仓变量对过度溢出强度的联合影响程度要高于危机后以及全样本期,这与图 5.2 所描述的总过度溢出指数走势相吻合。

在逐步回归中,未被选择的变量并不一定与被解释变量无关,而是可能被与其高度相关的其他变量所替代。因此,这里的分析中,我们的关注重点并非是单个金融持仓变量的显著性,而是模型中所有金融持仓变量对过度溢出强度变动的总体解释程度,从而了解金融化影响的经济显著性。鉴于此,我们进一步计算全体金融持仓变量的增量 Adj. R^2,即回归方程中含有金融持仓变量时的 Adj. R^2 与未含有金融持仓变量时的 Adj. R^2 之差,记为 ΔAdj. R^2。结果显示,全样本期、危机中和危机后的 ΔAdj. R^2 分别为 0.458、0.615 和 0.640,表明很大比例的过度溢出强度变动能够被对冲基金和指数基金的交易活动所解释,并且解释力度随时间推移而呈递增趋势,在全球金融危机之后的解释力甚至要高于危机中和危机前。这再次说明,在利用 FS 控制了金融市场系统性风险之后,2007—2009 年全球金融危机并未对过度溢出产生不同于其他金融风险事件的异常影响。

综合表 5.7 和表 5.8 的估计结果可以得出以下结论:第一,金融化是过度溢出强度变动的主导力量,金融投资者参与度上升、金融交易活动增加会导致过度溢出效应增强;第二,金融市场动荡对金融化的影响存在暂时性的放大作用;第三,在金融投资者的总体影响中,对冲基金和商品指数交易者扮演了重要角色,两者对过度溢出强度变动的解释力在近十多年来不断提高。

5.4.4 金融化与过度溢出方向:面板 Logit 回归分析

除了分析金融化程度对过度溢出强度的影响,本书还将探究金融投资者结构对过度溢出方向的影响。为此,我们采用面板 Logit 回归模型,考察个体商品成为过度溢出的净传递者(或净接收者)的可能性与该市场中不同类型的投资者参与度间的关系。

被解释变量为二元虚拟变量,当净过度溢出指数为正时,取值为 1,代表该商品为过度溢出的净传递者;否则取值为 0,代表该商品为过度溢出的净接收者。

解释变量方面:主要解释变量为个体商品市场的金融持仓指标以及金融持仓指标与金融压力 FS 的交叉项。参照 Wang(2002)的做法,我们对总体金融投资者(T index)、对冲基金(HF)和指数基金(CIT)的影响进行单独考察,以避免多重共线性问题。此外,个体商品在过度溢出网络结构中扮演的角色也可能与其流动性水平有关,流动性越高,信息优势越大,信息效率越高,对外传递信息的能力可能越强,即成为净传递者的可能性越大。因此,进一步加入流动性指标作为控制变量,我们参照 Adams 和 Glück（2015）的做法,以总持仓（open interest）代表商品市场的流动性水平。最后,我们用商品虚拟变量控制商品特质因素对回归结果的影响,用年度虚拟变量控制金融动荡、自然灾害、政策变动等系统性风险的影响[①],参照 Petersen（2009）的方法,采用商品和时间双维度的聚类稳健标准误对截面相关和序列相关进行修正。

表 5.9 的 Panel A、Panel B 和 Panel C 分别报告了针对总体金融投资者、对冲基金和商品指数交易者的面板 Logit 回归结果。由 Panel A 可以看出,总体金融参与度 T index 的系数为正,且在 5% 的水平下显著,说明对个体商品而言,金融投资者的市场参与度越高,越有可能成为过度溢出的净传递者;反之,金融投资者的参与度越低,越有可能成为过度溢出的净接收者。交叉项 T index×FS 系数为正,说明总体金融投资者的影响在金融动荡时期得到一定程度的强化,但这一强化效应并不具有统计显著性。引入总持仓（open interest）之后,回归结果未发生显著改变,open interest 的系数为正,这与先前预期相一致,但影响并不显著。

Panel B 显示,对冲基金参与度 HF 的系数显著为正,且在 1% 的水平下显著,表明个体商品市场中对冲基金的参与度越高,越有可能成为过度溢出的净传递者。交叉项 HF×FS 的系数为正但不显著。引入 open interest 并没有改变估计结果。可以看出,Panel B 的回归结果与 Panel A 高度一致,区别在于对冲基金参与度 HF 的显著性程度略高于总体金融参与度 T index 的显著性程度,说明 Working's T index 在很大程度上反映了对冲基金的交易活动,这支持了 Büyükşahin 和 Robe（2014）的研究发现[②]。

Panel C 显示,指数基金参与度 CIT 的系数为负,但不显著,而 CIT 与金融压力的交叉项 CIT×FS 也为负,且在 5% 的水平下显著。该结果表明,从总体上讲,个体商品市场中商品指数交易者的参与度越高,越有可能成为过度溢出的净接收者,这一关系在金融压力较低的市场平稳时期表现不太明显,在金

[①] 由于时间维度的观测值较多,为方便估计,我们并没有对每一时间点设置虚拟变量,而是采用年度虚拟变量。

[②] Büyükşahin 和 Robe（2014）基于非公开的 CFTC 细分持仓数据研究发现,对冲基金持仓占比对大宗商品与股票市场间的联动性存在显著正向影响,而测度总体金融投资者活动的 Working's T index 对联动性的影响虽弱于前者,但也较为显著且影响方向与前者一致。因此,Büyükşahin 和 Robe（2014）认为 Working's T index 尤其能够反映对冲基金的交易活动。

融压力较高的动荡时期则尤为显著。同样，控制 open interest 并不改变回归结果。

表 5.9 面板 Logit 回归估计结果

序号	Panel A：总体金融参与度的影响，2002 年 5 月至 2016 年 12 月					
	T index	T index×FS	open interest	pseudo R^2	chi-square
（1）	5.963（2.517）**	0.002（0.105）	—	0.165	291.050***
（2）	6.056（2.561）**	0.011（0.094）	0.656（0.856）	0.167	293.610***

序号	Panel B：对冲基金参与度的影响，2006 年 6 月至 2016 年 12 月				
	HF	HF×FS	open interest	pseudo R^2	chi-square
（3）	0.138（0.040）***	0.002（0.036）	—	0.280	294.700***
（4）	0.135（0.040）***	0.002（0.036）	0.530（1.331）	0.281	296.280***

序号	Panel C：指数基金参与度的影响，2006 年 6 月至 2016 年 12 月				
	CIT	CIT×FS	open interest	pseudo R^2	chi-square
（5）	−0.015（0.028）	−0.079（0.033）**	—	0.262	270.160***
（6）	−0.012（0.031）	−0.080（0.033）**	0.755（1.171）	0.264	269.690***

序号	Panel D：对冲基金与指数基金相对比例的影响，2006 年 6 月至 2016 年 12 月				
	HF-to-CIT	HF-to-CIT×FS	open interest	pseudo R^2	chi-square
（7）	0.642（0.289）**	0.560（0.216）***	—	0.261	260.680***
（8）	0.631（0.284）**	0.559（0.214）***	0.519（1.181）	0.263	261.420***

注：所有方程均控制了商品个体固定效应和年度固定效应。括号内为商品和时间双维度的聚类稳健标准误。**、*** 分别表示在 5%、1% 的水平下显著。

由上述分析可知，对冲基金和指数基金在过度溢出的传导中扮演了相反的角色。为进一步验证这一发现，我们计算了个体市场中对冲基金与指数基金的持仓占比比值，度量对冲基金相对于指数基金的市场参与度，记为 HF-to-CIT。以 HF-to-CIT 替代原先的金融持仓指标，进行面板 Logit 回归，其他设定均与此前相同，回归结果如表 5.9 的 Panel D 所示。HF-to-CIT 的系数显著为正，其与金融压力的交叉项 HF-to-CIT×FS 系数也显著为正。这表明，当对冲基金相对于指数基金的市场参与度上升时，商品成为过度溢出净传递者的可能性将会增加；反之，当指数基金相对于对冲基金的市场参与度上升时，商品成为过度溢出净接收者的可能性将会增加。以上关系会随着金融市场不确定性增加、金融压力上升而进一步增强。

综上所述，个体商品在过度溢出网络结构中扮演的角色与其市场中的投资者结构有关。具体而言，对冲基金的相对参与度越高，商品越可能成为过度溢出的净传递者，而指数基金的相对参与度越高，则越容易成为过度溢出的净接收者。

5.4.5 机理解释

下面，我们对金融化与过度溢出关系的实证结果进行理论解释。

5.4.5.1 金融化与过度溢出强度

金融化是过度溢出强度变动的主导力量，国际大宗商品市场中金融投资者参与度上升、金融交易活动增加，会导致过度溢出效应增强，我们认为其作用机制可由风格效应（style investing effect）解释。风格投资理论由 Barberis 和 Shleifer（2003）提出，用于解释个股间超越基本面因素的联动现象。具体来讲，投资者在进行组合投资决策时，往往先将个体资产划分为不同类别，然后在大的资产类别之间进行资金分配，并根据各大类资产的相对表现和自身的风险承受能力进行资金配置和投资策略的动态调整。在这一过程中，不同的资产类别形成不同的投资风格，而属于同一投资风格的个体资产，即使在基本面上不存在关联，也会因投资资金的驱动而产生联动趋势。而在金融化进程中，国际大宗商品成为备受投资者青睐的新兴资产类别，众多商品进入投资者的资产组合，形成新的投资风格。因此，风格效应导致个体商品间产生了不能被经济基本面所解释的价格关联性，并且随着金融交易者参与度上升和金融化程度加深，风格效应将加强，国际大宗商品价格关联性进一步增强。

5.4.5.2 金融化与过度溢出传导方向

对冲基金和指数基金在过度溢出传导中扮演了不同的角色：个体商品市场中，对冲基金的相对参与度越高，商品越可能成为过度溢出的净传递者，而指数基金的相对参与度越高，则越容易成为过度溢出的净接收者，这种表现差异可由两者交易策略的异质性所解释。对冲基金通常采用主动型投资策略，它们在多个市场间进行价值套利，随市场环境变化而积极调整持仓头寸。Büyükşahin 和 Robe（2014）以及 Girardi（2015）的实证研究证实，同时活跃于国际大宗商品和股票市场的跨市交易者绝大多数是对冲基金，相比于其他类型的投资者，对冲基金对商品与股票市场关联性的影响更强，是股票市场信息传导至国际大宗商品市场的重要渠道。此外，对冲基金往往具有高杠杆性，资金风险较大。因此，对个体商品市场而言，对冲基金的相对参与度越高，与金融市场间的信息交流越密切，则越能够"主动地"将来自国际大宗商品市场外部的金融冲击传递给其他商品。而指数基金则普遍采用被动型投资策略，它们并不进行频繁的买卖操作，而是持续跟踪某一特定的商品指数。当进入国际大宗商品市场的外部金融冲击显著影响投资组合的风险分散效益时，指数基金将进行组合再平衡操作以维持指数权重，从而导致各商品市场间的关联性进一步增强。因此，个体商品市场中指数基金的相对参与度越高，则越可能"被动地"接收由其他商品传递的金融冲击。

5.5 本章小结

针对国际大宗商品市场金融化进程中的多维价格动态特征，本章构建过度溢出分析框架，对国际大宗商品价格间与经济基本面无关的多维关联特征进行全景式考察，并着重分析金融交易活动对关联性演变的解释力，从而揭示国际大宗商品市场内部融合趋势的形成机理及其与金融化进程的关系。

尽管直观上很容易将近年来国际大宗商品价格关联性增强的现象与金融化进程联系起来，但在同一时期，来自经济基本面的共同冲击也有可能导致国际大宗商品间的关联特征发生改变。多数研究仅依据关联性增强时点与金融资本大量涌入国际大宗商品市场时间相一致的经验证据，来得出金融化促进国际大宗商品市场内部融合的结论，缺乏可靠性。因此，要准确刻画国际大宗商品价格关联性的动态演变与金融化的关系，必须充分控制基本面因素的影响。

为此，本章将 Pindyck 和 Rotemberg（1990）的过度联动思想与 Diebold 和 Yilmaz（2012，2014）的溢出指数方法相结合，构建过度溢出的分析框架：首先，运用大型近似因子模型，从全球主要经济体的 298 个宏观经济变量中提取基本面因子；其次，以基本面因子为解释变量建立因子增广回归，对商品收益率进行充分过滤，得到收益率残差序列；最后，采用溢出指数方法度量商品收益率残差间的关联性，本书将其定义为过度溢出，即表示与经济基本面无关的价格关联情况。度量结果显示：①在整个样本期内，即 2002 年 5 月至 2016 年 12 月，过度溢出的总体水平较高，意味着过滤掉经济基本面的影响之后，国际大宗商品价格间仍存在较强的关联性；②过度溢出强度的动态路径与金融化的发展趋势高度一致，其在 2004—2008 年呈明显的上升趋势，并在全球金融危机期间显著增加，而危机后也继续维持高位水平；③各商品传递和接收过度溢出的能力存在显著差异，在过度溢出网络结构中扮演的角色不同（或为净传递者，或为净接收者）且随时间不断变化。此外，上一章的结论在本章中也得到了进一步的印证和补充。我们基于高维经济数据集对商品收益率的过滤结果显示，实体经济需求是驱动国际大宗商品价格变动的最为重要的经济基本面因素，并且发达国家实体经济需求的影响力远强于新兴国家实体经济需求的影响力。

过度溢出的强度、方向和时变特征表明，近年来，国际大宗商品价格关联度的增强无法仅由经济基本面所解释，而极有可能是金融化所引发的结构性变化。基于此，本书进一步采用回归分析对过度溢出与金融化的关系进行直接检验。研究发现：①金融化是过度溢出效应产生和变化的主要原因，金融投资者参与度上升、金融交易活动增加会导致过度溢出效应增强；②过度溢出总体强度的变化在很大程度上能够被对冲基金和指数基金的交易活动所解释，并且两者的解释力度在近十多年来不断加大；③个体商品在过度溢出网络结构中扮演的角色与其市场中的投资者结构有关，对冲基金的相对参与度越高，商品越可能成为过度溢出的净传递者，而指数基金的相对参与度越高，则越容易成为过度溢出的净接收者；④金融投资者的交易行为对过度溢出强度和方向的影响在金融市场不确定性增加、金融压力上升时期进一步增强。

综上所述，本章的研究证实，国际大宗商品市场的内部融合现象并非是由基本面因素所导致的暂时性变化，而是金融化作用下的新常态。国际大宗商品市场中的金融投资者参与度上升、金融交易活动增加，会导致国际大宗商品间的价格关联度增强。我们认为其背后的影响机制主要为风格效应，即在金融化进程中，国际大宗商品成为备受投资者青睐的新兴资产类别，众多商品进入投资者的资产组合，形成新的投资风格，风格效应导致个体商品间产生了不能被经济基本面所解释的价格关联性，并且随着金融化程度的提升，风格效应将加强，国际大宗商品价格关联性也进一步增强。而关于对冲基金和指数基金在关联网络传导结构中扮演的不同角色，则主要与两者交易策略的差异性有关。

本章的结论意味着，随着金融化进程的加速深化，个体商品市场间的相互关联日益密切，单一商品价格因受金融投机影响而产生的剧烈波动可能会传递给多个不同类别的、具有重要经济价值的大宗商品，这将给大宗商品进口国带来严重的通货膨胀压力，同时也不利于大宗商品出口国分散收入风险。为此，在金融化背景下，各国政府除了应对直接贸易的大宗商品及其产业链上的价格进行局部监测，还需要建立国际大宗商品价格的多维监测系统和预警机制：一方面，当贸易篮子中的某一商品价格偏离基本面而异常变动时，应同时关注篮子中所有其他商品的价格变化，及时防范潜在的风险扩散；另一方面，也不应忽视没有被本国进口或出口但是广泛出现于金融投资者资产组合中的其他商品的价格变动，尤其应加强关注被对冲基金和指数基金大规模交易的商品价格的走势情况。

6 国际大宗商品市场金融化对投资组合优化的影响分析

前两章分别在一维和多维框架下考察了国际大宗商品市场金融化与其价格动态演变间的关系，专注于从价格形成机制的角度探讨金融化给国际大宗商品市场本身带来的改变，是对金融化内部特征的探析。除此之外，国际大宗商品市场金融化的影响还会延伸至市场外部，对经济金融的其他相关领域产生外溢效应。由于兼具投资属性和实物属性，国际大宗商品市场金融化的外部影响至少会体现在金融投资和实体经济两个层面上。本章以投资组合优化为落脚点，基于微观投资者视角考察国际大宗商品市场金融化在金融投资领域的外部影响；而下一章则以中国工业产出为落脚点，基于宏观经济视角探讨金融化对实体经济部门的外溢效应。

在金融投资领域，以商品期货为代表的商品类资产是投资者进行投资组合优化、改善资产配置绩效的重要工具。投资组合优化涉及收益和风险的权衡，投资者利用具有良好风险收益特征且相关性较低的资产构建有效组合，以追求最优的收益—风险比。投资组合的绩效改善包括两个方面：在给定风险水平下提升组合收益；在给定收益水平下降低组合风险。随着金融化趋势的发展，国际大宗商品自身的风险收益特征及其与传统资产间的关联机制日益复杂化，越来越多的学者开始对在投资组合中配置商品类资产的合理性和有效性产生怀疑。

从实践角度来看，当前国外众多投资机构的资产组合中均配有不小比例的商品期货。近年来，随着经济全球化和金融自由化的加速发展，中国投资者参与国际化投资的规模和力度不断提升，为增加投资多样性，国内投资机构也逐渐开始涉入国际大宗商品市场。就未来趋势而言，商品类资产有望成为中国机构投资者进行国际资产配置的重要对象。而从国民福利和国家经济安全的角度出发，增加国际大宗商品的战略投资更将成为我国外汇资产配置的必然选择。

当前，我国主权财富基金——中国投资有限责任公司（以下简称"中投公司"）已将商品资产纳入国际投资组合，其在2016年年底的另类投资占比达到37.24%，其中很大比例为大宗商品[①]。在这一背景下，国际大宗商品市场金融化势必会给全球投资者的投资机会和投资绩效带来重要影响。

从现有文献来看，尽管有间接证据显示，金融化可能会削弱商品期货在组合投资中的作用，但这些研究均只涉及商品期货投资属性的某个方面，如风险溢价或资产相关性（Silvennoinen et al., 2013；Hamilton et al., 2014），并未对投资组合中引入商品期货后的绩效变化进行统计检验，有关金融化影响投资组合优化的实证证据较为薄弱，具体的影响效应和作用机制尚不明确。而多数研究在考察商品期货的资产配置价值时，仅在定性层面上将金融化作为研究背景，缺少对金融化影响的定量分析，也并未考虑不同金融化程度的影响差异。那么在金融化深化的过程中，投资者将商品期货纳入资产组合是否为明智的选择？金融化进程是否影响以及怎样影响商品期货在组合投资中的作用？金融化对投资组合优化的影响究竟是体现在风险方面还是收益方面？金融化程度不同是否影响不同？这些问题都还需进一步确认和探讨。

鉴于此，这一部分以国际市场上具有广泛代表性和投资性的商品期货品种为样本，实证考察国际大宗商品市场金融化对投资组合优化的影响。具体而言，本章以由股票和债券构成的传统资产组合作为评价基准，运用詹森指数和张成检验方法，对传统资产集中引入不同金融化程度的商品期货后发生的绩效改变进行统计检验及比较分析，从而为金融化影响投资组合优化提供直接的实证证据。在此基础上，本章又从收益和风险两个方面对作用机制进行细分，并结合相关理论给予机理解释。

6.1 国际大宗商品市场金融化影响投资组合优化的理论机制

6.1.1 金融化与投资收益

在投资收益方面，金融化可通过作用于商品期货的风险溢价而影响其提供超额回报乃至提升组合收益的能力，进而改变投资组合的整体收益水平。金融

[①] 数据来自中投公司《2016年年度报告》。

化对风险溢价主要存在套期保值压力与系统风险两种影响机制。

（1）在套期保值压力机制中，金融化将对商品期货风险溢价产生负向影响。其逻辑在于：金融投资者参与度的提高有助于提升商品期货市场的风险分担效率，降低套期保值压力，从而减少期货价格中的风险补偿并导致风险溢价下降。根据 Keynes（1923）和 Hicks（1939）的现货溢价理论（theory of normal backwardation），商品期货风险溢价由套期保值压力决定，套保者（净空头方）[①]通过期货交易将商品价格风险转移给对手方——投机者（净多头方），而为吸引风险厌恶的投机者购买期货合约，期货价格应低于预期未来现货价格，从而为投机者提供风险补偿。随着金融投资者大量涌入商品期货市场，商业交易者的套保压力得到有效缓解，故补偿给投机者的风险溢价将会减少。Hamilton 和 Wu（2014）实证发现，原油期货风险溢价在 2005 年金融资本大量介入之后显著降低。Brunetti 和 Reiffen（2014）基于 2007—2009 年农产品期货市场数据研究发现，与其他期货合约相比，多头方有较多商品指数交易者的期货合约将具有更低的风险溢价。

（2）在系统风险机制中，金融化将对商品期货风险溢价产生正向影响。根据金融资产定价理论，资产的风险溢价与其系统风险的大小成正比，在金融化进程中，金融市场风险会通过金融资本的跨市流动传递到大宗商品市场中，导致商品期货的系统风险增大，风险溢价随之上升（Rouwenhorst et al., 2012）。Silvennoinen 和 Thorp（2013）指出，随着大宗商品和传统金融市场联系日益紧密，金融市场的系统性冲击对商品收益率的影响将趋于主导地位。Boons 等（2014）以 2004 年作为金融化分界点，发现金融化之前，股票市场风险不能解释商品期货风险溢价的横截面差异，而金融化之后，股票市场风险则成为商品期货显著的定价因子，这表明金融化可能会带来更高的系统风险，从而导致商品期货的风险溢价上升。

6.1.2 金融化与投资风险

在投资风险方面，金融化则可通过改变商品资产与传统金融资产间的相关性，来影响商品期货对投资组合的风险分散能力。由于金融投资者的跨市交易

---

① Hirshleifer（1990）指出，作为套保方，商品供应商倾向于持有空头头寸，消费者倾向于持有多头头寸。商品期货市场存在固定的参与成本，供应商通常仅需要对冲其生产的单种商品的价格风险，交易成本相对较低，而消费者往往面临多种价格风险，交易操作复杂、成本相对较高，导致消费者的套保意愿弱于供应商，因此最终的净套保需求通常集中于净空头方。

是联结商品与股票等传统资产的重要渠道（Tang et al.，2012；Büyükşahi et al.，2014），因此金融化对资产相关性的影响主要取决于这些跨市投资者的交易策略，具体有组合再平衡和风格投资两种作用机制。

（1）在组合再平衡机制中，金融化将对商品期货与其他资产的相关性产生正向影响，即金融投资者的组合再平衡操作将导致组合内不同资产间的相关性上升。具体来讲，当股票价格上涨致使其在资产组合中的占比增加时，为保持组合的分散化程度，投资者将减持价格较高的股票资产并增持价格相对较低的商品期货，从而拉动商品期货价格上涨，导致股票和商品期货的相关性增强。Silvennoinen 和 Thorp（2013）研究发现，商品期货与股票和债券间的动态相关系数自 21 世纪初期开始呈上升趋势，并在全球金融危机期间达到最大值，而 VIX 指数和非商业持仓对相关性具有重要影响。Cheng 和 Xiong（2014）发现，2004—2008 年商品指数与多种金融资产间的相关系数呈上升趋势。Büyüksahin 和 Robe（2014）证实，对冲基金活动对商品期货和股票间的联动性变化具有重要解释力。Girardi（2015）则认为，是金融化和金融危机的共同作用推动了近十多年来农产品与股票市场相关性的上升。

（2）在风格投资机制中，金融化将对商品期货与其他资产的相关性产生负向影响，即当金融投资者进行战略性资产配置时，由于风格竞争的作用，不同资产类别间的相关性将下降甚至呈现负相关现象。根据 Barberis 和 Shleifer（2003）的理论研究，对于个体资产相关性与资产类别相关性，风格投资的影响有所不同：①风格投资将导致同一风格下的个体资产间的相关性增强，本书在第 5 章中以此为理论基础解释了金融化导致国际大宗商品间产生过度溢出效应的内在机理；②风格竞争会使不同风格的资产类别间的相关性降低，而这可能是金融化影响商品与其他金融资产间相关关系的渠道之一。具体而言，在战略性资产配置中，股票和商品被视作两个独立的资产类别，投资者的资金分配取决于两者的相对表现：当股票投资的表现优于商品资产时，投资者选择增加股票配置、减少对商品资产的投资；反之，则减少股票配置、增加对商品资产的投资。Charlot 等（2016）发现，在 2008 年 9 月之前，商品与股票和债券间的相关性始终保持在较低水平，但在全球金融危机期间急剧上升，危机之后则再次恢复到低位水平。Charlot 等（2016）认为，商品和传统金融资产在市场正常时期的低相关性体现了"风格效应"，而危机时期的高相关性则是一种风险传染现象。

6.2 研究方法与数据说明

本章以国际市场上具有广泛代表性和投资性的商品期货品种为样本，采用詹森指数和张成检验方法，定量分析国际大宗商品市场金融化对投资组合优化的影响①。为避免个体异质性对实证结果的干扰，我们首先按金融化程度对商品期货进行分组，构建不同程度的金融化组合。其次，我们以由股票和债券构成的传统资产组合作为评价基准，基于詹森指数测度各金融化组合相对于传统资产组合的投资绩效。最后，我们采用张成检验方法，对传统资产集中引入不同程度的金融化组合后发生的绩效改变进行统计检验及比较分析。

6.2.1 构建金融化组合

我们采用第3章中介绍的Working's T index作为个体商品市场的金融化指标，指标数值越大，代表商品市场中金融投资者的相对贡献度越大，金融化程度越高（Büyükşahin et al., 2014; Bruno et al., 2016）。我们在每一周对所有商品期货按Working's T index数值进行排序，由低到高平均分成三组，分别代表低金融化组合（LF）、中金融化组合（MF）和高金融化组合（HF），组合每周更新一次。此外，我们还以组内各商品期货收益率的等权平均值作为组合收益率。

我们采用等权重配置方式的主要原因有以下两点：①在等权重组合中，个体异质性因素能够得到有效分散，有利于刻画金融化的影响；②采用等权重能够避免权重因素对组合表现的影响。本书构建商品期货组合的目的并不在于寻找最优的商品投资策略，而是从一般意义上探讨金融化如何影响以商品期货为资产配置对象的投资者的投资机会。在其他加权方式下，组合表现在一定程度上会受到权重指标的影响，这可能会掩盖金融化的作用。此外，Bodie和Rosansky（1980）、Gorton和Rouwenhorst（2006）、Adhikari等（2014）在考察商品期货的投资属性时，均采取等权重方式构造商品组合，本书的做法也与这些

---

① 值得说明的是，与多数研究商品期货投资价值的实证文献一样，本章采用的是"事后（expost）"检验方法。更符合实际操作的做法则是在"事前（exante）"预测资产的收益率、标准差和相关系数等指标，并根据预测结果构造最优组合。但事前检验对预测模型的敏感性较高，不同的方法和模型得到预测结果可能存在较大差异，而市场环境的不断变化也进一步增大了预测难度，从而影响实证结果的可靠性。

学者一致。

6.2.2 詹森指数

詹森指数（Jensen's alpha）是应用最广泛的投资绩效评价指标之一，通常以 CAPM 模型为基础。若资产的詹森指数显著为正，则说明其投资绩效优于市场整体水平；指标数值越大，则意味着相对投资绩效越高、超越市场的能力越强。DeRoon 和 Nijman（2001）指出，若将 CAPM 模型中的市场收益率替换为 K 个基准资产（benchmark asset）的收益率，则詹森指数可用于衡量待验资产（test asset）相对于基准资产组合的投资绩效。

令 R_t^b 为 K 个基准资产的收益率向量，R_t^a 为待验资产的收益率，建立如下多因素回归模型：

$$R_t^a - R_{f,t} = \alpha_J + \beta'(R_t^b - R_{f,t}\tau_K) + u_t \quad t = 1, 2, \cdots, T \qquad (6.1)$$

其中，$R_{f,t}$ 为无风险收益率，β' 为 K 维回归系数列向量，τ_K 为各元素全为 1 的 K 维列向量，u_t 为扰动项，截距项 α_J 为待验资产的詹森指数。

本书以股票和债券构成基准资产组合，代表传统金融资产的投资表现，以商品期货的金融化组合作为待验资产，分别度量 LF、MF 和 HF 三个金融化组合的詹森指数，对三者相对于基准资产组合的投资绩效进行比较分析。

6.2.3 张成检验

除詹森指数外，本章还借鉴 Belousova 和 Dorfleitner（2012）以及 Zaremba（2015）等学者的做法，采用张成检验方法（spanning test），对传统资产组合中引入不同金融化程度的商品期货后发生的绩效变化进行直接检验及比较。

张成检验由 Huberman 和 Kandel（1987）提出，旨在从统计意义上判断待验资产是否具有组合优化功能，即检验在含 K 个基准资产的投资机会集中加入 N 个新的风险资产（待验资产），是否会使有效前沿发生显著改变。如前所述，本书的基准资产集 R_t^b 由股票、债券等传统金融资产构成，待验资产 R_t^a 为商品期货的金融化组合。若扩展资产集 (R_t^b, R_t^a) 的有效前沿与基准资产集 R_t^b 的有效前沿完全重合，则称 R_t^b 能够张成（span）(R_t^b, R_t^a)，在这种情况下，引入待验资产无法改善最优组合的风险收益特征；反之，若 (R_t^b, R_t^a) 与 R_t^b

的有效前沿存在显著差异①，即 R_t^b 无法张成（R_t^b，R_t^a），则说明投资者可以在资产集中加入待验资产重新构建最优组合，从而获得效用改善。

（R_t^b，R_t^a）与 R_t^b 的有效前沿完全重合，即前者被后者张成的充要条件为

$$\mu^a - B\mu^b = 0 \text{ 且 } B\tau_K - \tau_N = 0 \tag{6.2}$$

其中，K 维向量 μ^b 为 R_t^b 的期望值，N 维向量 μ^a 为 R_t^a 的期望值；$B = \Sigma_{ab}\Sigma_{bb}^{-1}$，$\Sigma_{ab}$ 为 R_t^a 与 R_t^b 的 $N \times K$ 维协方差矩阵，Σ_{bb} 为 R_t^b 的 $K \times K$ 维协方差矩阵；τ_K、τ_N 分别为各元素全为 1 的 K 维和 N 维列向量。

为检验张成条件（6.2）是否成立，可建立如下线性回归模型：

$$R_t^a = \alpha + \beta R_t^b + \varepsilon_t \quad t = 1, 2, \cdots, T \tag{6.3}$$

其中，α 为 N 维截距向量，β 为 $N \times K$ 系数矩阵，ε_t 为 N 维随机扰动向量，$E(\varepsilon_t) = E(\varepsilon_t R_t^b) = 0$。易证：$\beta = B$，$\alpha = \mu^a - B\mu^b$，$\varepsilon_t = R_t^a - \mu^a - \beta(R_t^b - \mu^b)$，张成检验的原假设可表示为

$$H_0: \alpha = 0, \delta = \tau_N - \beta\tau_K = 0 \tag{6.4}$$

从模型（6.3）可以看出，若原假设（6.4）成立，则由基准资产 R_t^b 可生成一个资产组合，该组合的期望收益率与待验资产的期望收益率相同，但组合的风险（方差）却小于待验资产的风险（方差）。此时，基准资产二阶随机占优于待验资产，投资者的最优选择是不将待验资产纳入投资组合。

Huberman 和 Kandel（1987）构造了检验原假设（6.4）的 F 统计量，即

当 $N \geq 2$ 时，$F = \left(\dfrac{1}{U^{1/2}} - 1\right)\left(\dfrac{T-K-N}{N}\right) \sim F_{2N, 2(T-K-N)}$ （6.5）

当 $N = 1$ 时，$F = \left(\dfrac{1}{U} - 1\right)\left(\dfrac{T-K-1}{2}\right) \sim F_{2, T-K-1}$ （6.6）

其中，$U = |\hat{\Sigma}|/|\tilde{\Sigma}|$，$\hat{\Sigma}$ 和 $\tilde{\Sigma}$ 分别表示无约束模型和受约束模型扰动项协方差矩阵的极大似然估计量。若 F 检验拒绝原假设，则说明在基准资产集中引入待验资产，能够使有效前沿发生显著改变，提升组合的投资绩效；若 F 检验无法拒绝原假设，则张成条件成立。这意味着，无论是否存在无风险资产或是无论无风险收益率水平如何，引入待验资产均无法提升投资绩效。

模型（6.4）是针对 $\alpha = 0$ 和 $\delta = 0$ 的联合检验。在此基础上 Kan 和 Zhou（2012）经推导证明，$\alpha = 0$ 代表两个资产集下的切点组合重合，而 $\delta = 0$ 代表全

---

① 由于基准资产集是扩展资产集的子集，因而后者的有效前沿不会劣于前者。若两者存在显著差异，则一定是扩展资产集的有效前沿位于基准资产集有效前沿的左上方，即有效前沿得到明显改善。

局最小方差组合重合,由此进一步提出能够区分待验资产组合优化能力来源的序贯检验。序贯检验分两步进行,其首先对 $\alpha=0$ 进行检验,其次在 $\alpha=0$ 的约束条件下对 $\delta=0$ 进行检验。若第一步检验拒绝了 $\alpha=0$ 的原假设,则说明引入待验资产后切点组合发生显著改变,即待验资产的引入能够提升组合收益;若第二步检验拒绝了 $\delta=0$ 的原假设(以 $\alpha=0$ 为约束条件),则说明引入待验资产后全局最小方差组合发生显著变动,即待验资产的引入能够降低组合风险。

记针对 $\alpha=0$ 的统计量为 F_1,针对 $\delta=0$ 的统计量为 F_2,则有

$$F_1 = \left(\frac{T-K-N}{N}\right)\left(\frac{|\overline{\Sigma}|}{|\hat{\Sigma}|} - 1\right) \sim F_{N,\,T-K-N} \tag{6.7}$$

$$F_2 = \left(\frac{T-K-N+1}{N}\right)\left(\frac{|\widehat{\widetilde{\Sigma}}|}{|\overline{\Sigma}|} - 1\right) \sim F_{N,\,T-K-N+1} \tag{6.8}$$

其中 $\overline{\Sigma}$ 为仅在 $\alpha=0$ 约束下扰动项协方差矩阵的极大似然估计量。

本书分别以 LF、MF 和 HF 三个金融化组合为待验资产,即 $N=1$。

6.2.4 样本选取及数据说明

本章的样本区间为 2004 年 1 月 16 日至 2016 年 12 月 30 日,数据频率为周。本章之所以选择以 2004 年为样本起始点,一是由于 2004 年之前部分商品的持仓量数据缺失值较多,无法计算连续的金融化指标;二是考虑到 2004 年左右国际大宗商品市场的总体金融化趋势开始明朗化,这也与前两章的分析相一致。按待验资产和基准资产,样本数据分为国际商品期货和传统金融资产两大类,均来自 Bloomberg 数据库。

6.2.4.1 国际商品期货数据

本章选取纽约商业交易所(NYMEX)、纽约商品交易所(COMEX)、芝加哥商业交易所(CME)、芝加哥期货交易所(CBOT)和洲际交易所(ICE)等主要交易所的 24 个期货品种,包括原油、取暖油、天然气、堪萨斯小麦、芝加哥小麦、玉米、大豆、豆油、豆粕、稻谷、燕麦、冷冻橙汁、白糖、棉花、可可、咖啡、瘦猪肉、活牛、育牛、黄金、白银、铂、铜、木材。样本选择主要基于以下考虑:第一,数据可得性。各期货品种应具有 COT 持仓数据,由此可以构造金融化指标。第二,广泛代表性。样本要尽可能多地涵盖能源、农产品、金属等不同类别的代表性品种。第三,投资性。所选取的商品同时也是路透商品研究局指数(CRB)、标普高盛商品指数(S&P GSCI)、道琼斯瑞银商品指数(DJ-UBS)和罗杰斯商品指数(RICI)等国际主流商品指数的组成

成分，受到金融资本的关注度较高，能够代表投资者在国际大宗商品市场的潜在投资机会。

商品期货投资收益率的计算参照 Gorton 和 Rouwenhorst（2006）、Daskalaki 和 Skiadopoulos（2011）、钟腾和汤珂（2016）的做法：选用距离交割月份最近但不在当月到期的期货合约（近月合约）的收盘价作为期货价格，当该合约进入交割月后，则滚动至下个最近的期货合约；同时，考虑到期货投资的杠杆性，为符合实际操作，对所投资的每一期货合约均以美国国债进行无风险全额抵押，故商品期货的投资收益率为近月合约收盘价的变化率与无风险收益率之和[①]。其中，无风险收益率用三个月期美国国债收益率代表，采用复利折算为周度无风险收益率。

6.2.4.2 传统金融资产数据

本书以股票和债券代表传统金融资产，分别构建两组传统资产集：

一是包含美国股票和美国债券的美国资产组合。我们以标普500指数（S&P 500）衡量美国股票投资表现[②]，以巴克莱美国综合债券指数（US Bond）衡量美国债券投资表现。美国金融市场是世界上规模最大、流动性最强、成熟度最高的金融市场，监管体系最为健全，是多数投资者从事国际投资的首选市场。以中投公司为例，截至2016年年底，其国际投资组合中的股票资产有51.37%为美国股票，而持有的债券类产品也是以美国国债为主。

二是包含全球股票和全球债券的全球资产组合。我们以摩根士丹利资本国际公司（MSCI）编制的股票指数衡量全球股票市场投资表现，用巴克莱全球综合债券指数（Global Bond）衡量全球债券投资表现。MSCI指数系列是目前全球投资机构应用最广泛的基准股票指数之一，涵盖多个国家和地区的股票市场，入选每个指数类别的股票流通市值占该类别整体市值的85%以上。其中，MSCI北美指数（MSCI NA）由美国和加拿大股票市场组成，MSCI欧澳远东指数（MSCI EAFE）由欧洲、澳大利亚和远东地区21个发达国家的股票市场组成，MSCI新兴市场指数（MSCI EM）由24个新兴国家的股票市场构成。本书选择这三个指数全面反映欧美地区和亚太地区各主要发达市场和新兴市场的股

---

① Gorton 和 Rouwenhorst（2006）、Daskalaki 和 Skiadopoulos（2011）、Hong 和 Yogo（2012）等学者指出，期货合约是零成本投资工具，其价格变化率可看作相对于无风险利率的超额收益率。因此，为保证与股票和债券收益率的可比性，我们需以期货价格变化率与无风险利率之和代表期货投资收益率。

② 无论是S&P 500指数还是之后的MSCI指数，本书均选用考虑现金分红再投资的全收益指数。相比于价格指数，全收益指数能够更加真实地反映股票的投资表现。

票投资表现。这一设定对于考虑全球分散化投资的国际投资者更具指导意义。

各资产的周度价格序列由周五收盘价构成，缺失值用存在交易的前一日收盘价替代。Belousova 和 Dorfleitner（2012）指出，对数收益率在时间序列建模上具有优势，而算术收益率则更适用于衡量资产组合的投资表现。因此，本章以算术收益率 $R_t = 100 \times (P_t/P_{t-1} - 1)$ 为分析对象，其中 R_t 为第 t 周的投资收益率，P_t 和 P_{t-1} 为第 t 周和第 $t-1$ 周收盘价。最终，我们得到的收益率序列共计 677 周。

6.3 实证检验

6.3.1 基于金融化程度的商品期货分组结果

我们按金融化程度将商品期货分为低（LF）、中（MF）、高（HF）三个组合。表 6.1 展示了金融化组合周收益率的风险收益特征。

表 6.1　金融化组合周收益率的风险收益特征

组合	均值/%	风险溢价	标准差/%	夏普比率	信息含量 R^2
LF	0.113	0.090	2.625	0.034	0.237
MF	0.265	0.242**	2.454	0.099	0.215
HF	0.143	0.120	1.852	0.065	0.197

注：** 分别表示在 5% 的水平下显著。

表 6.1 结果显示：①均值方面，中金融化组合的收益率均值最高（0.265%），高金融化组合的收益率均值（0.143%）略高于低金融化组合（0.113%）。②风险溢价方面，参照 Gorton 和 Rouwenhorst（2006）、钟腾和汤珂（2016）等学者的方法，以商品期货价格变化率的平均值作为其风险溢价的估计值[①]，结果表明，2004—2016 年，中金融化组合的风险溢价显著为正，达到 0.242%（年化后为 12.1%），明显高于另外两个金融化组合；高金融化组合的风险溢价（0.120%，年化后为 6%）略高于低金融化组合的风险溢价（0.090%，年化后为 4.5%），但均不显著。③标准差方面，低、中、高三个金

---

① 由于商品期货的投资收益率为期货价格变化率与无风险收益率之和，因此商品期货投资的超额收益率即期货价格变化率。相应地，商品期货的风险溢价可由期货价格变化率的平均值估计。

融化组合的标准差依次降低，说明金融化程度越高，商品期货投资收益的波动性越低。这与 Sanders 和 Irwin（2011）及 Brunetti 等（2016）的发现相一致，其原因可能在于金融投资者参与度增加有助于提升市场流动性，从而降低期货价格的波动性。④夏普比率方面，中金融化组合的夏普比率最高（0.099），远高于低金融化组合（0.034）和高金融化组合（0.065）。⑤信息含量方面，我们以金融化组合收益率为因变量①，对上一章中采用全球宏观经济数据提取的 7 个基本面因子进行回归，度量经济基本面因素对各金融化组合收益率的解释力度，即回归的可决系数 R^2。可以看出，低、中、高金融化组合的信息含量呈递减趋势。

表 6.2 中的 Panel A 给出了各金融化组合与传统金融资产间的相对夏普比，可以看出，低金融化组合与各股票和债券指数间的相对夏普比均小于 1；中金融化组合与多数资产间的相对夏普比超过 1.5；高金融化组合与多数资产间的相对夏普比略高于 1。因此，从单独投资的角度来看，中金融化程度的商品期货的投资绩效显著优于传统金融资产，而低金融化和高金融化程度的商品期货与传统金融资产相比则并不具备明显的风险收益优势。

表 6.2 金融化组合与传统资产间的相对夏普比及相关系数

| \multicolumn{7}{c|}{Panel A：与传统资产间的相对夏普比} |
组合	S&P 500	MSCI NA	MSCI EAFE	MSCI EM	US Bond	Global Bond
LF	0.551	0.556	0.841	0.639	0.296	0.658
MF	1.582	1.594	2.411	1.832	0.848	1.889
HF	1.040	1.048	1.585	1.205	0.557	1.242

| \multicolumn{7}{c|}{Panel B：与传统资产间的相关系数} |
组合	S&P 500	MSCI NA	MSCI EAFE	MSCI EM	US Bond	Global Bond
LF	0.306***	0.339***	0.440***	0.459***	-0.049	0.206***
MF	0.350***	0.388***	0.476***	0.473***	-0.082**	0.223***
HF	0.307***	0.331***	0.392**	0.412***	-0.016	0.203***

注：MSCI NA、MSCI EAFE、MSCI EM 分别表示 MSCI 北美指数、欧澳远东指数和新兴市场指数。US Bond 和 Global Bond 分别表示巴克莱美国债券指数和全球债券指数。**、*** 分别表示在 5%、1%的水平下显著。

---

① 由于基本面因子为月度数据，为一统一数据频率，我们以金融化组合周收益率的月度平均值作为因变量。

表 6.2 中的 Panel B 报告了各金融化组合与传统金融资产间的相关系数。根据 Markowitz（1959）的现代资产组合理论，只要资产收益率间不存在完全正相关，构造分散化投资组合就能够达到降低投资风险的目的。某一资产与组合内其他资产间的相关程度越低，其分散风险的能力就越强。股票指数方面，三个金融化组合与各股票指数间均呈正相关关系，相关系数都低于 0.5。其中，中金融化组合与股票指数的相关性略高于低金融化组合和高金融化组合。债券指数方面，低金融化和高金融化组合与美国债券间的相关系数为负但不显著，中金融化组合与美国债券间具有显著的负相关关系；三个金融化组合与全球债券间的相关系数为正，均在 0.2 左右，相关性较弱。总体而言，在不同金融化程度下，商品期货与传统资产间的相关性差异不大。

6.3.2 金融化组合相对于传统资产的投资绩效：詹森指数估计结果

接下来，我们以股票和债券构成的传统资产组合为评价基准，度量各金融化组合的詹森指数。值得注意的是，在样本区间内（2004 年 1 月至 2016 年 12 月），全球金融市场经历了极端动荡的危机时期。图 6.1 描绘了各股票指数的历史走势情况。可以看出，在 2007—2009 年的全球金融危机期间，全球股市均遭重创，出现大幅下跌。考虑到在金融市场风险加剧的情况下，商品期货的风险收益特征以及与各类资产间的相关结构可能发生改变（Silvennoinen et al., 2013；Öztek et al., 2017），除基础回归模型（6.1）之外，我们还构建了扩展回归模型，即在模型（6.1）中引入代表全球金融危机的虚拟变量 DUM 以及 DUM 与各资产超额收益率的交叉项，以控制金融危机的异常影响。DUM 的定义与上一章相同，即在 2007 年 7 月至 2009 年 12 月取值为 1，其余时期取值为 0。

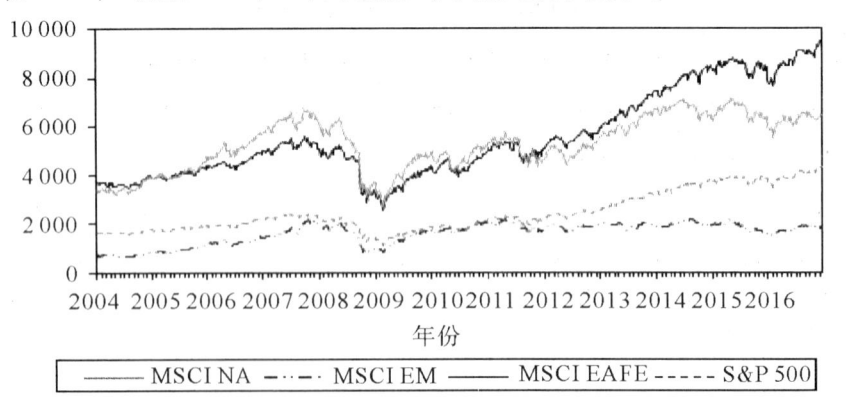

图 6.1 各股票指数的历史走势情况

表 6.3 报告了以美国股票和美国债券为基准资产的詹森指数估计结果。其中，Model 1 和 Model 2 分别为基础回归结果和考虑全球金融危机影响的扩展回归结果。Model 1 中，α_J 为詹森指数，$\beta_{S\&P500}$、β_{US_Bond} 分别为股票和债券超额收益率的回归系数。Model 2 中，α_J 为市场平稳期的詹森指数，$\alpha DUM\ J$ 为危机期与平稳期的詹森指数差额，$\beta DUM\ S\&P500$、$\beta DUM\ US\_Bond$ 分别为 DUM 与股票以及 DUM 与债券超额收益率交叉项的回归系数。

表 6.3 以美国资产为基准的詹森指数估计结果

相关系数	LF Model 1	LF Model 2	MF Model 1	MF Model 2	HF Model 1	HF Model 2
α_J	0.038 (0.104)	−0.028 (0.096)	0.194** (0.091)	0.157* (0.083)	0.075 (0.073)	0.055 (0.072)
$\alpha DUM\ J$	—	0.301 (0.346)	—	0.224 (0.317)	—	0.108 (0.225)
$\beta_S\&P500$	0.341*** (0.067)	0.377*** (0.063)	0.360*** (0.055)	0.337*** (0.053)	0.247*** (0.040)	0.243*** (0.041)
$\beta DUM\ S\&P500$	—	−0.066 (0.134)	—	0.049 (0.105)	—	0.005 (0.074)
βUS_Bond	0.041 (0.214)	−0.079 (0.258)	−0.088 (0.170)	0.077 (0.187)	0.159 (0.156)	−0.031 (0.173)
$\beta DUM\ US\_Bond$	—	0.371 (0.471)	—	−0.539 (0.386)	—	0.534 (0.325)
Adj. R^2	0.091	0.091	0.120	0.120	0.093	0.095

注：括号内为 Newey-West 标准差。*、**、*** 分别表示在 10%、5%、1% 的水平下显著。

由表 6.3 可知，当以美国资产为评价基准时，在基础模型（Model 1）中，三个金融化组合的詹森指数均为正，但仅有中金融化组合的詹森指数显著，并且其数值远高于低金融化组合和高金融化组合。在扩展模型（Model 2）中，无论是市场平稳期还是危机期间，低金融化组合和高金融化组合的詹森指数均不显著；中金融化组合在市场平稳期的詹森指数显著为正，在危机期间，詹森指数进一步提升，不过增加并不显著（$\alpha DUM\ J$ 为正但不显著）。所有回归中，股票指数系数均显著为正，说明三个金融化组合对股票市场变动较为敏感，但危机期与平稳期的差异并不显著；而债券指数的系数均不显著。从詹森指数估计结果来看，中金融化组合的绩效表现显著超越美国股票和债券组合，而低金融化组合和高金融化组合相对于美国资产组合的绩效优势则并不突出。

表 6.4 报告了以全球股票和全球债券为基准资产的詹森指数估计结果。

表 6.4 以全球资产为基准的詹森指数估计结果

相关系数	LF Model 1	LF Model 2	MF Model 1	MF Model 2	HF Model 1	HF Model 2
α_J	0.023 (0.094)	−0.038 (0.090)	0.170** (0.083)	0.156** (0.078)	0.067 (0.069)	0.048 (0.071)
αDUM J	—	0.270 (0.329)	—	0.109 (0.302)	—	0.065 (0.215)
βMSCI_NA	−0.084 (0.105)	0.103 (0.099)	0.019 (0.104)	0.038 (0.085)	0.056 (0.071)	0.078 (0.073)
βDUM MSCI_NA	—	−0.416** (0.211)	—	−0.070 (0.246)	—	−0.026 (0.155)
βMSCI_EAFE	0.191 (0.117)	0.052 (0.111)	0.191 (0.135)	0.167* (0.102)	0.029 (0.076)	0.017 (0.080)
βDUM MSCI_EAFE	—	0.334 (0.256)	—	0.082 (0.358)	—	0.006 (0.179)
βMSCI_EM	0.274*** (0.056)	0.263*** (0.067)	0.198*** (0.067)	0.170** (0.076)	0.171*** (0.041)	0.172*** (0.047)
βDUM MSCI_EM	—	0.022 (0.125)	—	0.055 (0.164)	—	0.001 (0.095)
βGlobal_Bond	0.288* (0.161)	0.315** (0.152)	0.356** (0.161)	0.395*** (0.115)	0.307*** (0.102)	0.248** (0.109)
βDUM Global_Bond	—	−0.083 (0.493)	—	−0.149 (0.563)	—	0.230 (0.273)
Adj. R^2	0.225	0.230	0.248	0.245	0.183	0.179

注：括号内为对应系数的 Newey-West 标准差。*、**、*** 分别表示在 10%、5%、1% 的水平下显著。

由表 6.4 可知，当以全球资产为评价基准时，在基础模型（Model 1）中，中金融化组合的詹森指数显著为正，低金融化组合和高金融化组合的詹森指数均不显著。在扩展模型（Model 2）中，中金融化组合在市场平稳期的詹森指数显著为正，危机期的詹森指数高于平稳期，但差异并不显著；无论是危机期还是平稳期，低金融化组合和高金融化组合的詹森指数均不显著。从基准资产的回归系数来看，三个金融化组合对 MSCI EM 指数以及债券指数的变化较为敏感，但危机期与平稳期的差异并不显著。总体来看，中金融化组合的绩效表现显著优于全球资产组合，而低金融化组合和高金融化组合相对于全球资产组合的绩效优势则并不明显。

综合表 6.3 和表 6.4 的结果可以发现，在中金融化程度下，商品期货超越传统金融资产的能力最强；而在过高或过低的金融化程度下，商品期货相对于传统资产的绩效优势则不太明显。因此，詹森指数估计结果表明，无论是对以美国市场为核心的投资者而言，还是对从事全球多元化资产配置的投资者而言，中金融化程度的商品期货都具有最佳的潜在投资价值。下面，我们采用张成检验方法，对传统资产集中引入不同金融化程度的商品期货后发生的绩效变化进行直接检验及比较。

6.3.3 传统资产集引入金融化组合后的绩效改善情况：张成检验结果

为从直观上理解张成检验的经济含义，我们分别绘制了仅含基准资产的有效前沿以及引入金融化组合后的有效前沿。图6.2为以美国股票和债券为基准资产的有效前沿变化情况，图6.3为以全球股票和债券为基准资产的有效前沿变化情况。

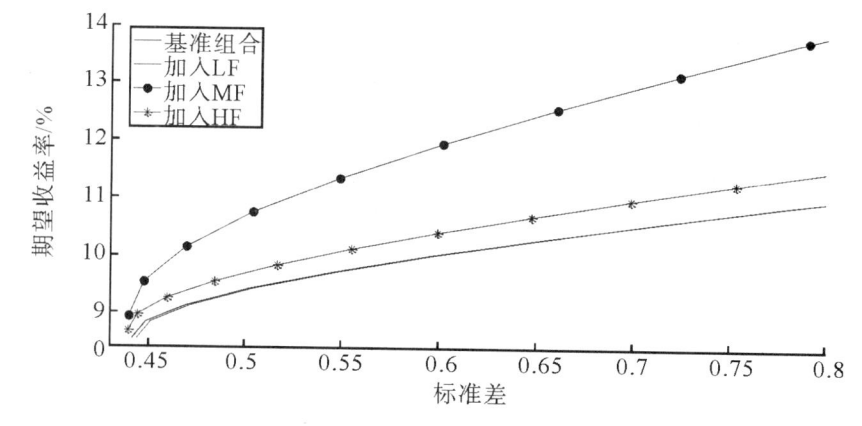

图6.2 以美国资产为基准的有效前沿变化情况

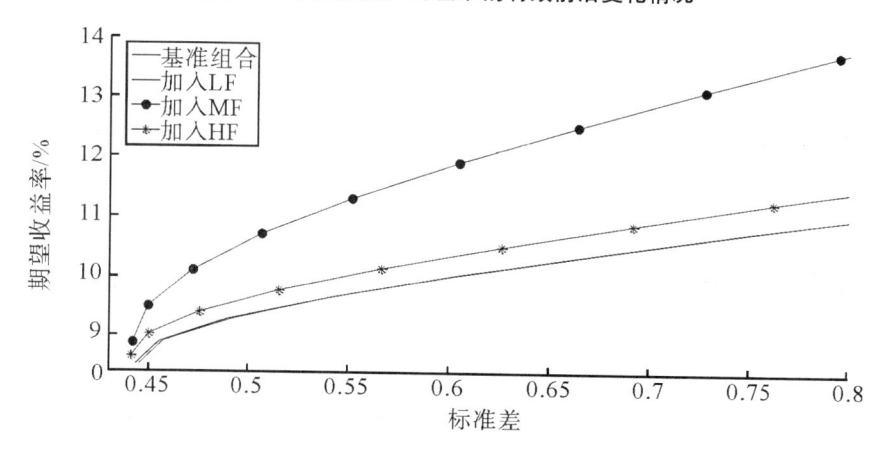

图6.3 以全球资产为基准的有效前沿变化情况

图 6.2 和图 6.3 的结果十分相似，无论是对美国股票债券组合还是对全球股票债券组合，引入中金融化组合后，有效前沿均大幅度地向左上方移动；引入高金融化组合后，有效前沿也发生了一定程度的上移，但变动幅度小于前者；而引入低金融化组合后，有效前沿的变动则不太明显，最突出的变化仅发生在全局最小方差组合附近（前沿曲线左顶点附近）。这初步说明，中金融化程度的商品期货可能最有利于投资组合优化，这与詹森指数结果相一致。但仅依靠图形观察有效前沿的相对位置变化还缺乏统计可靠性，张成检验则提供了更加严谨的判断依据（Daskalaki et al.，2011；Belousova et al.，2012）。

表 6.5 报告了以美国资产为基准的张成检验结果。其中，F 为考察有效前沿是否发生显著改变的联合检验统计量；F_1 和 F_2 为序贯检验统计量，能够进一步区分有效前沿变动的原因。前者针对切点组合变动，旨在检验待验资产提升组合收益的能力；后者针对全局最小方差组合变动，旨在检验待验资产降低组合风险的能力。考虑到各资产组合在市场极端情况下的表现可能存在异常，此处将样本划分为三组①：①全样本期，2004 年 1 月至 2016 年 12 月（677 个观测值）；②剔除全球金融危机的市场平稳期（547 个观测值）；③全球金融危机期间，2007 年 7 月至 2009 年 12 月（130 个观测值）。

表 6.5 以美国资产为基准的张成检验结果

\multicolumn{4}{c}{Panel A：全样本期 2004 年 1 月 16 日至 2016 年 12 月 30 日，$T=677$}
组合	F	F_1	F_2
LF	3.694 2 (0.025 0)	0.254 7 (0.614 0)	7.141 6 (0.008 0)
MF	7.644 2 (0.001 0)	5.350 9 (0.021 0)	9.873 8 (0.002 0)
HF	7.187 6 (0.001 0)	1.573 5 (0.210 0)	12.790 8 (0.000 0)

---

① 本书在这里并未按连续时间段划分子样本期，这与 Aloui 等（2012）以及 Belousova 和 Dorfleitner（2012）的做法一致，目的在于探究不同市场状态下的一般性规律，而非考察特定历史时期或事件的影响。Aloui 等（2012）在研究原油价格与股票市场的关系时剔除了 2008—2010 年的观测值，以避免全球金融危机的异常影响。Belousova 和 Dorfleitner（2012）在使用张成检验考察商品期货的组合优化功能时，按金融市场牛熊市划分了两个非连续的子样本区间。其中，本书所考察的平稳期基本上处于 Belousova 和 Dorfleitner（2012）划分的牛市样本中，而全球金融危机则处于熊市样本中。

表6.5(续)

Panel B:剔除全球金融危机的市场平稳期,$T=547$			
组合	F	F_1	F_2
LF	4.068 5 (0.018 0)	0.023 0 (0.880 0)	8.128 5 (0.005 0)
MF	4.371 9 (0.013 0)	3.829 7 (0.051 0)	4.888 6 (0.027 0)
HF	8.697 2 (0.000 0)	0.945 1 (0.331 0)	16.450 9 (0.000 0)
Panel C:全球金融危机期间 2007年7月6日至2009年12月25日,$T=130$			
组合	F	F_1	F_2
LF	0.560 1 (0.573 0)	0.788 0 (0.376 0)	0.332 8 (0.565 0)
MF	2.745 1 (0.068 0)	1.763 0 (0.187 0)	3.705 1 (0.057 0)
HF	0.541 7 (0.583 0)	0.703 8 (0.403 0)	0.380 5 (0.538 0)

注:括号内为对应统计量的 p 值。

表6.5显示,对于全样本期(Panel A),三个金融化组合的 F 统计量均在10%的显著性水平下拒绝了张成原假设,表明在美国股票债券组合中引入高、中、低不同金融化程度的商品期货,均能显著改善组合的整体投资绩效。序贯检验结果显示,在10%的显著性水平下,仅有中金融化组合的 F_1 统计量拒绝了切点组合完全重合的原假设,表明引入中金融化程度的商品期货能够显著提升组合的投资收益。三个金融化组合的 F_2 统计量均在10%的水平下显著,即拒绝了全局最小方差组合完全重合的原假设,表明引入不同金融化程度的商品期货均可有效降低组合风险。综合来看,中金融化程度下商品期货的组合优化功能最强,其优势主要体现在提升组合收益的能力上。

市场平稳期(Panel B)的检验结果与全样本期一致,三个金融化组合的 F 统计量也都在10%的水平下显著,说明在资产组合中包含不同金融化程度的商品期货均可使投资绩效得到有效改善。但 F_1 检验显示,仅有中金融化程度的商品期货能够显著提升组合的投资收益,而 F_2 检验表明,引入不同金融化程度的商品期货均有助于降低组合风险。在危机期间(Panel C),仅有中金融化组合的 F 统计量显著。序贯检验表明,中金融化程度的商品期货对传统资产组合投资绩效的改进源于其降低了组合风险(F_2 显著)。

表 6.6 报告了以全球资产为基准的张成检验结果。

表 6.6　以全球资产为基准的张成检验结果

Panel A：全样本期 2004 年 1 月 16 日至 2016 年 12 月 30 日，$T=677$			
组合	F	F_1	F_2
LF	10.163 4 (0.000 0)	0.715 0 (0.398 0)	19.620 2 (0.000 0)
MF	15.428 2 (0.000 0)	7.829 3 (0.005 0)	22.795 8 (0.000 0)
HF	12.875 0 (0.000 0)	2.265 7 (0.133 0)	23.441 9 (0.000 0)
Panel B：剔除全球金融危机的市场平稳期，$T=547$			
组合	F	F_1	F_2
LF	7.195 5 (0.001 0)	0.004 7 (0.945 0)	14.412 7 (0.000 0)
MF	7.660 1 (0.001 0)	5.446 5 (0.020 0)	9.793 4 (0.002 0)
HF	12.710 3 (0.000 0)	1.464 3 (0.227 0)	23.935 9 (0.000 0)
Panel C：全球金融危机期间 2007 年 7 月 6 日至 2009 年 12 月 25 日，$T=130$			
组合	F	F_1	F_2
LF	2.885 1 (0.060 0)	1.509 7 (0.222 0)	4.243 3 (0.042 0)
MF	6.595 8 (0.002 0)	2.802 1 (0.097 0)	10.243 0 (0.002 0)
HF	1.351 6 (0.263 0)	0.789 1 (0.376 0)	1.917 3 (0.169 0)

注：括号内为对应统计量的 p 值。

从表 6.6 可以看出，无论是在全样本期还是在市场平稳期，将中金融化程度的商品期货引入全球资产组合，能够同时达到提升投资收益和降低投资风险的效果（F_1 和 F_2 均显著），而引入低金融化程度和高金融化程度的商品期货仅有助于降低组合风险（F_2 显著、F_1 不显著）。在危机期间，中金融化程度的商品期货仍具有提升组合收益和降低组合风险的能力（F_1 和 F_2 均显著），低金融化程度的商品期货也具有一定的风险分散作用（F_2 显著、F_1 不显著），而高金融化程度的商品期货则不具有显著的组合优化作用（F_1和F_2均不显著）。

6.3.4 稳健性检验

前面我们采用三等分形式划分商品期货的金融化组合，考虑到组合的差异性表现可能与分组方式有关，现采用不同的分组方法以验证实证结果的稳健性。首先，我们根据金融化指标的30%分位数和70%分位数对商品期货进行分组，即前30%为低金融化组（LF），中间40%为中金融化组（MF），后30%为高金融化组（HF）。其次，我们基于金融化指标的25%、50%和75%分位数，将商品期货分为四组，即前25%为低金融化组（LF），后25%为高金融化组（HF），中间依次为中金融化组1（MF1）和中金融化组2（MF2）。表6.7报告了不同分组方式下金融化组合的统计特征及其与传统资产间的相关系数，表6.8为不同分组方式下的张成检验结果（2004年1月16日至2016年12月30日）。可以看出，检验结果与前文基本保持一致。

表6.7 不同分组方式下金融化组合的统计特征及其与传统资产间的相关系数

相关系数	按30%、70%分位数分组			按25%、50%、75%分位数分组			
	LF	MF	HF	LF	MF1	MF2	HF
Panel A：风险收益特征								
风险溢价	0.106	0.191	0.138	0.134	0.141	0.189	0.138
标准差/%	2.682	2.371	1.868	2.748	2.718	2.370	2.038
夏普比率	0.039	0.081	0.074	0.049	0.052	0.080	0.068
信息含量 R^2	0.232	0.224	0.184	0.223	0.210	0.177	0.158
Panel B：与传统资产间的相关系数								
S&P 500	0.292	0.355	0.302	0.287	0.310	0.332	0.273
NA	0.324	0.394	0.323	0.318	0.346	0.363	0.293
MSCI EAFE	0.419	0.493	0.369	0.409	0.454	0.427	0.341
MSCI EM	0.445	0.494	0.380	0.440	0.452	0.438	0.343
US Bond	−0.048	−0.078	−0.010	−0.043	−0.056	−0.071	−0.019
Global Bond	0.186	0.240	0.193	0.182	0.231	0.198	0.173

表 6.8　不同分组方式下的张成检验结果（2004 年 1 月 16 日至 2016 年 12 月 30 日）

组合	Panel A：以美国资产为基准						
	按 30%、70% 分位数分组			按 25%、50%、75% 分位数分组			
	LF	MF	HF	LF	MF1	MF2	HF
F	3.726 (0.025)	6.966 (0.001)	6.718 (0.001)	3.332 (0.036)	3.820 (0.022)	7.092 (0.001)	6.535 (0.002)
F_1	0.446 (0.504)	3.246 (0.072)	2.177 (0.141)	0.822 (0.365)	0.979 (0.323)	3.244 (0.072)	1.962 (0.162)
F_2	7.012 (0.008)	10.650 (0.001)	11.240 (0.001)	5.844 (0.016)	6.662 (0.010)	10.904 (0.001)	11.093 (0.000)
组合	Panel B：以全球资产为基准						
	按 30%、70% 分位数分组			按 25%、50%、75% 分位数分组			
	LF	MF	HF	LF	MF1	MF2	HF
F	9.774 (0.000)	15.880 (0.000)	10.951 (0.000)	8.850 (0.000)	10.287 (0.000)	13.077 (0.000)	10.363 (0.000)
F_1	0.973 (0.324)	5.326 (0.021)	2.837 (0.093)	1.493 (0.222)	1.997 (0.158)	4.495 (0.034)	2.588 (0.108)
F_2	18.576 (0.000)	26.266 (0.000)	19.014 (0.000)	16.195 (0.000)	18.549 (0.000)	21.547 (0.000)	18.095 (0.000)

注：括号内为对应统计量的 p 值。

6.4　实证结果总结及进一步分析

现对上述实证结果进行总结，并结合前文的理论分析做进一步解释。

（1）张成检验结果表明，在传统资产组合中加入不同金融化程度的商品期货，均有助于降低组合风险。因此，在当前的金融化进程中，商品期货仍具有良好的风险分散功能。而这一结果可由资产相关性的表现来解释。

首先，2004—2016 年，商品期货与国际股指间的相关系数处于 0.3~0.5（见表 6.2 中的 Panel B），与钟腾和汤珂（2016）基于 2003—2014 年数据的估计结果相近（0.44），高于 Gorton 和 Rouwenhorst（2006）针对 1959—2004 年样本区间的估计结果（0.05）。可见，近十多年来，国际大宗商品市场与股票市场间的整体相关程度明显上升。与此同时，经济全球化的迅速发展使得国际上各主要证券市场间的联动性不断增强,其一体化程度远高于商品与金融市场间的相关程度①。因此,尽管近年来商品期货的风险分散功能与金融化之前相比有所下降,但从国际资产配置的角度来看,商品期货仍是有效的风险分散工具,这与Büyüksahin等(2010)以及Öztek和Öcal(2017)的结论一致。

其次,虽然不少文献将近年来商品市场与金融市场相关性的上升归因于金融化的作用(Silvennoinen et al.,2013;Girardi,2015),但也有学者认为,金融化并未导致商品市场与股票市场发生系统性的融合,两者联动性的变化实际上是由经济基本面所主导的。如Bruno等(2016)实证发现,经济基本面冲击对商品与股票间动态相关系数的影响远强于金融化力量的影响;钟腾和汤珂(2016)也指出,商品期货和传统资产间相关关系的变化主要受通货膨胀和经济周期的驱动。本书基于横截面维度的对比分析发现,不同金融化程度下的商品期货与传统资产间的相关性并没有表现出较大差异,这在一定程度上支持了上述学者的观点。

由前文分析可知,从理论上讲,金融化对商品期货与传统金融资产间的相关性存在两种作用机制:一是通过组合再平衡机制产生正向影响,二是通过风格投资机制产生负向影响,最终的影响效应取决于两者的相对地位。Tang和Xiong(2012)、Charlot等(2016)指出,金融投资者的跨市交易是联结商品与股票等传统资产的重要渠道,但其对资产相关性的影响方向则不确定,而是与具体的交易策略有关。实践中,不同投资者采用的投资策略不尽相同,同一投资者的交易操作也会随时间、环境或自身风险态度的变化而发生改变。从长期和市场整体角度来看,金融交易力量的组合再平衡效应与风格效应同时存在,两者并没有明显的主次地位之分,对商品期货与传统资产相关性的正向作用和负向作用相互抵消,因而金融化进程并未对商品期货的风险分散能力造成显著影响。

(2)无论是对美国股票债券组合还是对全球股票债券组合引入过高或过低金融化程度的商品期货,仅有助于降低风险,但无法提升收益;而引入中金融化程度的商品期货,能够同时达到提升收益和降低风险的效果。由此可知,金融化对投资组合优化的影响主要体现在收益上而非风险上,商品期货提升组合收益的能力与其金融化程度间存在倒"U"形的非线性关系。具体表现为:当金融化程度较低时,商品期货对资产组合的收益提升能力随金融投资者参与

---

① 例如,喻海燕和田英(2012)研究发现,1996年1月至2012年1月,上证A股指数与德国、韩国、澳大利亚、新加坡等国家股票市场指数间的相关性均超过0.7。

度的上升而增强；而当金融化程度达到一定水平之后，其收益提升能力又会随金融投资者参与度的进一步提升而减弱。

根据金融化组合的风险收益特征（见表6.1）可进一步推测，商品期货对资产组合的收益提升能力与其金融化程度间的非线性关系主要源于金融化对商品期货风险溢价的影响。

如前所述，从理论上讲，金融化可通过套期保值压力与系统风险两种渠道影响商品期货的风险溢价，具体的影响效应取决于哪种渠道占主导地位：若套保压力渠道为主，则金融化程度增加将导致风险溢价下降；若系统风险渠道为主，则金融化程度增加将导致风险溢价上升。在金融化发展初期或金融化程度较低的商品市场上，参与者结构单一，期货交易不够活跃，商品市场较易受到外部因素的影响，尤其是对来自资本市场的冲击以及金融因素的敏感度较高，此时，金融投资者的进场及跨市交易行为将导致商品期货的系统风险增大，提高风险溢价水平。也就是说，当金融化程度较低时，系统风险渠道发挥主导作用；而当金融化发展相对成熟时，参与者结构得到改善，交易活跃度增强，此时，外部金融冲击影响商品市场的难度增加，金融化将主要通过套保压力渠道影响商品期货定价，即金融投资者参与度的进一步增加将提升期货市场的风险分担效率，从而导致套保压力及风险溢价显著下降。

（3）上述结论均是针对正常条件或市场平稳期，而在市场极端条件下或危机时期，投资组合的风险控制尤为重要，本书的张成检验结果显示，在危机时期，中金融化程度的商品期货仍是有效的风险控制工具，有助于降低组合波动性，而过低或过高金融化程度下，商品期货的风险分散能力大大下降。因此，综合来看，过低或过高的金融化程度均不是商品期货发挥组合优化功能的理想状态，只有在适中的金融化程度下，投资者在资产组合中配置商品期货才可获得最大的潜在利益。

6.5 本章小结

本章以投资组合优化为落脚点，实证考察国际大宗商品市场金融化在金融投资领域的外部影响。商品期货是投资者参与国际大宗商品投资的主要渠道。鉴于此，本章以2004—2016年的24种国际商品期货数据为样本，按金融化程度对商品期货进行分组，在此基础上采用詹森指数和张成检验方法，对股票债券组合中引入不同金融化程度的商品期货后发生的绩效变化进行统计检验和比较分析。

结果表明：①总体而言，在当前的金融化进程中，将商品期货纳入资产配置范围，依然可以获得良好的风险分散效益，提升投资收益的稳定性。②在股票债券组合中引入过高或过低金融化程度的商品期货，仅有助于降低组合风险，但无法提升组合收益；而引入中金融化程度的商品期货，能够同时达到提升组合收益和降低组合风险的效果。③金融化对投资组合优化的影响主要体现在收益方面而非风险方面，商品期货对投资组合的收益提升能力与其金融化程度之间存在倒"U"形的非线性关系。当金融化程度较低时，商品期货提升组合收益的能力随金融投资者参与度的提升而增强；而当金融化程度达到一定水平之后，其收益提升能力又会随金融投资者参与度的进一步提升而减弱。④过低或过高的金融化程度均不是商品期货发挥组合优化功能的理想状态，只有在适中的金融化程度下，投资者在资产组合中配置商品期货才可获得最大的潜在利益。

本章进一步就金融化在收益与风险方面对投资组合优化的影响进行了机理解释。①收益方面，本书认为金融化可通过作用于商品期货的风险溢价，来影响其提供超额回报乃至提升组合收益的能力。金融化对风险溢价则主要有套期保值压力和系统风险两种影响渠道。在金融化发展初期或金融化程度较低的商品市场上，系统风险渠道发挥主导作用，金融投资者参与度的提升使得商品期货的系统风险增大，风险溢价随之上升；当金融化发展相对成熟或在金融化程度适中的商品市场上，套保压力渠道占主导地位，金融投资者参与度的进一步提升将导致套保压力显著降低，风险溢价随之下降。②风险方面，金融化可通过改变商品与传统金融资产间的相关性来影响其对组合的风险分散能力。本书认为，金融化对资产相关性存在两种作用机制：一是通过组合再平衡机制产生正向影响；二是通过风格投资机制产生负向影响。从长期和市场整体角度来看，两种机制同时存在且无明显的主次之分。

根据研究结论，本章得到以下几点启示：第一，对投资者而言，在当前的金融化趋势下，偏重于追求稳定收益的投资者，如养老基金、保险公司等，仍可通过在组合中配置商品期货而获得风险分散效益；对于以获取最优风险回报为战略性目标的机构投资者，如主权财富基金等，投资于金融化程度适中的商品期货市场，能够在兼顾安全性的同时提高投资收益，实现财富增长与资本增值。第二，对交易所而言，应鼓励金融资本的良性参与，优化参与者结构，推动国际大宗商品市场金融化的稳步健康发展。金融化的适度发展能够给投资者带来积极的影响，因此商品期货交易所应鼓励金融资本的良性参与，借助信息技术手段进行产品创新和业务模式升级，在保障产业资本和金融资本良性互动的基础上，满足投资者复杂多变的业务需求。第三，对监管部门而言，应加强对过度投机的识别和监控，着力培养理性投资氛围，规范投资者行为，避免国际大宗商品市场过度金融化。金融化的过度发展会消耗大宗商品投资的潜在利益，因此监管部门应在大宗商品市场和金融市场之间建立有效的跨市场监管机制，防范金融巨头的操纵垄断，严厉打击国际游资的投机炒作；提高市场的透明度，在保证市场流动性的同时，抑制过度投机和非理性交易行为。

7 国际大宗商品市场金融化对中国工业产出的影响分析

上一章基于微观投资者视角考察了国际大宗商品市场金融化在金融投资领域的外部影响，而本章则将从宏观经济视角出发，以探究国际大宗商品市场金融化对实体经济部门的外溢效应。通过第4章和第5章的分析，本书证实大宗商品市场金融化改变了其自身的价格形成机制；而作为生产和生活中不可或缺的物质资料，大宗商品价格动态特性的变化关系到国民经济的各个方面。因此，大宗商品市场金融化的影响势必会传导至实体经济层面。

中国作为世界最大的发展中国家，在经济持续高速增长阶段，对大宗商品等基础性资源的消耗巨大，由于国内供给无法满足经济增长所催生的庞大需求，我国大宗商品消费大量依赖进口。随着工业化和城市化的加速发展，中国大宗商品对外依存度持续上升。据海关总署统计，2015年，我国的原油进口量达3.34亿吨，同比增长8.8%；2016年，我国的原油进口量达3.8亿吨，同比增长13.6%，铜精矿进口量达1 696万吨，同比增长28.2%；2017年前三季度，我国主要大宗商品的进口量继续保持增长，其中，天然气进口量增加22.3%，大豆进口量增加15.5%，原油进口量增加12.2%。当前，中国经济进入新常态，虽然经济增长有所放缓，但由于供给侧结构性改革和环保限产力度加大，工业原材料进口替代效应增强，从而对大宗商品进口需求继续形成支撑。国际大宗商品价格波动作为中国宏观经济外部冲击来源的重要性与日俱增。

在这一背景下，国际大宗商品市场金融化对中国经济运行的潜在影响不容小觑。习近平总书记在第五次全国金融工作会议上指出，为实体经济服务是防范金融风险的根本举措。党的十九大报告进一步强调，要守住不发生系统性金融风险的底线。而国际大宗商品市场金融化为外部金融风险向国内实体经济传播提供了新的通道，我们需加以重视并积极应对。

由于国内外学术界关于大宗商品市场金融化影响实体经济的研究尚处于起步阶段，对金融化如何作用于中国经济的探讨更是寥寥无几，相关文献亟待丰富。为此，本章以中国工业产出为落脚点，尝试在理论分析的基础上构建VAR实证框架，利用2002—2016年月度数据，基于全样本分析与滚动样本分析方法，就国际大宗商品市场金融化对中国工业部门的影响效应、传导渠道和作用机制进行了层层递进的深入探究。首先，本章通过建立包含国际大宗商品价格、工业产出和价格水平的基准VAR模型，并比较控制金融化指标前后国际大宗商品价格冲击的影响差异，定量测度了金融化对工业产出的影响效应；其次，本章将金融化影响我国工业产出的传导途径分为成本渠道和信息渠道，并在基准VAR模型中引入原材料成本和信心指数等渠道变量，对比分析两种渠道的传导作用；最后，本章通过将大宗商品价格分解为基本面成分和噪音成分，以进一步检验金融化的作用机制。

7.1 理论分析

大宗商品市场金融化存在实体经济效应的前提是大宗商品价格变动能显著影响经济运行。对中国经济而言，国际大宗商品价格冲击是重要的外部冲击来源，也是国际大宗商品市场金融化影响国内经济的载体。因此，本节先阐述国际大宗商品价格冲击影响中国工业产出的传导渠道，在此基础上讨论金融化可能存在的影响效应及背后的作用机理。

7.1.1 国际大宗商品价格冲击影响中国工业产出的传导渠道

根据文献资料和经验事实，本书认为，国际大宗商品价格变动主要通过两种途径传导至我国工业部门：一是成本渠道；二是信息渠道。

（1）成本渠道。传统观点通常将大宗商品价格冲击影响实体经济的传导机制归结为成本效应，对中国工业部门而言，成本效应表现为国际大宗商品价格变动将使中国工业产出反向变化。

长期以来，中国工业生产对原油、天然气、铜、铁矿石、大豆等基本原料存在很强的进口依赖。进口大宗商品价格上涨最直接的后果是推高国内原材料采购价格，导致相关企业的生产成本上升，压缩利润空间，迫使供给曲线向左移动，从而造成工业产出下降，对应的是工业产出品价格上涨，并通过产业链向下游行业传导，引发成本推动型通货膨胀；反之，国际大宗商品价格下跌有助于降低国内生产成本，扩大利润空间，促使供给曲线向右移动，从而对总供给形成正向刺激作用，推动工业产出增加及价格水平下降（苏剑，2016）。国际大宗商品价格变动影响中国经济的成本效应得到了许多文献的支持。林伯强和牟敦国（2008）研究发现，随着能源价格上涨，我国多数产业尤其是工业部门的生产成本出现上升，各行业的实际产出普遍下降。刘建和蒋殿春（2009）、孙焱林和张倩婷（2016）指出，国际大宗商品价格上涨会对我国生产成本和产出造成不利影响。胡援成和张朝洋（2012）以及龙少波等（2016）也认为，国际大宗商品价格波动会通过成本渠道影响我国的工业生产和价格水平。

（2）信息渠道。参考Sockin和Xiong（2015）的理论研究，本书认为，除成本效应外，大宗商品价格变动还具有信息效应。在本书的分析框架中，信息效应具体表现为国际大宗商品价格变动将使中国工业产出同向变化。

Sockin和Xiong（2015）通过理论建模证明，在不完全信息环境中，大宗商品的需求价格弹性可能为正，其逻辑在于：当存在信息摩擦时，以大宗商品为投入要素的生产者无法直接观测到全球经济状况，而大宗商品价格走势在相当程度上反映了经济景气信息，因而具有信号传递功能，能够引导生产者的行为决策。大宗商品价格上涨传递了经济强劲的信号，刺激生产者扩大生产，从而增加对大宗商品原材料的需求，即大宗商品价格上涨对其需求具有正向影响，这体现了信息渠道的传导机制。相似的逻辑也适用于工业等其他实体经济部门。具体而言，由于存在信息摩擦，市场主体无法及时观察到经济基本面的真实状况，大宗商品价格变动能够影响市场主体对当前及未来经济形势的判断和预期，进而对其行为决策乃至总体经济运行产生实质性的影响。大宗商品价格上涨预示着经济基本面向好，从而能够提振市场主体信心，刺激需求增加，推动工业产出上升；反之，大宗商品价格下跌透露了经济下滑的不利信号，进而打击市场主体信心，造成需求低迷，抑制工业产出扩张。

近年来，国际经济政治局势复杂多变，中国经济的不确定性也大幅增加，在这样复杂的信息环境中，国际大宗商品价格已然成为国内市场主体对国内外经济形势进行判断和预测的重要依据之一。本书第5章中的因子回归结果表明，发达国家实体经济需求是影响国际大宗商品价格最为重要的宏观经济因素；同时，作为工业制成品出口大国，我国以欧美发达经济体为主要出口对象。其结果是，国际大宗商品价格上涨会向国内出口企业传递外需强劲的有利信号，促使企业家增加投资以扩大生产，推动国内产出扩张；反之，国际大宗商品价格下降导致企业家对出口缺乏信心，减少投资，从而对工业产出造成负面影响。此外，由于中国需求也是国际大宗商品价格变动的直接动因之一（Kilian，2009；卢锋 等，2009），因而国际大宗商品价格上涨在一定程度上有助于中国市场主体形成对国内经济前景的乐观预期，从而增加投资和消费，推动产出扩张；反之，国际大宗商品价格下跌导致国内投资和消费需求低迷，造成产出下降。

综上所述，如图7.1所示，国际大宗商品价格变动主要可通过成本渠道和信息渠道影响中国工业产出，两者作用方向相反，最终的影响效应取决于哪种渠道占主导地位。目前关于国际大宗商品价格变动对中国经济传导机制的探讨主要还是围绕成本效应等传统渠道展开，对信息渠道缺乏足够的关注，而后者很有可能是金融化影响实体经济的重要途径。

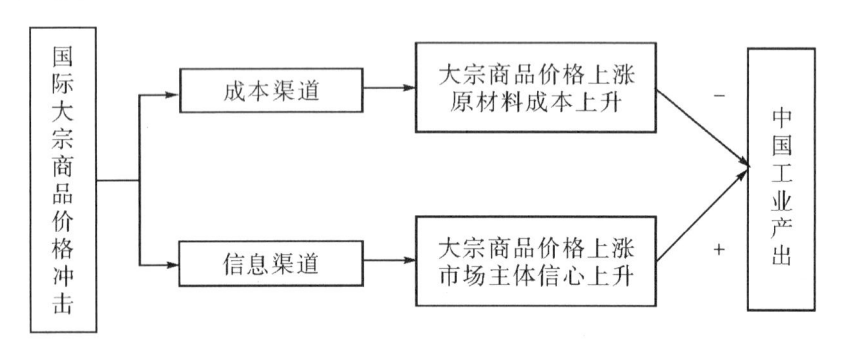

图7.1 国际大宗商品价格冲击影响中国工业产出的传导渠道

7.1.2 国际大宗商品市场金融化影响中国工业产出的渠道和机制

如前所述，国际大宗商品价格冲击是国际大宗商品市场金融化影响中国实体经济的载体，因此与国际大宗商品价格冲击的传导途径一致，国际大宗商品市场金融化也会通过成本渠道或信息渠道作用于国内工业部门。大宗商品市场的金融化进程最先作用于其价格动态，进而改变大宗商品价格对实体经济的冲击效应。对于大宗商品价格波动，由本书第4章的研究结论可知，金融化具有"双刃剑"的作用：一方面，金融投资者大量涌入大宗商品市场，其后果之一即投机交易大幅增加，从而带来严重的信息噪音，加剧大宗商品价格波动；另一方面，金融投资者参与度的上升也有可能为市场注入更多有效的基本面信息，有助于提升大宗商品价格的信息含量。因此可以推测，无论是在成本渠道还是在信息渠道中，国际大宗商品市场金融化对中国工业产出均可能存在两种作用机制：一种与基本面因素有关；另一种与金融投机有关。

（1）成本渠道。首先，由经济基本面驱动的国际大宗商品价格上涨（下跌）会推高（降低）国内生产成本，进而对中国工业产出形成负向（正向）冲击。而若金融化强化了大宗商品价格中的基本面成分，则生产成本的上升（下降）将更加明显，导致产出下降（上升）程度增大。其次，由金融投机驱动的国际大宗商品价格上涨（下跌）亦会导致生产成本上升（下降）。若金融化增加了大宗商品价格中的金融投机成分，则也会使生产成本的上升（下降）幅度增加，从而放大国际大宗商品价格上涨（下跌）对中国工业产出的负向（正向）影响。

（2）信息渠道。首先，由基本面因素驱动的国际大宗商品价格上涨（下降）向国内市场主体传递了全球经济强劲（疲软）的信号，刺激需求增加（减少），从而对中国工业产出形成正向（负向）影响。若金融化提升了大宗商品价格的信息含量，那么将有助于商品价格发挥信号传递作用，导致国际大宗商品价格变动对工业产出的影响进一步增强，本书将这一作用机制称作"信息显示机制"。其次，根据 Sockin 和 Xiong（2015）以及 Brogaard 等（2016）的研究，金融投资者在商品期货市场中的非基本面交易行为也会通过信息渠道对实体经济产生反馈效应。由于面临严重的信息摩擦，市场主体无法对由金融投机引致的和由经济基本面驱动的大宗商品价格变动进行区分，因此金融投机等非基本面成分充当信息噪音的角色，扭曲大宗商品价格信号，从而干扰市场主体的行为决策和经济活动。具体来讲，在不完全信息条件下，国内市场主体会错误地将由金融投机引发的国际大宗商品价格上涨（下跌）当作经济基本面利好（利空）的信号，进而增加（减少）投资和消费活动，推动产出扩张（收缩）。而若金融化给大宗商品价格带来了更多的金融投机噪音，则将产生更强的干扰作用，进一步放大产出的变化，本书将这一作用机制称为"信号扭曲机制"。

综上所述，如图 7.2 所示，无论是在成本渠道还是在信息渠道中，金融化都会导致国际大宗商品价格冲击对中国工业产出的影响增强，即国际大宗商品市场金融化对中国工业产出波动存在放大效应，其作用机制既可能由基本面解释，也可能与金融投机有关。如果只是前者发挥作用，那么大宗商品市场金融化的实体经济效应仅是经济基本面的客观反映，宏观调控的基本思路就无须改变；如果后者发挥作用，则说明在金融化影响下，国际大宗商品市场成为国际金融风险向国内实体经济传递的新通道，政府部门必须重视并密切关注国际大宗商品市场的金融化发展趋势，并采取有效措施以积极应对。

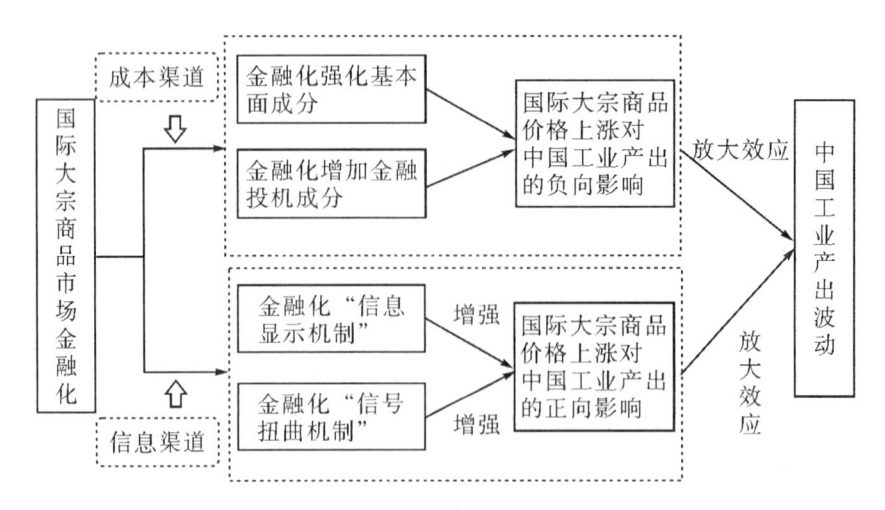

图 7.2　国际大宗商品市场金融化影响中国工业产出的渠道和机制

7.2　变量选取及数据说明

鉴于数据可得性，本部分研究使用月度数据，样本区间为 2002 年 3 月至 2016 年 12 月。其中，国际大宗商品相关数据来自 Bloomberg 数据库，中国经济变量均来自国家统计局，下面就变量的选取和处理进行具体说明。

7.2.1　国际大宗商品价格（CRB）

参照张会清和王剑（2011）、谭小芬等（2014）、龙少波等（2016）的做法，本章采用 CRB 指数代表国际大宗商品价格，取日收盘价的月平均值获得月度数据。选取 CRB 指数的主要原因在于：①作为综合指数，CRB 指数涵盖了能源、农产品、金属三大类共 19 种核心商品，可以较好地反映国际大宗商品市场的总体价格走势，有助于揭示金融化的一般性影响，避免个体异质性的干扰；②与其他商品指数相比，如标普高盛商品指数（S&P GSCI）、道琼斯瑞银商品指数（DJ-UBSCI）和罗杰斯国际商品指数（RICI），CRB 指数在编制目标和原则上更侧重于标尺性，能够较好地揭示世界经济动向，常用于宏观经济研究。

7.2.2　工业产出（Y）

借鉴谭小芬等（2015）的做法，本章采用工业增加值同比增速代表工业产出。该指标由国家统计局按可比价计算，可以反映剔除价格因素之后的实际工业产出变化情况①。

7.2.3 原材料成本（COST）

根据理论分析，在成本渠道中，国际大宗商品价格变动通过改变生产成本的方式来影响中国工业产出。参考中国经济增长与宏观稳定课题组（2008）、过新伟和张孝岩（2012）、胡援成和张朝洋（2012）的研究，本章采用工业生产者购进价格指数（PPIRM）来衡量国内工业生产的原材料投入成本，即以PPIRM指数作为成本渠道的代理变量。该指数由国家统计局编制，反映工业企业购买原材料、燃料及动力产品作为生产投入时所支付的价格水平，囊括的投入品有燃料动力、黑色金属、有色金属、化工原料、木材及纸浆、建筑材料及非金属矿、其他工业原材料及半成品、农副产品、纺织原料九大类。

7.2.4 市场主体信心（CF）

在信息渠道中，国际大宗商品价格变动首先影响国内市场主体对国内外经济形势的信心和预期，其次影响中国工业产出。本章利用国家统计局中国经济景气监测中心编制的企业家信心指数刻画市场主体信心，即以企业家信心指数作为信息渠道的代理变量。目前，中国最具权威性的信心指数为国家统计局中国经济景气监测中心编制的消费者信心指数和企业家信心指数，前者主要影响居民消费决策，后者则主要影响企业的投资和出口决策。本章选择企业家信心指数进行实证研究，主要原因如下：①根据传导机制分析，在信息渠道中，国际大宗商品价格冲击最重要的传导路径是通过传递外需信号来影响出口企业的投资和生产决策，因此企业家信心与信息渠道的联系最为紧密；②与投资和出口相比，消费对中国经济增长的拉动作用较低，可能造成消费者信心变动无法

---

① 关于工业增加值月度数据，需要说明的是，国家统计局自2006年12月起停止公布现价水平值，仅公布按可比价计算的同比增速及累计增速数据，目前尚未有可靠的方法估算完整的月度实际工业增加值。尽管现有研究中，不少学者依据2006年12月之前的现价水平值与2006年12月之后的同比增长数据计算完整的名义值序列，再采用CPI或PPI将其平减为实际值，以此估算实际工业增加值（陈浪南 等，2014；白玥明 等，2015；田磊等，2016），但由于同比增速由可比价计算，代表剔除价格因素之后的实际增长率，不能直接与名义数据匹配，因而上述估算方法会产生较大偏差。为准确反映实际工业产出的变化情况，避免估算方法对实证结果的干扰，本章以国家统计局公布的工业增加值同比增速（按可比价计算）原始数据代表工业产出。

显著影响工业产出，与之相对，企业家信心变动则可通过改变投资需求而显著影响产出；③通常来讲，消费者对于经济形势的关注度以及对经济信息的收集、吸收和处理能力弱于企业家，因此企业家行为更易受到信号传递效应的影响；④相关研究显示，企业家信心对我国宏观经济波动的影响明显强于消费者信心（陈彦斌 等，2009；潘建成 等，2010；陈红 等，2015）。原始的企业家信心指数为季度数据，采用三次样条插值将其转换为月度数据。

7.2.5 价格水平（P）

本章以工业品出厂价格指数（PPI）代表总体价格水平，与居民消费价格指数（CPI）相比，PPI 更适合作为工业部门的价格变量。

7.2.6 金融化指标（T index）

与前文一致，本章采用 Working's T index 作为大宗商品市场金融化的代理变量（计算公式见第 3 章）。由于本章以大宗商品价格综合指数反映国际大宗商品市场的总体走势，因此我们首先计算 CRB 指数中的 19 种商品各自的 Working's T index；其次以 CRB 指数权重作为权重系数，计算个体商品 Working's T index 的加权平均值，以此刻画国际大宗商品市场的总体金融化程度，记作 T index。由于计算 Working's T index 所用的持仓量原始数据频率为周，故先取其月度平均值代表月度持仓量，再计算个体商品的月度 Working's T index 和 CRB 指数的月度金融化指标。

图 7.3 描绘了金融化指标的变动情况。总体而言，2002—2016 年，国际大宗商品市场整体的金融化程度呈上升趋势，而自 2012 年以来指标上升幅度和速度进一步增加，表明近年来金融化发展呈加速深化的趋势。

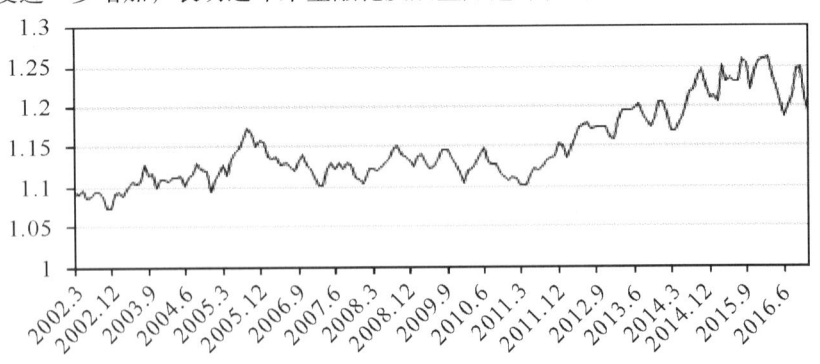

图 7.3　金融化指标的变动情况

图 7.4 描绘了国际大宗商品价格与国内经济变量的变动情况，可以看出：大宗商品价格（CRB）和市场主体信心（CF）的变动幅度较大，原材料成本（COST）和工业产出（Y）的变化幅度相对较小；工业产出、市场主体信心和大宗商品价格之间存在较为明显的协动趋势；在全球金融危机期间，各序列均大幅下降，相继在 2008 年、2009 年跌至历史低点，表明全球金融危机可能对经济系统存在结构性影响。

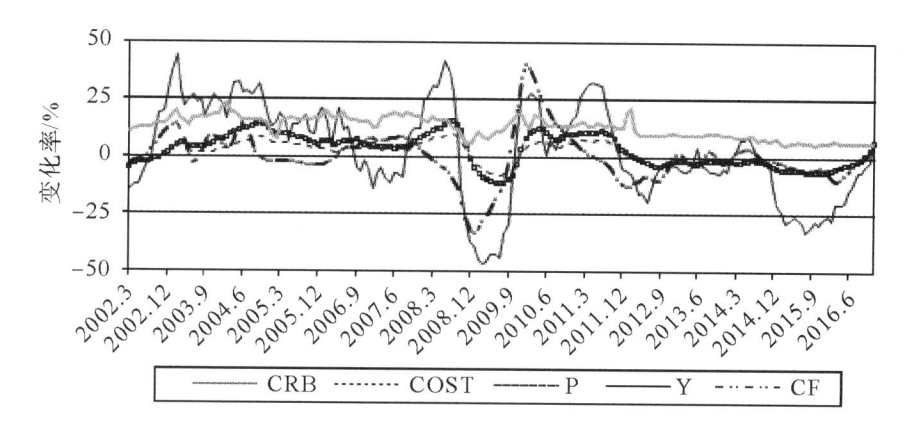

注：图中各序列为同比变化率形式。

图 7.4　国际大宗商品价格与国内经济变量的变动情况

为与工业产出数据相匹配，本章实证变量均采用月度同比变化率的形式，这一处理也可消除季节因素的影响。我们运用 ADF 方法对各变量序列进行平稳性检验，检验结果如表 7.1 所示。由表 7.1 可以看出，所有变量均在 5% 的显著性水平下拒绝了存在单位根的原假设，即平稳序列，可直接用于时间序列建模。

表 7.1　变量平稳性检验

变量	检验类型	ADF 值	P 值	结论
CRB	$(c, 0, 1)$	−3.178	0.023**	平稳
COST	$(c, 0, 3)$	−3.697	0.005***	平稳
CF	$(c, 0, 7)$	−4.146	0.001***	平稳
Y	$(c, t, 2)$	−3.757	0.021**	平稳
P	$(c, 0, 2)$	−3.090	0.029**	平稳
T index	$(c, 0, 12)$	−2.939	0.043**	平稳

注：(c, t, n) 中的 c、t、n 分别为 ADF 检验中的截距项、趋势项和滞后阶数，滞后阶数根据 SBC 准则确定。**、*** 分别表示在 5%、1% 的显著性水平下拒绝原假设。

7.3 对影响效应与传导渠道的实证检验

7.3.1 引入金融化指标的 VAR 分析框架构建

本章建立向量自回归模型（VAR），在统一框架下完成对以下三个问题的递进式分析：①国际大宗商品市场金融化对中国工业产出具有怎样的影响效应？②金融化主要通过何种传导渠道影响中国工业产出，即是以成本渠道为主还是以信息渠道为主？③金融化具体的作用机制是怎样的，究竟是源自经济基本面因素还是与金融投机有关？在本小节中，我们先对前两个问题进行实证检验，在明确影响效应和传导渠道的基础上，将进一步对作用机制进行分析与验证。

VAR 模型的基本形式如下：

$$X_t = A_0 + A_1 X_{t-1} + A_2 X_{t-2} + \cdots + A_p X_{t-p} + B_0 Z_t + \cdots + B_q Z_{t-q} + \varepsilon_t \quad (7.1)$$

其中，X_t 为内生变量向量，Z_t 为外生变量向量，A_1，A_2，$\cdots$，A_p 及 B_0，$\cdots$，B_q 为参数矩阵，ε_t 为随机扰动项向量。

7.3.1.1 基准模型

为度量国际大宗商品市场金融化对中国工业产出的影响效应，本章以国际大宗商品价格、工业产出和价格水平①作为内生变量，构建基准 VAR 模型 Model 1（CRB, Y, P），并以金融化指标 T index 作为外生变量，通过对控制金融化指标前后的估计结果进行比较，测度金融化对中国工业产出的综合影响效应。具体来讲，若未控制金融化指标情况下国际大宗商品价格冲击对工业产出的影响强于控制金融化指标后，则说明金融化导致国际大宗商品价格冲击对工业产出的影响增强，即金融化对工业产出波动存在放大效应；反之，则说明金融化导致国际大宗商品价格冲击对工业产出的影响减弱，即金融化对工业产出波动存在平抑效应。

7.3.1.2 扩展模型

为考察国际大宗商品市场金融化影响中国工业产出的传导渠道，本章在基准模型的基础上加入渠道变量，构建扩展 VAR 模型。针对成本渠道，我们引入原材料成本（COST），建立 Model 2（CRB, COST, Y, P）；针对信息渠道，

---

① 本章在 VAR 模型内生变量中引入价格水平，旨在完整刻画国际大宗商品价格冲击的传导路径。

我们引入信心变量（CF），建立 Model 3（CRB，CF，Y，P）。同样以金融化指标 T index 作为外生变量，对比控制金融化指标前后的估计结果，以确定国际大宗商品市场金融化影响中国工业产出的主要传导途径。

由于 VAR 估计结果依赖于内生变量排序，本章依据经济逻辑与文献资料设定模型中的变量顺序：①借鉴刘建和蒋殿春（2009）、张会清和王剑（2011）、胡援成和张朝洋（2012）的做法，将国际大宗商品价格（CRB）排在中国经济变量之前，这也符合 Kilian（2008）的研究假定，即大宗商品价格是同期宏观经济变量的前定变量。②对国内变量的排序参照陈彦斌和唐诗磊（2009）的做法，遵循市场主体信心（CF）在前、实体经济指标在后的原则，这一安排也与本书的理论分析相一致，能够刻画信息渠道的传导路径，即国际大宗商品价格→市场主体信心→实体经济；同理，将原材料成本（COST）排在国际大宗商品价格（CRB）与工业产出（Y）之间，用于刻画成本渠道的传导路径，即国际大宗商品价格→生产成本→实体经济。③与现有文献保持一致，将产出变量（Y）排在价格水平（P）之前（刘建 等，2009；张会清 等，2011；白玥明 等，2015；田磊 等，2016）。

值得说明的是，考虑到本书样本区间涵盖了 2007—2009 年的全球金融危机，可能对变量系统造成结构性影响，故在各 VAR 模型中引入代表全球金融危机的虚拟变量 DUM——2007 年 7 月至 2009 年 12 月取值为 1，其余时段取值为 0。在估计 VAR 模型之前，本章先根据 SBC 准则选择最优滞后阶数，并进行滞后结构检验，确定所有特征根的倒数都在单位圆之内，以保证各 VAR 模型均具有稳定性。

7.3.2 脉冲响应与方差分解分析

7.3.2.1 基准模型与扩展模型的脉冲响应结果

图 7.5 展示了未控制金融化指标情况下基准模型和扩展模型的脉冲响应结果。其中，图 7.5（a）为基准模型（Model 1）的脉冲响应结果，图 7.5（b）和图 7.5（c）分别为成本渠道模型（Model 2）和信息渠道模型（Model 3）的脉冲响应结果。

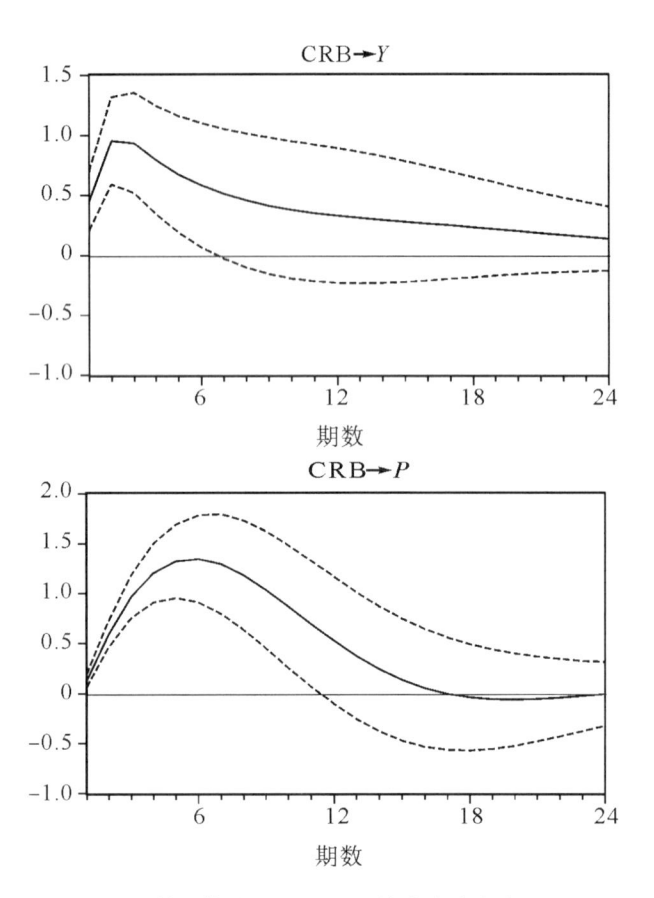

(a) 基准模型（Model 1）的脉冲响应结果

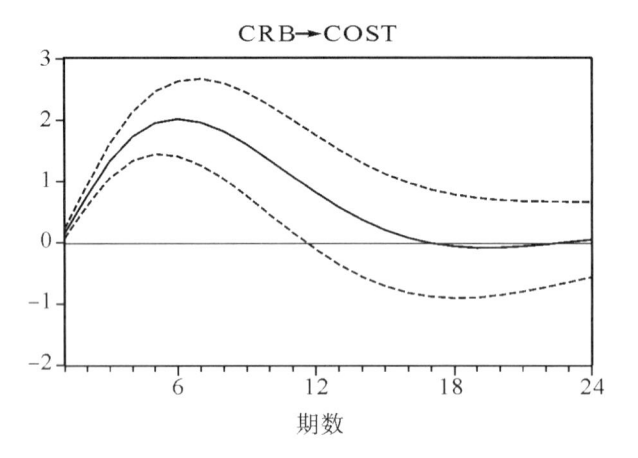

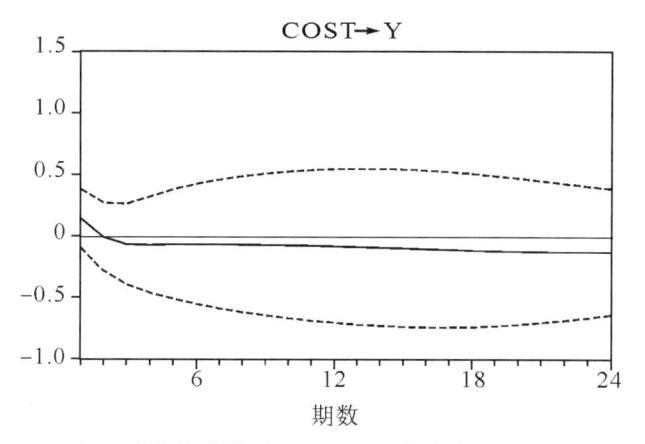

(b) 成本渠道模型（Model 2）的脉冲响应结果

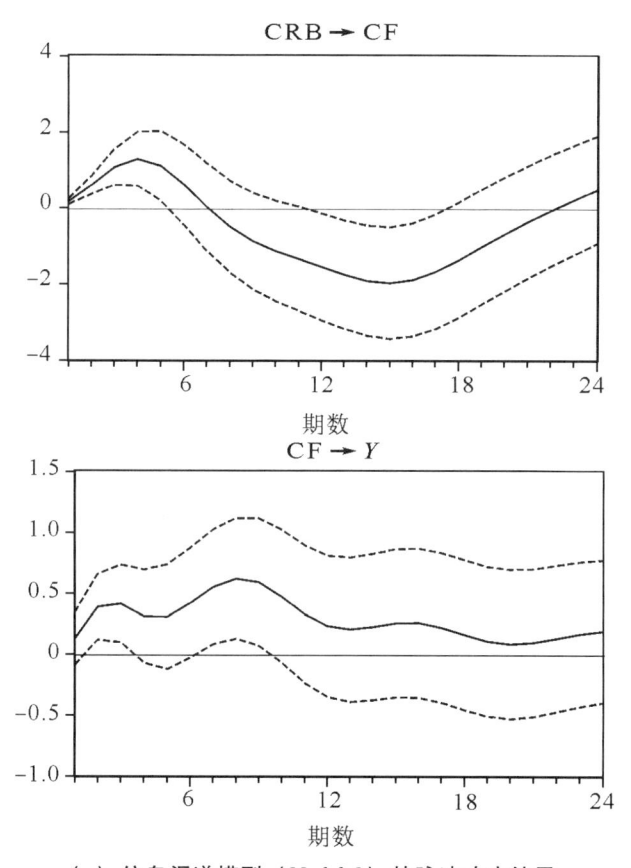

(c) 信息渠道模型（Model 3）的脉冲响应结果

注：图中实线为脉冲响应函数估计值，虚线为正负两倍标准误差带。

图 7.5　未控制金融化指标情况下基准模型和扩展模型的脉冲响应结果

图 7.5 (a) 显示,面对 CRB 一个标准差的正向冲击,工业产出 Y 从第 1 期开始显著上升,响应系数为 0.45,响应值在第 2 期达到最大 (0.95),然后缓慢下降,至 24 期左右趋于稳定 (0.13),并且始终为正;价格水平 P 也从第 1 期开始产生显著的正向响应 (0.13),并在第 6 期上升到最大值 (1.35),在第 17 期左右下降至略小于 0 的水平,此后保持在 0 附近。由脉冲响应结果可知,国际大宗商品价格上涨对我国工业产出和价格水平均具有正向效应,符合信息渠道的作用效果,但不符合成本渠道的作用效果,意味着信息渠道的传导作用可能占据主导地位。

图 7.5 (b) 显示,面对 CRB 一个标准差的正向冲击,原材料成本 COST 在第 1 期显著上升,响应值为 0.15,在第 6 期达到最大 (2.02),随后逐渐下降,在第 17 期之后趋于 0;面对 COST 一个标准差的正向冲击,工业产出 Y 先是在第 1 期短暂上升 (0.14),从第 2 期开始变为负向响应 (-0.01),此后响应值始终为负且趋于稳定,但各期的响应系数均不显著。成本渠道的脉冲响应结果与理论预期基本相符,即国际大宗商品价格上涨导致国内生产成本上升,进而对国内工业产出产生负向影响,但该传导途径存在时滞,且作用效果较弱。

图 7.5 (c) 显示,面对 CRB 一个标准差的正向冲击,市场主体信心 CF 从第 1 期开始表现为显著的正向响应 (0.17),响应值在前 7 期均为正,并于第 4 期达到最大 (1.29),表明国际大宗商品价格上涨对市场主体信心具有明显的提振效果;自第 8 期起响应系数由正变负,随后经历了下降再上升的过程,表明企业家信心可能存在过度调节机制。面对 CF 一个标准差的正向冲击,工业产出 Y 从第 1 期开始上升,响应系数为 0.13,但不显著,第 2 期则呈显著正向响应 (0.39),在第 8 期达到最大值 (0.62),此后响应值震荡变动且始终为正。因此,信息渠道的脉冲响应结果与理论预期基本一致,即国际大宗商品价格上涨传递全球经济基本面向好的信号,提振国内经济主体信心,从而对国内工业产出形成正向影响。

对比两种渠道中工业产出的响应情况可以发现,工业产出对信心冲击的响应程度明显强于对原材料成本冲击的响应程度,表明国际大宗商品价格冲击主要通过信息渠道影响中国工业产出,成本渠道的传导作用则十分有限。造成这一结果的主要原因可能有以下几点:①在我国工业部门,处于产业链上游的生产企业大多为国有企业,通常掌握有效的对冲手段和较强的成本转嫁能力,能够顺利地将大宗商品原材料价格上涨增加的成本转移给下游企业(谭小芬 等,2015);②限于粗放的经济增长方式,我国对一些重要的进口大宗商品原材料存在刚性需求，导致工业生产对原材料成本的敏感性较低（张志敏 等，2014）；③对于大宗商品原材料尤其是能源资源依赖度较高的行业，政府往往通过财政补贴、优惠贷款、价格管制等方式缓解企业的成本压力，保障工业生产稳定进行。如前所述，国际大宗商品市场金融化的宏观经济效应以大宗商品价格冲击为载体，由此可初步判断，国际大宗商品市场金融化影响我国工业产出的途径也以信息渠道为主。

图7.6描绘了控制金融化指标情况下基准模型和扩展模型的脉冲响应结果。

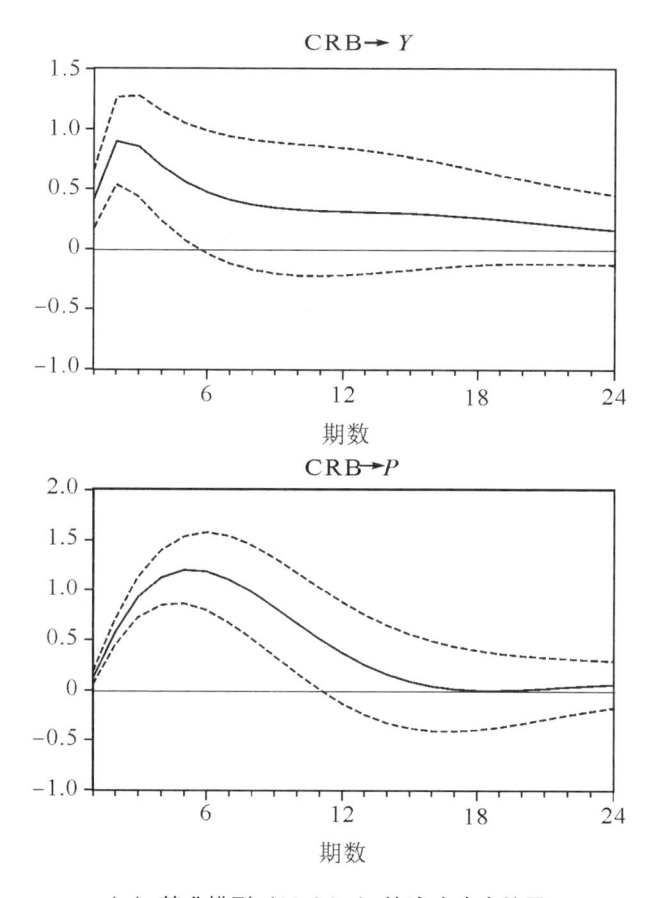

(a) 基准模型（Model 1）的脉冲响应结果

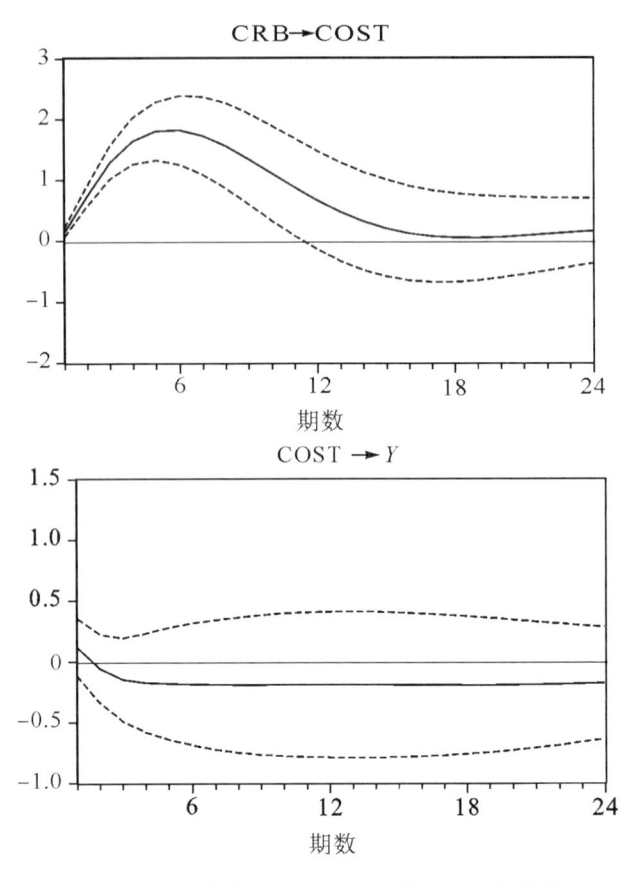

(b) 成本渠道模型（Model 2）的脉冲响应结果

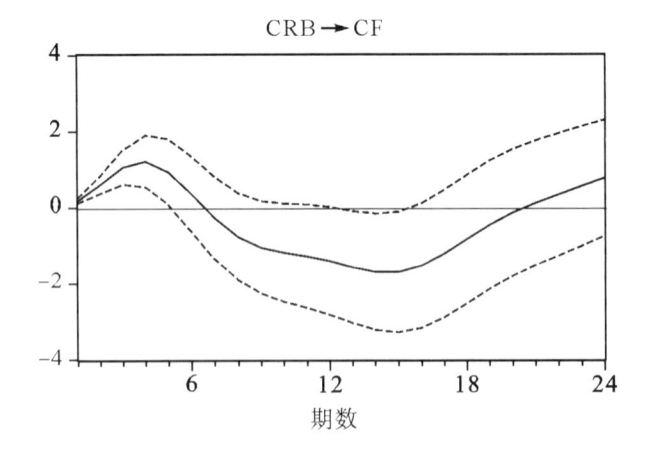

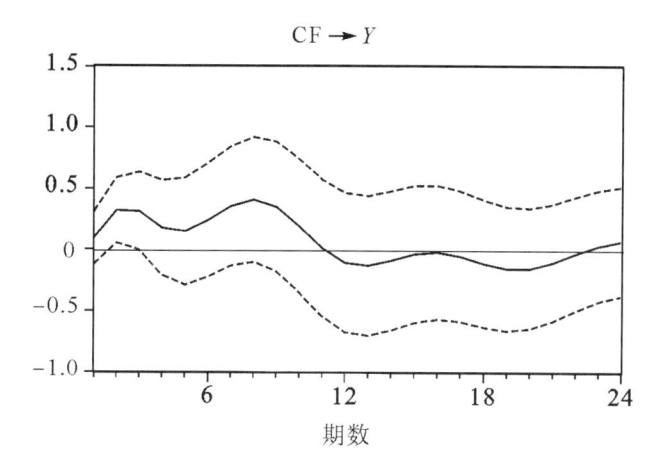

（c）信息渠道模型（Model 3）的脉冲响应结果

注：图中实线为脉冲响应函数估计值，虚线为正负两倍标准误差带。

图 7.6 控制金融化指标情况下基准模型和扩展模型的脉冲响应结果

对比图 7.5 和图 7.6 可以发现，控制金融化指标之后各变量的响应路径与未控制金融化指标的情况基本一致，但响应幅度有所不同。

图 7.6（a）显示，在控制金融化指标的情况下，工业产出 Y 对 CRB 一个标准差的正向冲击仍具有显著的正向反应，第 1 期的响应系数为 0.42，在第 2 期达到最大值（0.90），此后逐渐下降，至第 24 期保持在 0.16 左右；价格水平 P 对 CRB 正向冲击的反应也为正，响应值在第 5 期上升到最大（1.20），继而开始下降，在第 18 期左右趋于 0。总体上看，与未控制金融化指标的情况相比，控制金融化指标之后，工业产出和价格水平对国际大宗商品价格冲击的响应幅度均有所下降。

图 7.6（b）显示，在控制金融化指标的情况下，CRB 一个标准差的正向冲击也使原材料成本 COST 出现显著上升，第 1 期的响应系数为 0.14，第 6 期达到最大值（1.82），随后逐渐下降，在第 17 期左右降至 0 附近。面对 COST 一个标准差的正向冲击，工业产出先出现暂时性的上升，响应系数从第 2 期开始变为负值（-0.06），至第 24 期保持在 -0.18 左右，但响应值始终不显著。由此可以看出，与未控制金融化指标的情况相比，控制金融化指标之后，原材料成本对国际大宗商品价格冲击的响应幅度下降，而工业产出对成本冲击的响应幅度则有所增加。但总体而言，国际大宗商品价格变动对我国工业产出的成本效应仍十分微弱，金融化所引发的变化并不明显。

图 7.6（c）显示，在控制金融化指标的情况下，CRB 一个标准差的正向冲击在前 6 期对市场主体信心 CF 具有显著的正向影响，响应系数在第 4 期达到最大（1.21），从第 7 期开始变为负值，随后经历下降和再次回升的过程。面对 CF 一个

标准差的正向冲击，工业产出 Y 在前 11 期内均呈正向反应，响应系数在第 2 期显著（0.32），在第 12 期由正变负，之后在略小于 0 的位置震荡变化，但均不显著。因此可以看出，与未控制金融化指标的情况相比，控制金融化指标之后，市场主体信心对国际大宗商品价格冲击的响应幅度以及工业产出对信心冲击的响应程度均下降。其最终结果是，国际大宗商品价格变动对我国工业产出的信息效应明显减弱。

7.3.2.2 基准模型与扩展模型的方差分解结果

脉冲响应函数侧重于刻画内生变量对特定冲击响应的方向和动态变化路径，而方差分解则能够量化冲击对变量波动的贡献度，可以直观地反映各传导渠道的相对重要性。接下来，我们采用方差分解方法分别测度国际大宗商品价格冲击及其传导渠道对工业产出波动的贡献比例，并通过比较控制金融化指标前后的方差分解结果，进一步明确国际大宗商品市场金融化对中国工业产出的影响效应及传导途径。

表 7.2 给出了基准模型和扩展模型在控制金融化指标前后的方差分解对比结果。其中，基准模型（Model 1）展示了国际大宗商品价格冲击对中国工业产出预测方差的贡献比例（CRB→Y）；成本渠道模型（Model 2）依次给出了国际大宗商品价格冲击对国内原材料成本预测方差的贡献比例（CRB→COST）、成本冲击对工业产出预测方差的贡献比例（COST→Y）；信息渠道模型（Model 3）则依次展现了国际大宗商品价格冲击对市场主体信心预测方差的贡献比例（CRB→CF）、信心冲击对工业产出预测方差的贡献比例（CF→Y）。

表 7.2 基准模型和扩展模型在控制
金融化指标前后的方差分解对比结果　　　　单位：%

控制金融化指标前后	期数	基准模型（Model 1）CRB→Y	成本渠道模型（Model 2）CRB→COST	成本渠道模型（Model 2）COST→Y	信息渠道模型（Model 3）CRB→CF	信息渠道模型（Model 3）CF→Y
未控制金融化指标	3	21.588	54.392	0.274	15.363	5.483
	6	23.254	67.983	0.281	10.510	6.968
	9	23.144	68.590	0.320	8.777	12.658
	12	23.256	65.081	0.385	13.020	12.843
	18	23.830	57.662	0.645	24.931	12.467
	24	24.129	54.861	1.059	24.730	12.165
	30	24.181	54.223	1.404	28.149	12.684
	36	24.185	54.106	1.573	29.500	14.161

表7.2(续)

控制金融化指标前后	期数	基准模型(Model 1) CRB→Y	成本渠道模型(Model 2) CRB→COST	COST→Y	信息渠道模型(Model 3) CRB→CF	CF→Y
控制金融化指标	3	19.041	54.812	0.455	16.347	3.522
	6	19.064	69.334	1.007	10.461	3.190
	9	18.432	69.346	1.482	9.678	5.329
	12	18.564	64.250	1.892	12.949	4.556
	18	19.601	54.948	2.681	18.459	3.927
	24	20.125	52.088	3.437	18.318	3.823
	30	20.232	51.641	3.917	22.125	3.763
	36	20.264	51.570	4.124	22.262	3.955

表7.2上半部分为未控制金融化指标情况下的方差分解结果。可以看出：①在所考察的样本期内（2002年3月至2016年12月），国际大宗商品价格冲击对我国工业产出波动具有较高的贡献度，第6期开始始终保持在23%以上，第24期以后稳定在24%以上。②从成本渠道来看，国际大宗商品价格冲击对国内原材料成本波动的贡献比例最初呈上升趋势，在第9期升至68.59%，之后逐步下降，2年（24期）之后稳定在54%以上；原材料成本冲击对工业产出波动的贡献度在前1年内低于0.39%，随后贡献比例呈上升趋势，但截至第3年年末（36期）仍仅有1.57%。这一结果表明，虽然国际大宗商品价格冲击对国内原材料成本波动具有较强的驱动作用，但工业产出对成本变动的敏感性很低，导致成本效应的传导渠道受阻。③从信息渠道来看，国际大宗商品价格冲击对信心波动的贡献度在前1年平均为11%左右，其后上升至20%以上，截至第3年年末（36期）达到29.50%；信心冲击对工业产出波动的贡献度在第3期为5.48%，第9期上升至12.66%，之后一直保持在12%以上，至第36期达到14.16%。该结果说明，国际大宗商品价格变动能够显著影响国内市场主体信心，而信心变动对工业产出波动也具有较强的解释力，且远强于原材料成本变动对工业产出波动的解释力。因此，信息渠道在国际大宗商品价格影响我国工业产出的传导途径中发挥主导作用，这进一步印证了前文的脉冲响应分析结论。

表7.2下半部分为控制金融化指标之后的方差分解结果。可以发现：①在控制金融化指标的影响之后，国际大宗商品价格冲击对我国工业产出波动的贡

献度仍在18%以上，至第24期稳定在20%以上，而与未控制金融化指标的情况相比，解释力明显下降，降幅为16.67%（20%÷24% - 1 = -16.67%）。②在成本渠道中，控制金融化指标之后，国际大宗商品价格冲击对国内原材料成本波动的贡献度在第9期达到69.35%，随后逐渐下降，第24期之后稳定在52%左右，较未控制金融化指标的情况略有下降，降幅为3.70%（52%÷54% - 1 = -3.70%）；与未控制金融化指标的情况相比，控制金融化指标之后成本冲击对工业产出波动的贡献度则明显上升，在第1年年末为1.89%，截至第3年年末上升至4.12%，解释力较未控制金融化指标的情况提升了162.42%（4.12%÷1.57% - 1 = 162.42%）。虽然涨幅较大，但在工业产出波动中，成本冲击的总体解释力仍较低，不足4.20%。因此，综合来看，控制金融化指标前后，国际大宗商品价格冲击通过成本渠道对工业产出的影响差异并不明显。③在信息渠道中，控制金融化指标之后，国际大宗商品价格冲击对信心波动的贡献度在前1年的平均水平也为11%左右，截至第3年年末稳定在22.26%的水平上，较未控制金融化指标的情况显著降低，降幅达24.54%（22.26%÷29.50% - 1 = -24.54%）；与未控制金融化指标的情况相比，控制金融化指标后信心冲击对工业产出波动的解释力大幅下降，在3年内基本处于3%~5%，截至第36期稳定在3.96%的水平上，相较于未控制金融化指标的情况下降幅度达到72.03%（3.96%÷14.16% - = -72.03%）。综合来看，与控制金融化指标前相比，控制金融化指标之后，国际大宗商品价格冲击通过信息渠道影响工业产出的程度大幅下降，这进一步印证了脉冲响应分析结果。

基于控制金融化指标前后脉冲响应与方差分解的对比结果，可得到如下结论：

第一，控制金融化指标之前，国际大宗商品价格冲击对我国工业产出的影响明显强于控制金融化指标之后，这意味着金融化导致国际大宗商品价格对工业产出的影响显著增强，即国际大宗商品市场金融化对我国工业产出波动存在明显的放大效应。

第二，控制金融化指标之前，国际大宗商品价格冲击对国内原材料成本的影响强于控制金融化指标之后，控制金融化指标之前成本冲击对工业产出的影响则弱于控制金融化指标之后，即金融化虽增强了国际大宗商品价格对国内生产成本的影响，但却削弱了生产成本对工业产出的影响，两者的作用在一定程度上相互抵消。更为重要的是，无论是否控制金融化指标，工业产出对成本变动的反应均十分微弱，导致国际大宗商品市场金融化通过成本渠道作用于我国工业产出的传导途径具有较大的局限性，成本效应未能发生明显改变。

第三，控制金融化指标之前国际大宗商品价格冲击对企业家信心的影响显著强于控制金融化指标之后，控制金融化指标之前信心冲击对工业产出的影响也远强于控制金融化指标之后，即金融化显著放大了国际大宗商品价格对国内经济主体信心的影响，同时也大大增强了经济主体信心对工业产出的影响，两者作用相互叠加。其结果是国际大宗商品市场金融化导致大宗商品价格变动的信息效应显著增强，从而对我国工业产出波动产生了明显的放大效应。

7.3.3 滚动回归分析

以上的全样本分析揭示了 2002—2016 年国际大宗商品市场金融化对中国工业产出的平均影响效应。近年来，国际大宗商品市场的金融化程度逐步深化，大宗商品价格的变动规律日益复杂，与此同时，国内经济环境、需求结构和政策制度也发生了较大改变。我们以 84 个月（7 年）为滚动窗口估计各 VAR 模型①，从而更加全面地把握金融化对我国工业产出影响的时变情况。图 7.7 给出了控制金融化指标前后国际大宗商品价格冲击对中国工业产出波动的贡献度随时间推移的变动情况，分别由未控制金融化指标和控制金融化指标的基准 VAR 模型（Model 1）经滚动窗口估计而得，选择方差分解结果基本稳定的期数（第 6 期）进行分析。

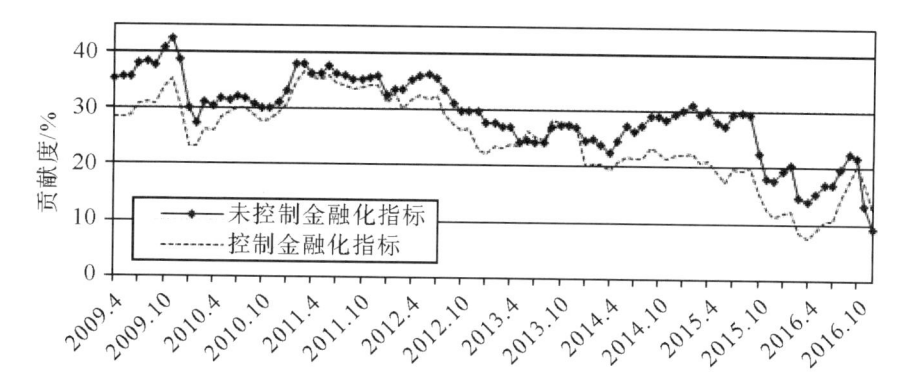

注：以 84 个月作为滚动 VAR 的窗口长度，以第 6 期作为方差分解的预测期。

图 7.7 控制金融化指标前后国际大宗商品价格冲击
对中国工业产出波动的贡献度随时间推移的变动情况

---

① 滚动窗口太短不利于得到稳定可靠的估计结果，本书测试了多种窗口长度，发现以 7 年期为滚动窗口效果较好。在后文中，我们通过更改预测期以及窗口长度来进一步验证实证结果的稳健性。

从图7.7可以看出：

第一，在2009—2016年的大多数时期，国际大宗商品价格冲击对我国工业产出波动的贡献比例超过20%；2015—2016年贡献度呈下降趋势，这与现阶段我国经济结构调整、经济增长放缓从而导致大宗商品需求增速减缓有关，不过贡献比例基本在10%以上。

第二，比较控制金融化指标前后的方差分解结果可以发现，除个别时点外（2013年下半年以及2016年11月和12月），在绝大多数时段内，控制金融化指标之前，大宗商品价格冲击对工业产出波动的贡献度均明显高于控制金融化指标之后，说明金融化使得大宗商品价格冲击对工业产出波动的解释力增强，即国际大宗商品市场金融化对工业产出波动存在放大效应，这与全样本分析结论一致。

第三，相比于其他时期，在2009年以及2014下半年至2016上半年，控制金融化指标前后的贡献度差异更大，表明这些时段内金融化对产出波动产生了更强的放大效应。根据前文的分析，国际大宗商品市场金融化主要通过信息渠道作用于我国宏观经济波动，而该传导途径存在于信息摩擦环境中，信息摩擦越严重，信息渠道的重要性越高。2009年为全球金融危机加剧恶化的阶段，全球金融市场发生剧烈动荡，外部经济环境具有高度不确定性，信息摩擦尤为严重。在这样的情况下，金融化经由信息渠道对我国实体经济产生的影响增强。2014年以来，我国经济发展进入新常态，开始步入经济增长速度换挡期、前期刺激政策消化期和结构调整阵痛期"三期叠加"的新阶段，经济运行面临的风险和挑战不断升级；国际经济也步入深度调整转型阶段，2014年年底美联储退出了量化宽松政策并于2015年年底开启新一轮的加息周期，对全球经济、金融及大宗商品市场造成巨大冲击。由此可见，2014年以来国内外经济形势日益复杂，增大了信息环境的复杂性和不确定性，从而强化了信息渠道的传导作用，导致国际大宗商品市场金融化对我国工业产出波动的放大效应进一步增强。

图7.8展现了控制金融化指标前后成本冲击和信心冲击对中国工业产出波动贡献度的时变情况，分别由未控制金融化指标和控制金融化指标的成本渠道模型（Model 2）及信息渠道模型（Model 3）经滚动窗口估计而得[①]。

[①] 在前期的滚动区间中，VAR模型特征根的倒数常落在单位圆外，可能是样本前期存在潜在的结构断点，导致模型不稳定。为保证结果的可靠性，我们对这些数据点予以删除，因此最终贡献度的时间序列从2010年4月开始。

(a) COST→Y

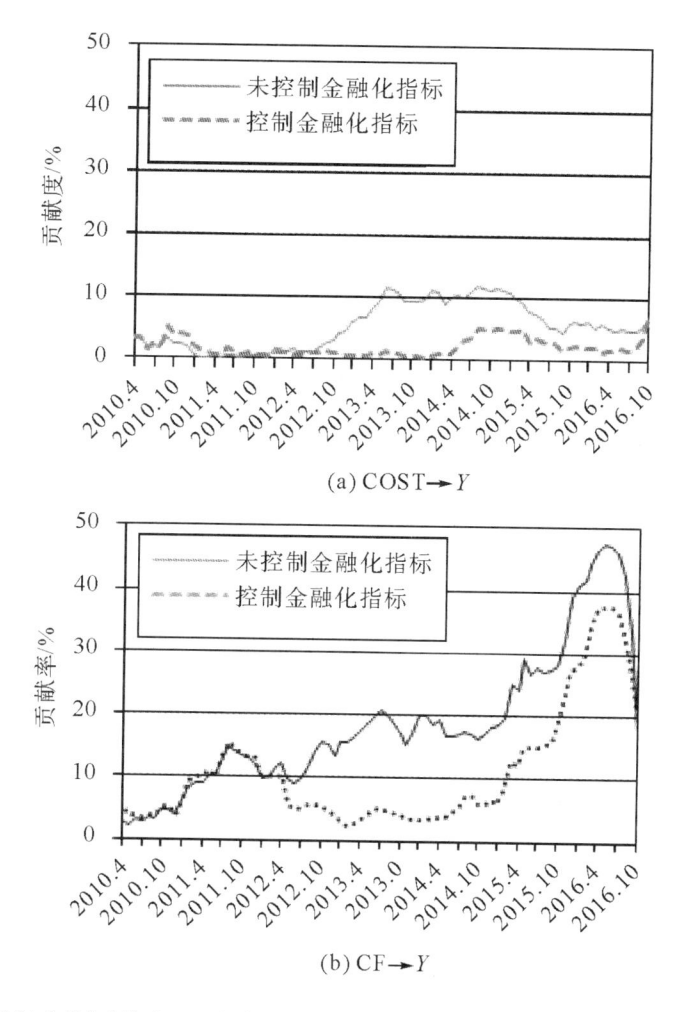

(b) CF→Y

注：以84个月作为滚动VAR的窗口长度，以第6期作为方差分解的预测期。

图7.8　控制金融化前后成本冲击和信心冲击对中国工业产出波动贡献度的时变情况

从图7.8可以看出：①2010—2016年，原材料成本对工业产出波动的贡献度远低于市场主体信心对工业产出波动的贡献度，前者均值为5%左右，最大值为11.85%，后者均值为20%左右，最大值达到47.43%，表明信息渠道对国际大宗商品价格冲击的传导作用远强于成本渠道，这与全样本分析结论一致，且两者的差异自2015年以来逐步变大，意味着近年来信息渠道相对于成本渠道的重要性进一步提升。②在2012年之前，控制金融化指标前后渠道变量（原材料成本/企业家信心）对工业产出波动的贡献度未发生显著改变；而2012年之后，相较于未控制金融化指标的情况，无论是原材料成本还是企业家信心对工业产出波动的贡献比例在控制金融化指标之后均明显下降，且后者的降幅更大，表明信息渠道是国际大宗商品市场金融化对我国工业产出波动产生放大效应的主要传导途径，再次印证了全样本分析的结论。

7.4 对作用机制的实证检验

上一节分析证实，国际大宗商品市场金融化对中国工业产出波动具有放大效应，并且信息渠道是该放大效应的主要传导途径。本节把国际大宗商品价格分解为基本面成分和噪音成分，以进一步探究金融化经由信息渠道产生的影响效应究竟是源于信息显示机制还是信号扭曲机制。若金融化的影响主要由基本面成分体现，则说明信息显示机制发挥主导作用，在这一情况下，金融化对工业产出的放大效应本质上还是反映了经济基本面的变化；如果金融化的影响主要由噪音成分体现，则意味着信号扭曲机制发挥主导作用，在此机制下，金融化为外部金融风险向国内实体经济部门传递提供了新的通道，威胁国内经济的平稳运行，增大了宏观调控难度。

7.4.1 国际大宗商品价格分解与 VAR 模型构建

我们对国际大宗商品价格进行成分分解，参照陈彦斌和唐诗磊（2009）、胡永刚和郭长林（2012）的做法，采用较为稳健的回归分解法，即以大宗商品价格为被解释变量，对宏观经济的代表性变量进行回归，拟合值和残差项则可分别刻画国际大宗商品价格中的基本面成分和噪音成分。

具体来讲，我们采用第 5 章中基于高维经济信息集提取的 7 个基本面因子作为经济基本面的代表。如前所述，这一做法能够有效避免信息遗漏，充分控制经济基本面的影响。我们以国际大宗商品价格（CRB）对基本面因子进行多元回归[①]，回归拟合值代表国际大宗商品价格中的经济基本面成分（fundamental），残差项则为大宗商品价格中由金融投机等非基本面力量驱动的信息噪音成分（noise）。为增强分解结果的精确度和稳健性，我们采用带结构断点的最小二乘方法估计回归模型，结构断点根据 Bai-Perron（1998，2003）多重断点检验进行确定。经检验，回归模型存在 3 个结构断点，分别为 2002 年 1 月、

---

① 基本面因子数据起始点为 1997 年 3 月，为增加样本量以提高估计精度，回归分解采用的时间区间为 1997 年 3 月至 2016 年 12 月。

2004年12月和2008年1月。其中,第二个断点与金融资本开始大规模涌入国际大宗商品市场的时点一致,第三个断点则在全球金融危机期间,与现实情况相符,表明分解回归效果良好。模型的调整R^2为0.753,说明整体而言,大部分的国际大宗商品价格波动能够为经济基本面所解释。值得注意的是,虽然噪音成分在大宗商品价格中的占比相对较低,但并不代表其不具有重要的宏观经济效应。

为进一步检验国际大宗商品市场金融化影响工业产出的作用机制,本书把国际大宗商品价格分解成分,即基本面成分(fundamental)和噪音成分(noise),作为内生变量引入VAR模型,构建Model 4(fundamental, noise, Y, P)。本书同样以金融化指标作为外生变量,通过比较控制金融化指标前后的估计结果,来确定金融化具体的作用机制。如果控制金融化指标前后,fundamental对工业产出的影响差异更大,则说明金融化的影响主要来自经济基本面;如果noise对工业产出的影响差异更大,则说明金融化的影响主要源于金融投机的作用。

7.4.2 脉冲响应与方差分解分析

7.4.2.1 含国际大宗商品价格分解成分的脉冲响应结果

图7.9给出了未控制金融化指标情况下含国际大宗商品价格分解成分的脉冲响应结果。

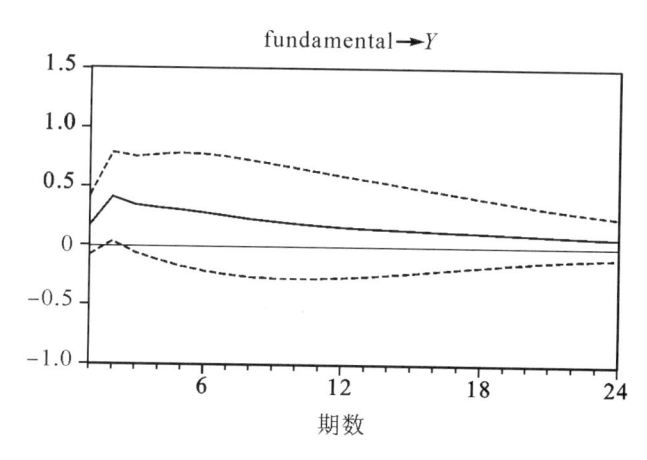

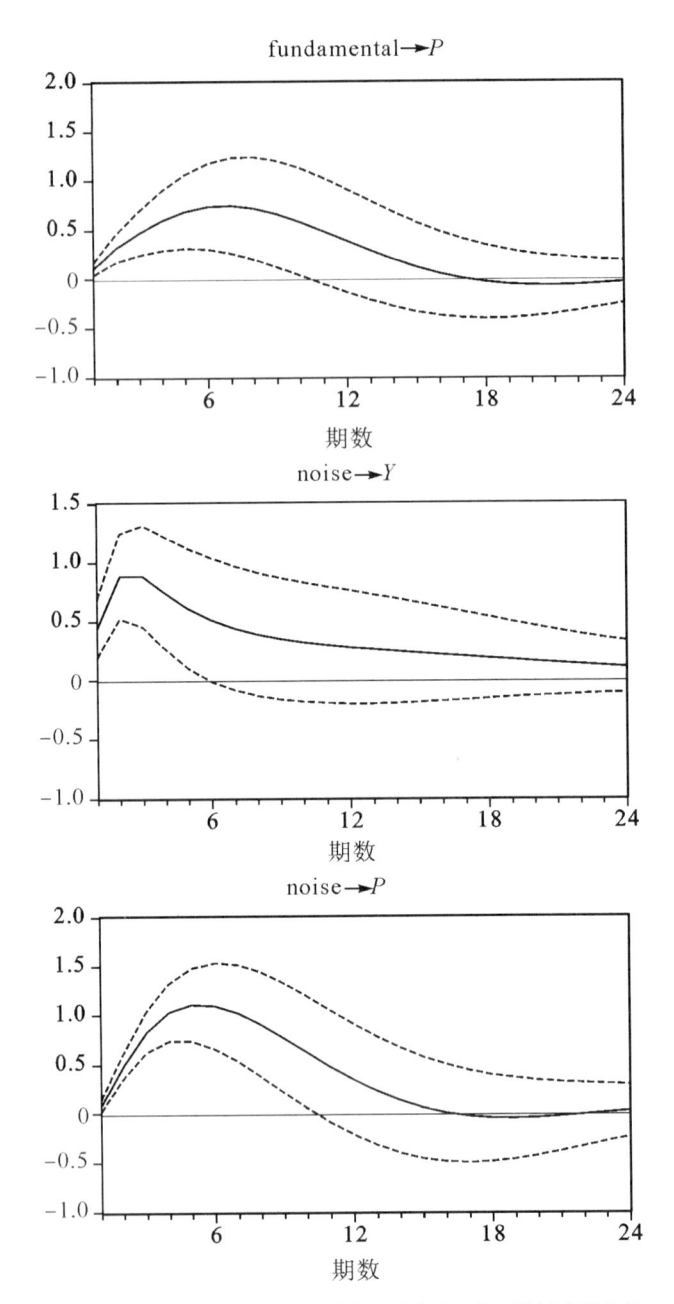

注：图中实线为脉冲响应函数估计值，虚线为正负两倍标准误差带。

图 7.9 未控制金融化指标情况下含国际大宗商品价格分解成分的脉冲响应结果

从图 7.9 可以看出，反映经济基本面的国际大宗商品价格上涨与反映非基本面的国际大宗商品价格上涨对工业产出和价格水平均存在正向影响，这再次印证了国际大宗商品价格变动通过信息渠道影响我国工业产出的传导途径。但基本面成分 fundamental 和噪音成分 noise 对各变量的影响强度却存在显著差异。

面对 fundamental 一个标准差的正向冲击，工业产出 Y 在第 1 期的响应系数为 0.17，但不显著，响应值在第 2 期显著并达到最大（0.41），之后逐渐下降，至第 24 期稳定在 0.07 左右。面对 noise 一个标准差的正向冲击，Y 从第 1 期开始便显著上升，响应系数为 0.45，响应值在第 2 期升至 0.88，在第 3 期达到最大，随后影响逐渐减弱，至第 24 期稳定在 0.11 左右。由此可以发现，我国工业产出对由信息噪音引起的国际大宗商品价格波动具有较大的反应，而对由经济基本面驱动的国际大宗商品价格变动的反应则小得多。类似地，价格水平 P 对 fundamental 冲击的响应程度也明显小于对 noise 冲击的响应程度。因此，尽管非基本面成分在国际大宗商品价格中的占比低于基本面成分，但前者对我国宏观经济的影响却远强于后者。

图 7.10 给出了控制金融化指标情况下含国际大宗商品价格分解成分的脉冲响应结果。

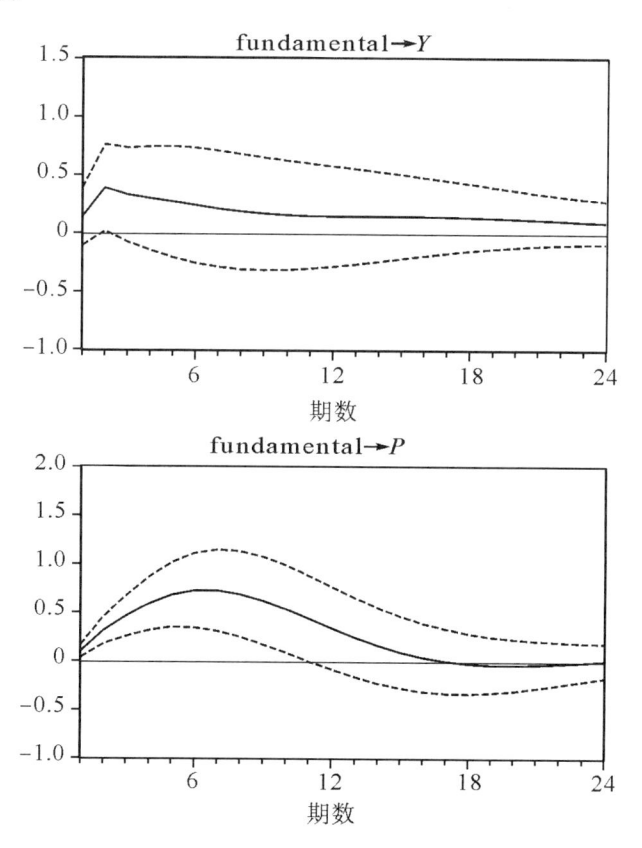

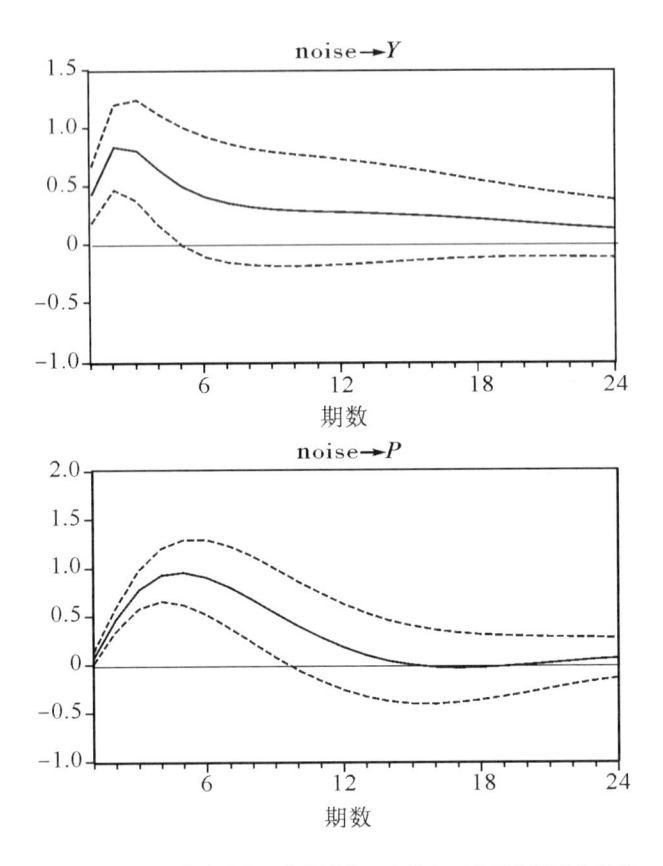

注：图中实线为脉冲响应函数估计值，虚线为正负两倍标准误差带。

图7.10 控制金融化指标情况下含国际大宗商品价格分解成分的脉冲响应结果

比较图7.9与图7.10可以发现，两者的响应形态相似，但响应幅度则有所不同。图7.10显示，在控制金融化指标的情况下，面对fundamental一个标准差的正向冲击，工业产出 Y 在第1期的响应系数为0.14，但不显著，第2期呈显著正向响应，响应值达到最大（0.39），其后逐渐衰减，在第24期保持在0.09左右；面对noise一个标准差的正向冲击，Y 从第1期开始呈显著正向反应，响应系数为0.42，在第2期上升至最大值0.83，随后逐步下降，至第24期稳定在0.12左右。总体来讲，与未控制金融化指标的情况相比，控制金融化指标之后，工业产出对由基本面驱动和由信息噪音引起的国际大宗商品价格变动的反应程度均出现下降，表明在金融化作用下，反映经济基本面的国际大宗商品价格变动和反映非基本面的国际大宗商品价格变动对工业产出的影响均有所增强；但从脉冲响应的幅度和显著程度来看，控制金融化指标前后非基本面成分的影响差异更大。

7.4.2.2 含国际大宗商品价格分解成分的方差分解结果

表 7.3 的方差分解对比结果更加精确地展示了控制金融化指标前后,国际大宗商品价格分解成分对工业产出波动贡献度的变化情况。

表 7.3 控制金融化指标前后含国际大宗商品价格
分解成分的方差分解对比结果　　单位:%

期数	未控制金融化指标		控制金融化指标	
	fundamental→Y	noise→Y	fundamental→Y	noise→Y
3	3.366	18.912	3.082	16.534
6	3.966	19.916	3.457	15.996
9	4.232	19.350	3.503	15.145
12	4.370	19.171	3.566	15.076
15	4.484	19.212	3.704	15.309
18	4.585	19.300	3.871	15.541
21	4.660	19.359	4.007	15.668
24	4.705	19.381	4.088	15.707
30	4.736	19.375	4.142	15.697
36	4.740	19.368	4.153	15.692

由表 7.3 可以看出,在未控制金融化指标的情况下,基本面成分(fundamental)对工业产出波动的贡献度(4%左右)远小于噪音成分(noise)的贡献度(19%左右)。在控制金融化指标之后,基本面成分对工业产出波动的贡献比例基本在4%附近,较控制金融指标之前略有下降,但下降幅度非常有限,几乎可以忽略;而控制金融化指标之后,噪音成分对工业产出波动的贡献比例变为15%左右,较控制金融化指标之前明显下降。总体来看,金融化使得噪音成分对工业产出的影响力显著增强,但对基本面成分影响力的强化效果则十分微弱。因此,金融化对工业产出的放大效应主要由噪音成分体现。

前文研究证实,国际大宗商品市场金融化经由信息渠道对我国工业产出波动产生了放大效应。本小节进一步将该放大效应的作用机理分解为信息显示机制和信号扭曲机制,并发现信号扭曲机制的作用占据主导地位。具体来讲,在不完全信息环境中,国际大宗商品价格具有信号传递功能,市场主体根据国际大宗商品价格信号进行投资消费决策,而由于存在信息摩擦,市场主体无法对由经济基本面驱动的和由非基本面(信息噪音)驱动的国际大宗商品价格变动进行区分。当金融投机引发国际大宗商品价格上涨时,市场主体会做出经济基本面向好的错误判断,进而增加投资和消费,导致产出扩张;而金融化给国际大宗商品市场带来了更多的投机噪音,表现为国际大宗商品价格中的金融投机成分增多,价格上涨幅度更大,从而对国际大宗商品价格信号产生了更强的扭曲作用,提高了产出的扩张程度。同理,当金融投机引发国际大宗商品价格下跌时,市场主体会错误地认为经济景气下滑,减少投资和消费,导致产出下降,而金融化增加了国际大宗商品价格信号的扭曲程度,从而增加了产出的下降幅度。

7.4.3 滚动回归分析

除全样本分析外,我们还采用滚动样本方法估计 Model 4。图 7.11 展示了控制金融化指标前后国际大宗商品价格分解成分对中国工业产出波动贡献度的时变情况。

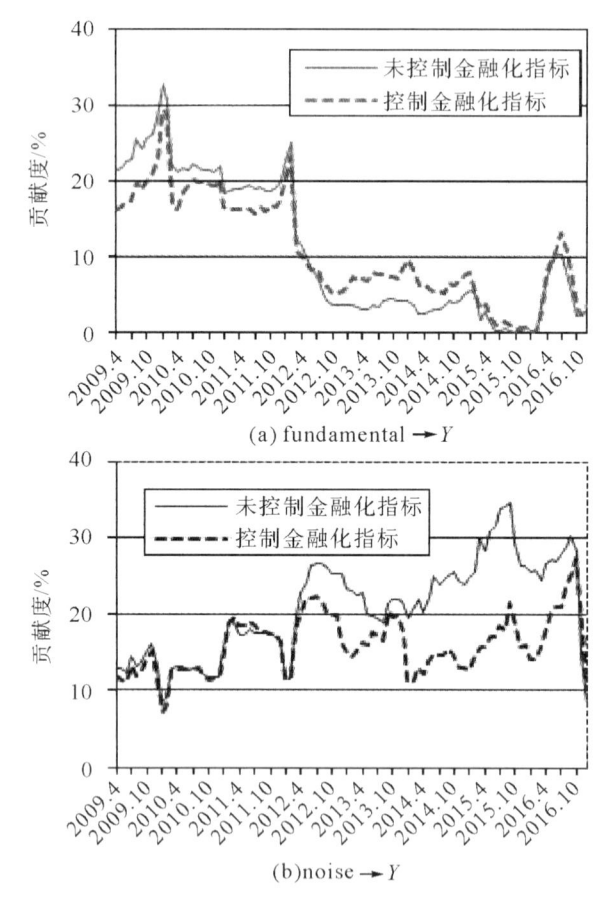

注:以 84 个月作为滚动 VAR 的窗口长度,以第 6 期作为方差分解的预测期。

图 7.11 控制金融化指标前后国际大宗商品价格分解成分对中国工业产出波动贡献度的时变情况

从图 7.11 可以看出：①2009—2012 年，基本面成分对工业产出波动的贡献比例高于噪音成分的贡献比例，而自 2012 年起情况发生反转，噪音成分的贡献度超过基本面成分，且两者间的差异较 2012 年之前明显增大。②对基本面成分而言，在 2012 年 6 月之前控制金融化指标情况下其对工业产出波动的贡献度低于未控制金融化指标情况下的贡献度，而 2012 年 6 月之后控制金融化指标情况下的贡献度则高于未控制金融化指标的情况。不过除 2009 年之外，多数时期内控制金融化指标前后的差异并不大。而在 2009 年，由经济基本面引发的国际大宗商品价格变动对我国工业产出产生了重要影响，金融化则进一步放大了这一影响效应。③对噪音成分而言，在 2009—2016 年的多数时段内，控制金融化指标之前其对工业产出波动的贡献度均要高于控制金融化指标之后。两者间的差异在 2012 年之前较小，而在 2012 年之后则明显增大，差异程度在 2014 年至 2016 年上半年期间进一步提升。总体而言，控制金融化前后噪音成分对工业产出波动贡献度的变化幅度要明显大于基本面成分贡献度的变化幅度。

此前图 7.7 显示，在 2009—2016 年的多数时期内，国际大宗商品市场金融化对中国工业产出波动均存在放大效应，而该放大效应在 2009 年以及 2014 年以来更加明显。而图 7.11 的结果则进一步表明，金融化的放大效应主要由噪音成分体现，即金融化对工业产出的影响机理主要表现为信号扭曲机制。尤其是 2014 年以来，随着我国经济进入新常态以及美联储退出量化宽松政策，国内外经济环境的不确定性大幅增加，信息摩擦更加严重，信号扭曲机制得到强化，使得金融化对我国工业产出波动的放大效应显著增强。不过在 2009 年，金融化的影响却主要表现为信息显示机制，这一不同的作用机制可能与全球金融危机有关。

观察国际大宗商品价格中基本面成分和噪音成分的变动情况（见图 7.12）可以看出，从总体上讲，噪音成分的变动更加频繁，尤其是在后危机时代，噪音成分的波动幅度明显增大。但在 2009 年全球金融危机加剧恶化阶段，基本面成分的同比跌幅最高达到 55%（2009 年 3 月），下跌幅度和速度远超样本区间（2002 年 3 月至 2016 年 12 月）其余时段，也明显大于噪音成分的变化幅度。

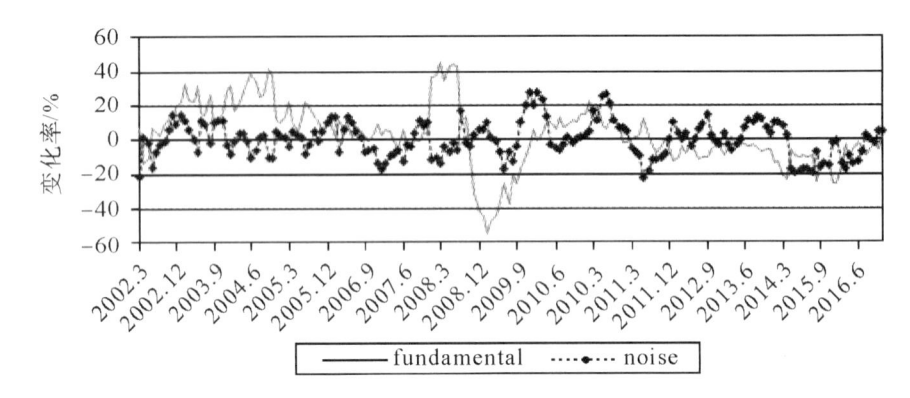

图 7.12　国际大宗商品价格中基本面成分和噪音成分的变动情况

2009 年，全球金融危机的影响从金融市场蔓延至实体经济领域，导致世界经济严重衰退，由基本面引发的国际大宗商品价格下跌对国内经济主体信心造成了重大打击，进而对工业产出产生负面影响。与此同时，金融市场中的投资者也遭受重创，在大量抛售金融资产的同时也对所持有的国际大宗商品资产进行平仓或卖空操作，进一步增加了国际大宗商品价格的下跌幅度，工业产出所受的负面影响也随之增大。可见，金融危机的极端事件给实体经济和金融领域均带来了沉重打击。在这样的背景下，国际大宗商品价格下跌向国内市场主体传递了全球经济恶化的不利信号，而金融化则对这一负向信号起到了放大作用，从而增强了国际大宗商品价格变动对我国工业产出的影响。因此，在 2009 年，国际大宗商品市场金融化对我国工业产出波动的放大效应主要由信息显示机制导致。

7.5　稳健性检验与进一步分析

现对上述实证结果进行稳健性检验。首先，我们针对 VAR 模型设定，重新调整内生变量排序，将价格水平 P 排在工业产出 Y 之前。经验证，脉冲响应和方差分解结果并没有发生明显改变。其次，我们针对滚动回归分析，采用不同的滚动窗口长度和方差分解预测期。图 7.13 先后展示了 84 个月滚动窗口——第 12 期预测、90 个月滚动窗口——第 6 期预测和 90 个月滚动窗口——第 12 期预测的估计结果。由此可以看出，更改滚动窗口和预测期后得到的结果与图 7.7、图 7.8 和图 7.11 的结果基本一致。

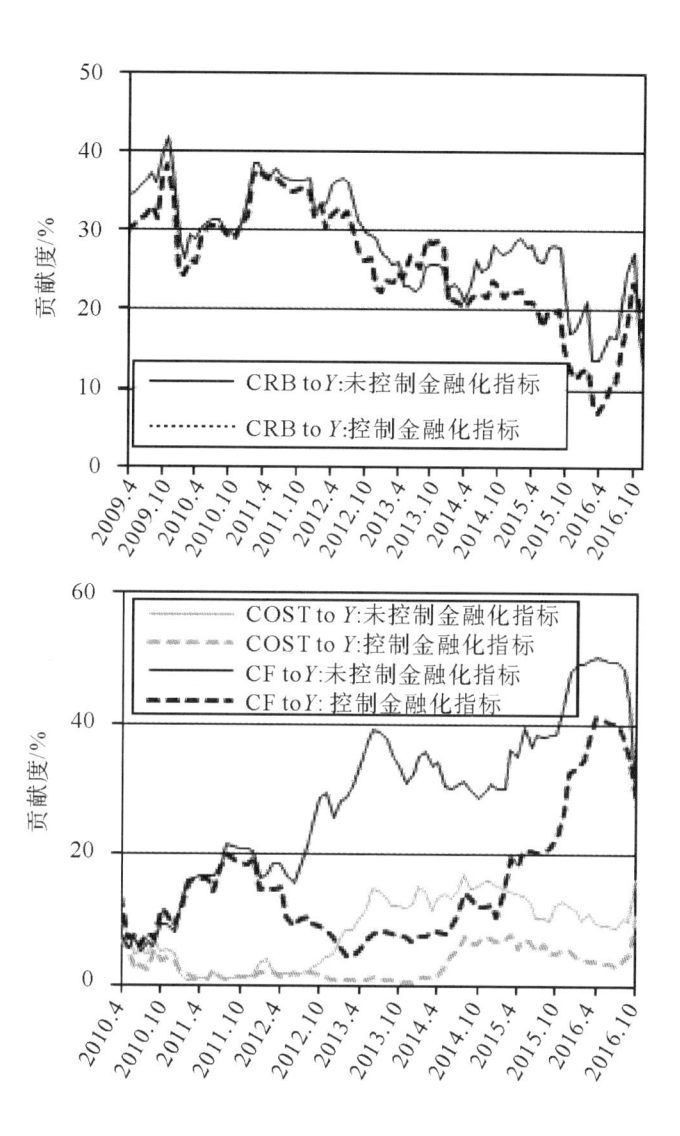

7 国际大宗商品市场金融化对中国工业产出的影响分析

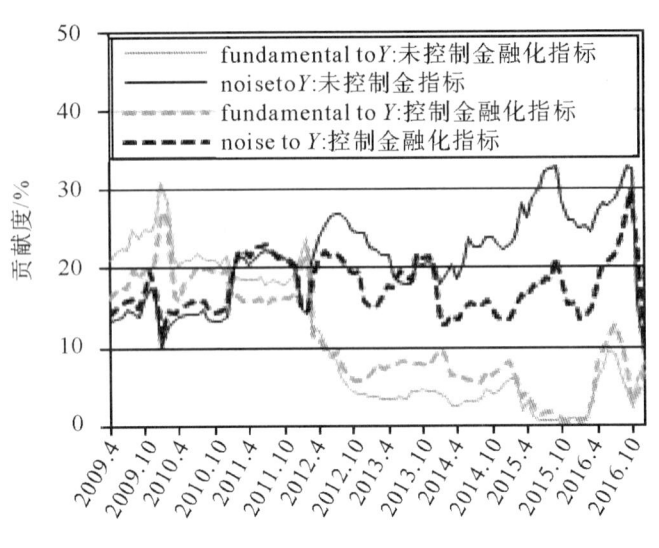

(a) 84个月滚动窗口——第12期预测

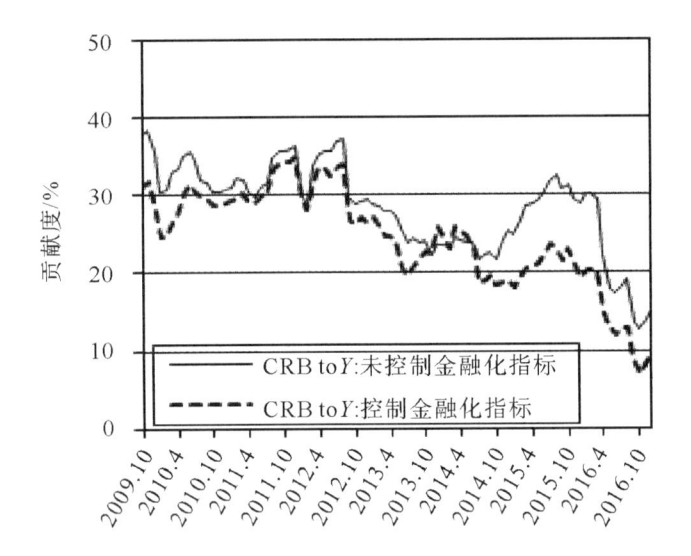

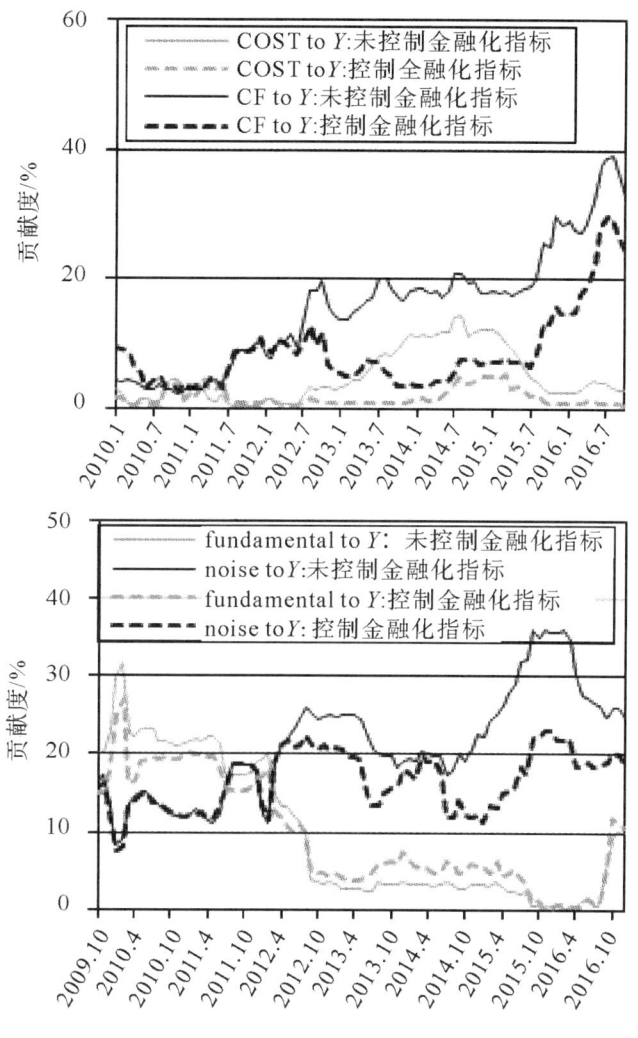

(b) 90 个月滚动窗口——第 6 期预测

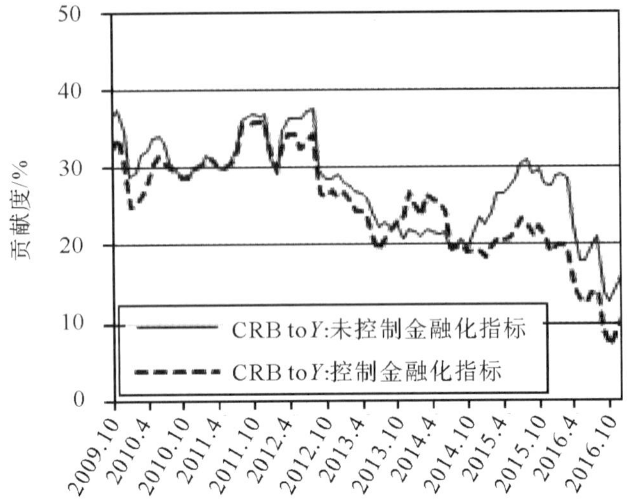
50
40
30
20
10
0
贡献度/%
CRB to Y:未控制金融化指标
CRB to Y:控制金融化指标
2009.10
2010.4
2010.10
2011.4
2011.10
2012.4
2012.10
2013.4
2013.10
2014.4
2014.10
2015.4
2015.10
2016.4
2016.10

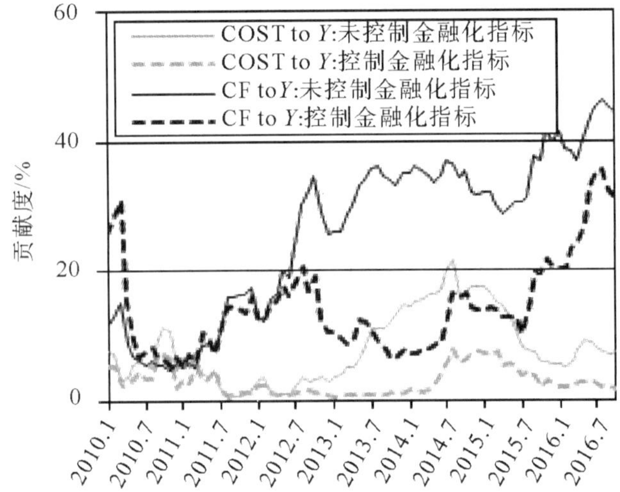
60
40
20
0
贡献度/%
COST to Y:未控制金融化指标
COST to Y:控制金融化指标
CF to Y:未控制金融化指标
CF to Y:控制金融化指标
2010.1
2010.7
2011.1
2011.7
2012.1
2012.7
2013.1
2013.7
2014.1
2014.7
2015.1
2015.7
2016.1
2016.7

(c) 90个月滚动窗口——第12期预测

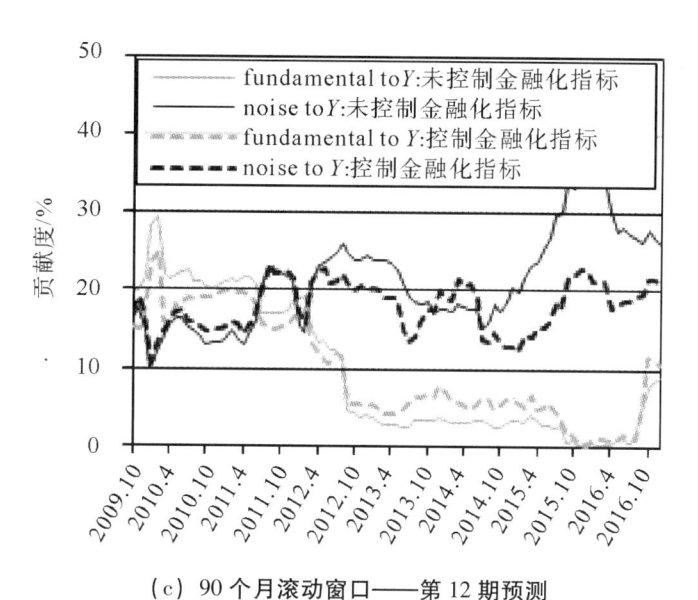

图7.13 滚动回归分析的稳健性检验

此外，前文提到，企业家信心指数和消费者信心指数均可用于刻画市场主体预期，而根据理论分析与实际情况，前者可能更适用于本章研究。为验证这一推测，我们以消费者信心指数（CF_A）代替企业家信心指数，再次通过VAR分析来重新度量信息渠道的传导作用，此时的信息渠道模型变为Model 3A（CRB, CF_A, Y, P）。表7.4给出了以消费者信心为信息渠道变量（Model 3A）的方差分解结果。

表7.4 以消费者信心为信息渠道变量的（Model 3A）方差分解结果

单位:%

期数	未控制金融化指标		控制金融化指标	
	CRB→CF_A	CF_A→Y	CRB→CF_A	CF_A→Y
3	4.407	2.661	3.901	2.484
6	7.794	1.971	6.458	1.863
9	7.907	2.272	6.547	2.262
12	8.864	2.576	7.778	2.687
15	10.486	2.751	9.189	2.966
18	11.360	2.829	9.757	3.125

表7.4(续)

期数	未控制金融化指标		控制金融化指标	
	CRB→CF_A	CF_A→Y	CRB→CF_A	CF_A→Y
21	11.535	2.859	9.829	3.219
24	11.513	2.870	9.809	3.284
30	11.480	2.882	9.794	3.372
36	11.494	2.886	9.818	3.421

与表7.2结果相比，可以看出，国际大宗商品价格变动对消费者信心波动的贡献度显著小于对企业家信心波动的贡献度，而消费者信心对工业产出波动的解释力远弱于企业家信心对工业产出波动的解释力，这与陈彦斌和唐诗磊（2009）、潘建成和唐诗磊（2010）以及陈红等（2015）的发现一致。在控制金融化指标之后，国际大宗商品价格对消费者信心的贡献度下降，与采用企业家信心的度量结果相一致，但前者的降幅明显小于后者；而与采用企业家信心的估计结果截然不同，在控制金融化指标之后，消费者信心对工业产出贡献度的变化幅度极小，甚至略有上升。综合来看，金融化使得国际大宗商品价格对国内消费者的信号传递效应有所增强，但效果并不明显，而相对应的是，金融化显著增强了国际大宗商品价格对国内企业家的信号传递效应，这与此前的预期相符。如前所述，造成上述结果的可能原因有：①相比于消费领域，与企业家相关的出口和投资领域与国际大宗商品价格的联系更为紧密；②我国经济结构处于严重失衡状态，投资和出口对经济增长的拉动作用远高于消费；③消费者对于经济形势的关注度以及对经济信息的收集、吸收和处理能力弱于企业家，导致企业家行为更易受到信号传递效应的影响。

7.6 本章小结

本章在理论分析的基础上，构建 VAR 分析框架，采用 2002—2016 年的月度数据，就国际大宗商品市场金融化对中国工业产出的影响效应、传导渠道和作用机制进行了层层递进的深入探究。

首先是影响效应分析。实证结果表明，金融化导致国际大宗商品价格冲击对我国工业产出的影响增强，即国际大宗商品市场金融化对我国工业产出波动存在显著的放大效应，且该放大效应在全球金融危机期间以及 2014 年以来更加明显。

其次是传导渠道分析。研究发现，信息渠道是国际大宗商品市场金融化对我国工业产出产生放大效应的主要传导途径，成本渠道的传导机制受阻。由第4章和第5章的研究可知，全球经济基本面尤其是发达国家的实体经济需求对国际大宗商品价格具有重要影响。因此，国际大宗商品价格变动在一定程度上反映了经济景气信息。在复杂多变的全球经济环境中，市场主体无法及时观察到经济运行的真实状况，国际大宗商品价格已然成为国内市场主体对世界经济形势判断和预测的重要依据之一，这保证了信息渠道的通畅。而由于上游企业具有较强的成本转嫁能力、经济增长对国际大宗商品存在刚性需求、政府采取政策干预缓解企业成本压力等原因，我国工业生产对大宗商品原材料成本的敏感性较低，致使金融化影响工业产出的成本渠道受阻。

最后是作用机制分析。本章进一步将国际大宗商品市场金融化经由信息渠道对工业产出产生放大效应的作用机理分解为信号扭曲机制和信息显示机制。研究发现，总体来看，信号扭曲机制占据主导地位：由于存在信息摩擦，市场主体会错误地将由金融投机引发的国际大宗商品价格变动归因于经济基本面变化，并对此做出反应，引发产出变动，即金融投机扭曲国际大宗商品价格信号；而金融化带来了更多的投机噪音，增加了价格信号的扭曲程度，从而放大了产出的变化。尤其是2014年以来，国内外经济形势日益复杂，国内方面，我国经济发展进入新常态，开始步入经济增长速度换挡期、前期刺激政策消化期和结构调整阵痛期"三期叠加"的新阶段，经济运行面临的风险和挑战不断升级；国际方面，美联储退出了量化宽松政策并开启新一轮的加息周期，对全球经济、金融以及国际大宗商品市场造成巨大冲击。因此，在经济不确定性日益增强的背景下，信息摩擦更加严重，信号扭曲机制得到强化，使得金融化对我国工业产出波动的放大效应进一步增强。但在2009年，金融化的作用机理却主要表现为信息显示机制。其原因在于，全球金融危机给实体经济和金融领域均带来了沉重打击，在这样的背景下，国际大宗商品价格下跌向国内市场主体传递了全球经济衰退的不利信号，而金融化则对这一负向信号起到了放大作用，从而增强了国际大宗商品价格变动对我国工业产出的影响。

本章的结论具有重要的政策含义：首先，中国宏观政策制定者应高度重视并密切关注国际大宗商品市场的金融化趋势，加强对国际大宗商品价格走势的分析预测能力，将金融化特征作为重要因素纳入考察范围，完善国际大宗商品价格预警体系，防范外部金融风险通过国际大宗商品渠道向国内实体经济部门传导。其次，为降低国际大宗商品市场金融化给我国经济带来的负面影响，除采取适度的政策干预外，政府部门更应重视预期管理，加强与市场主体的信息沟通，及时发布、解读国际大宗商品信息，帮助市场主体正确评价经济形势，合理有效地引导市场主体预期，降低其对信息噪音的过度反应。最后，为从根本上增强我国经济抵御外部冲击的能力，屏蔽国际大宗商品市场金融化带来的信息噪音，政府部门必须坚持深化经济结构调整，提高资源利用率；提升大宗商品战略储备，建立稳定的境外大宗商品供应体系；积极争取大宗商品定价权。

8 结论与展望

8.1 研究结论

本书以国际大宗商品市场金融化的内部特征与外部影响为研究主题，着重分析：国际大宗商品市场的金融化进程，对内如何改变其价格形成机制，对外在金融投资领域和实体经济层面产生了怎样的影响。国际大宗商品市场金融化的内部特征是指金融化给国际大宗商品市场自身带来的改变，对此，本书以价格形成机制为切入点，从金融交易影响的角度探讨金融化进程中一维与多维价格动态的形成机理，深入剖析国际大宗商品市场金融化与其价格动态演变间的关系。国际大宗商品市场金融化的外部影响是指金融化对国际大宗商品市场以外的其他相关领域产生的外溢效应，对此，本书具体以投资组合优化和中国工业产出为落脚点，分别探究了国际大宗商品市场金融化在金融投资领域和实体经济层面的外部影响。基于以上几个方面的分析，本书得到的主要结论如下：

（1）在第 4 章中，本书在一维框架下，通过对金融投机与实体经济需求对单个商品价格的相对影响力，以及金融投资者交易行为在个体商品价格波动中的作用进行深入分析，揭示了金融化与一维价格动态间的关系。首先，我们借鉴 Sockin 和 Xiong（2015）的信息摩擦理论阐述了金融投机对国际大宗商品价格的影响机制：金融投机作为国际大宗商品市场中的非基本面力量，具有信息噪音的属性；在完全信息条件下，国际大宗商品价格变动由实体经济需求决定；在不完全信息条件下，国际大宗商品价格会受到金融投机等信息噪音的干扰，且市场信息摩擦程度越高，信息噪音的影响将越强。其次，在对金融投机进行明确识别的基础上，我们实证检验了国际大宗商品价格在不同信息环境中受金融投机和实体经济需求的影响差异。研究发现：长期中，国际大宗商品价格变动由实体经济需求主导，而短期中，国际大宗商品价格变动由金融投机主导,来自库存和供给变动的信息噪音也产生明显干扰;短期中,相对于低信息摩擦环境,在市场波动性较大、金融压力较高和投资者情绪高涨的高信息摩擦环境中,以金融投机为主的信息噪音对国际大宗商品价格的影响更强。

进一步分析证实,金融投资者在国际大宗商品市场中的交易行为既包含投机成分,又可能与经济基本面相关;而当市场信息摩擦程度加重时,金融投机对国际大宗商品价格的影响增强,金融投资者的市场份额反而降低。因此,金融化对个体商品价格波动具有"双刃剑"的作用:一方面,金融投机交易大幅增加会带来严重的信息噪音,扭曲国际大宗商品价格,致使其偏离基本面水平而剧烈波动;另一方面,金融投资者参与度的上升也有可能为市场注入更多有效的基本面信息,从而帮助国际大宗商品价格实现基本面价值,两者何为主导取决于市场信息摩擦的程度。

当前学术界和实务界主要从市场规模层面出发,强调通过提高对金融投资者的持仓限制等手段来抑制国际大宗商品价格的剧烈波动。基于本部分的研究,本书认为,在金融化背景下,平抑国际大宗商品价格波动更为有效的措施应是从市场质量层面出发,提高国际大宗商品市场透明度,减少信息摩擦,降低信息噪音对商品价格的影响。具体而言,要在长期中降低信息摩擦,应鼓励商品期货交易所披露更加详细的持仓报告,细化交易者类别。当前,最为详尽的持仓信息来自 CFTC 大户报告系统(LTRS)的细分持仓记录,该系统将交易者类型细分为 28 种,并向持仓规模超过一定水平的交易者收集每日持仓数据,用以监测和阻止市场操纵行为。但 LTRS 细分持仓数据尚未公开,普通参与者无法获得,因此交易所应扩大信息披露范围,并强化信息核查,以使交易者如实报告交易动机,从而帮助参与各方对日益复杂的金融交易行为和市场趋势进行有效判断。短期中的信息摩擦不仅源于缺少细分的金融持仓信息,还与持仓信息公布频率较低有关。目前,国际商品期货市场中公开的持仓报告,如 COT 报告,数据频率最高为周,这给金融投机噪音提供了短期有效的掩护。因此,要抑制短期内的信息摩擦,交易所不仅需要公布更加细分的持仓数据,还需要保证信息披露的及时性,增加公布频率。

(2)在第 5 章中,本书在多维框架下,从非基本面角度考察跨类别商品间的价格关联机制,并着重探究金融交易力量对关联性演变的解释力,揭示了金融化与多维价格动态间的关系。为全面、准确地刻画金融化在国际大宗商品市场内部融合过程中的作用,本书将 Pindyck 和 Rotemberg(1990)的"过度联动"思想与 Diebold 和 Yilmaz(2012,2014)的溢出指数方法相结合,构建"过度溢出"分析框架,并将国际大宗商品价格的过度溢出效应定义为不能被经济基本面解释的关联性。过度溢出度量结果显示：①21 世纪以来，过度溢出的总体强度较高，意味着过滤掉经济基本面的影响之后，国际大宗商品价格间依然存在显著的关联性；②过度溢出强度的动态路径与金融化的发展趋势高度一致，其在 2004—2008 年呈明显的上升趋势，并在全球金融危机期间显著增强；③个体商品在过度溢出网络中扮演的角色不同且随时间不断变化。

在此基础上，本书进一步采用回归分析对金融化与过度溢出的关系进行直接检验。研究发现：①金融投资者参与度上升、金融交易活动增加会导致过度溢出效应增强，我们认为其背后的作用机制可由风格效应来解释；②过度溢出强度的变化在很大程度上能够被对冲基金和指数基金的交易活动解释，并且解释力度随时间推移不断提高；③对于个体商品，其市场中对冲基金的相对参与度越高，则越可能成为过度溢出的净传递者，指数基金的相对参与度越高，则越容易成为过度溢出的净接收者，而两类投资者在过度溢出传导机制中发挥的不同作用主要与其交易策略的差异性有关。

通过本部分研究，本书证实，近年来国际大宗商品市场所呈现的内部融合趋势并非是由基本面因素导致的暂时性变化，而是金融化作用下的新常态。随着金融化进程的加速深化，国际大宗商品价格间的关联性日益增强，这将给大宗商品进口国带来严重的通货膨胀压力，同时也不利于大宗商品出口国分散收入风险。为此，在金融化背景下，各国政府除了应对直接贸易的大宗商品及其产业链上的价格进行局部监测，还需要建立国际大宗商品价格的多维监测系统和预警机制：一方面，当贸易篮子中的某一大宗商品价格偏离基本面而异常变动时，应同时关注篮子中所有其他大宗商品的价格变化，及时防范潜在的风险扩散；另一方面，也不应忽视没有被本国进口或出口，但是广泛出现于金融投资者资产组合中的其他大宗商品的价格变动，尤其应加强关注被对冲基金和指数基金大规模交易的大宗商品的价格走势情况，以避免这些商品的价格波动通过风格效应传导至贸易篮子中，进而对国内的经济增长和稳定造成影响。

（3）在第 6 章中，本书以投资组合优化为落脚点，基于微观投资者视角考察国际大宗商品市场金融化在金融投资领域的外部影响。本章按金融化程度对商品期货进行分组，通过比较不同金融化程度的商品期货对股票债券组合的绩效改善能力，来判断金融化对投资组合优化的影响。结果表明：①总体而言，在当前的金融化进程中，将商品期货纳入资产配置范围，依然可以获得良好的风险分散效果；②在股票债券组合中引入过高或过低金融化程度的商品期货，仅有助于降低组合风险，但无法提升组合收益；而引入中等金融化程度的商品期货，能够同时达到提升组合收益和降低组合风险的效果；③金融化对投资组合优化的影响主要体现在收益而非风险方面，商品期货对资产组合的收益提升能力与其金融化程度间存在倒"U"形关系；④过低或过高的金融化程度均不是商品期货发挥组合优化功能的理想状态，只有在适中的金融化程度下，投资者在资产组合中配置商品期货才可获得最大的潜在利益。

根据这一部分的研究结论，本书得到如下启示：①在当前的金融化趋势下，偏重于追求稳定收益的投资者，如养老基金、保险公司等，仍可通过在组合中配置商品期货以获得风险分散效益；对于以获取最优风险回报为战略性目标的机构投资者，如主权财富基金等，投资于金融化程度适中的商品期货市场，能够在兼顾安全性的同时提高投资收益，实现财富增长与资本增值；而将国际资产配置集中于股票和债券市场的中国投资机构，则亟须增加投资多样性，通过国际大宗商品市场拓展投资渠道是不错的选择。此外，投资者在进行商品资产配置时，还需注意根据市场环境变化对投资组合进行灵活调整。尤其是在金融风险加剧的情况下，投资者可适当增加中等金融化程度商品的配置比例、减持金融化程度过高的商品期货。②金融化的适度发展能够给投资者带来积极的影响，这就要求商品期货交易所在当前金融科技发展的浪潮中与时俱进，借助信息技术手段进行产品创新和业务模式升级，在保障产业资本和金融资本良性互动的基础上，满足投资者复杂多变的业务需求；进一步丰富交易品种，并避免产品设计过度复杂，以便投资者进行有效的投资操作和风险管理；对于交易冷清的品种，应及时分析原因，调整合约设计，增强投资吸引力。③金融化的过度发展会消耗大宗商品投资的潜在利益，因此监管部门应在大宗商品市场和金融市场之间建立有效的跨市监管机制，防范金融巨头的操纵垄断，严厉打击国际游资的投机炒作；提高市场的透明度，在保证市场流动性的同时，抑制过度投机和非理性交易行为，着力培养理性投资氛围，避免国际大宗商品市场过度金融化。

（4）在第 7 章中，本书以中国工业产出为落脚点，基于宏观经济视角探讨国际大宗商品市场金融化对实体经济部门的外部影响。本章在理论分析的基础上构建 VAR 实证框架，就国际大宗商品市场金融化对中国工业部门的影响效应、传导渠道和作用机制进行了层层递进的深入探究。研究发现：①金融化导致国际大宗商品价格冲击对工业产出的影响增强，即国际大宗商品市场金融化对我国工业产出波动存在放大效应，且该放大效应在全球金融危机期间以及 2014 年以来更加明显；②信息渠道是金融化影响工业产出的主要传导途径，而成本渠道的传导受阻；③本书进一步将金融化经由信息渠道影响工业产出的作用机理分解为信号扭曲机制和信息显示机制，结果表明信号扭曲机制的作用占据主导地位，具体的作用机制如下：

在不完全信息环境中，国际大宗商品价格变动对实体经济具有信息效应，即通过传递有关经济基本面的价格信号而影响市场主体的行为决策和经济活动。而由于面临严重的信息摩擦，市场主体会错误地将由金融投机引发的大宗商品价格变动归因于经济基本面变化，并对此做出反应，引发产出变动。金融化带来了投机交易的大幅增加，强化了价格信号的扭曲程度，对市场主体产生更强的干扰作用，从而放大了产出的变化。尤其是2014年以来，随着我国经济进入新常态以及美联储退出量化宽松政策，国内外经济环境的不确定性大幅增加，信息摩擦更加严重，信号扭曲机制得到强化，导致金融化对我国工业产出波动的放大效应进一步增强。

本部分结论的政策含义是：①中国宏观政策制定者应高度重视并密切关注国际大宗商品市场的金融化趋势，防范外部金融风险通过大宗商品渠道向国内实体经济部门传导。习近平总书记在第五次全国金融工作会议上指出，为实体经济服务是防范金融风险的根本举措。党的十九大报告进一步强调，要守住不发生系统性金融风险的底线。而国际大宗商品市场金融化为金融风险向实体经济传播提供了新的通道，国际金融市场风险通过投机资金流入大宗商品市场，并通过信号扭曲机制传导至国内经济部门，加剧我国宏观经济波动。宏观政策制定者需加强对国际大宗商品价格走势的分析判断能力，完善国际大宗商品价格预警体系，将金融化特征作为重要因素纳入考察范围，及时识别投机资金的异常变动，防止风险扩散。②为减小甚至消除金融化给我国经济带来的负面影响，除采取适度的政策干预外，政府部门更应重视预期管理，加强与市场主体的信息沟通。近年来，我国政府使用财政补贴、优惠贷款、价格管制等手段减缓企业的成本压力，这在一定程度上阻隔了国际大宗商品价格及其金融化通过成本渠道影响我国工业产出的传导路径。但是直接的政策干预无法切断信息渠道的传导，总体效果有限。为此，政府部门需通过权威统一的信息平台，及时发布、解读国际大宗商品信息，帮助市场主体正确评价经济形势，识别潜在风险，并结合信息环境，合理有效地引导市场主体预期，降低其对信息噪音的过度反应。③为从根本上增强我国经济抵御外部冲击的能力，屏蔽金融化带来的信息噪音，相关部门必须坚持深化经济结构调整，加快推动经济增长方式转型，降低对外部市场的依赖程度，积极推进产业创新和技术进步，提高资源利用率，减少大宗商品消耗；提升大宗商品战略储备，加强与海外市场特别是"一带一路"沿线国家的资源合作，建立稳定的境外大宗商品供应体系；提高重点行业的集中度，鼓励企业合作建立专业的大宗商品交易团队，增强其在国际商品市场上的议价能力，并大力推进中国大宗商品市场体系建设，在产品创新、交易规则、风险管理等方面逐渐与国际接轨，探索境外投资者参与我国大宗商品市场的制度安排，力争形成具有世界影响力的定价中心，争取重要品种的定价权。

8.2 研究展望

本书从内部特征和外部影响两方面入手，对国际大宗商品市场金融化进行了多角度的分析，在研究方法和研究视角上做出了一定的拓展和改进，得到了一系列有意义的结论与启示，为国际大宗商品市场金融化问题的探讨提供了新的思路和证据。但由于笔者精力和能力有限，本书的分析还存在一定不足，需要通过后续研究进行完善和补充。

首先，本书以实证分析为主，虽然在各部分研究中均基于相关的理论研究和经验证据对影响渠道或作用机理进行解释或论证，但并没有将理论分析模型化。在后续研究中，我们可考虑利用数学手段建立理论模型，从理论角度对金融化的内部特征和外部影响进行深入探究。

其次，在国际大宗商品市场金融化的内部特征方面，本书主要从水平值或收益率层面考察金融化与国际大宗商品价格动态的关系，没有分析波动率层面的商品价格动态特性，因此对金融化内部特征的分析还不够全面。在下一步分析中，我们将增加对金融化背景下国际大宗商品价格波动特性的研究，探讨金融化进程中商品价格波动率的主要影响因素，并考察波动率层面的过度溢出效应。

最后，在国际大宗商品市场金融化的外部影响方面，我们还可以从以下三点进行考虑：

(1) 在金融化对投资组合优化的影响分析中，本书采用的是"事后"（ex post）检验方法，存在一定的局限性。在后续研究中，我们还将采用更符合实际操作的"事前"（ex ante）检验方法，增加样本外分析。此外，实证分析所选用的国际金融资产均以美元计价，即假定从事国际资产配置的投资者能够采取有效措施完全对冲汇率风险，而实际操作中，完全套期保值难以实现，因此未来研究中还需考虑汇率风险的影响。

(2) 在金融化对中国工业产出的影响分析中，我们仅考虑了总体层面的工业产出，事实上，由于各行业的具体特征存在较大差异，国际大宗商品市场金融化对不同行业的影响强弱和作用方式也可能有所不同，采用总体工业产出代表工业部门可能会掩盖行业表现的异质性。鉴于此，下一步，我们还将从行业层面出发，就金融化对我国工业产出的影响展开更细致和更具体的分析。

（3）本书分别以投资组合优化和中国工业产出为例，考察金融化的外部影响，一是考虑到我国在这两个方面与国际大宗商品市场存在较强联系，研究金融化对此两者的影响对我国具有重要的现实意义；二是希望通过这两个部分的具体研究，吸引国内外学者对金融化外部影响的关注和进一步深入探究，达到抛砖引玉的目的。与此同时，我们也认识到，不论是对投资领域还是对实体经济而言，金融化的影响范围并不仅局限于本书所考察的内容。如在投资领域，金融化还可能影响到投资者的动态投资策略以及风险厌恶水平；而在实体经济领域，金融化还可能作用于消费、投资、进出口、财政和货币政策等诸多方面，研究视角也可由宏观经济层面拓展到微观企业层面。在未来研究中，我们将进一步丰富研究对象，拓展考察范围，加深对金融化外部影响的理解和认识。

参考文献

白钦先，1999. 经济全球化和经济金融化的挑战与启示 [J]. 世界经济 (6)：11-19.

白玥明，王自锋，陈钰，2015. 美国非常规货币政策退出与中国实际产出：基于信号渠道的国际分析 [J]. 国际金融研究 (8)：21-30.

陈红，郭丹，张佳睿，2015. 货币政策传导信心渠道研究 [J]. 当代经济研究 (12)：67-75.

陈浪南，田磊，2015. 基于政策工具视角的我国货币政策冲击效应研究 [J]. 经济学（季刊），14 (1)：285-304.

陈享光，2016. 金融化与现代金融资本的积累 [J]. 当代经济研究 (1)：5-15，97.

陈彦斌，唐诗磊，2009. 信心、动物精神与中国宏观经济波动 [J]. 金融研究 (9)：89-109.

崔明，2012. 大宗商品金融化的动因、争议与启示 [J]. 现代管理科学 (12)：87-89.

杜勇，张欢，陈建英，2017. 金融化对实体企业未来主业发展的影响：促进还是抑制 [J]. 中国工业经济 (12)：113-131.

过新伟，张孝岩，2012. 基于CPI"篮子商品"的价格传导机制研究：对非食品渠道和食品渠道的考察 [J]. 财经研究，38 (2)：27-38.

韩立岩，尹力博，2012. 投机行为还是实际需求？：国际大宗商品价格影响因素的广义视角分析 [J]. 经济研究，47 (12)：83-96.

韩立岩，郑擎擎，尹力博，2017. 商品金融化背景下大宗商品指数收益机制转换 [J]. 管理科学学报，20 (9)：61-69.

胡聪慧，刘学良，2017. 大宗商品与股票市场联动性研究：基于融资流动性的视角 [J]. 金融研究 (7)：23-139.

胡永刚，郭长林，2012. 股票财富、信号传递与中国城镇居民消费 [J]. 经济研究，47（3）：115-126.

胡援成，张朝洋，2012. 美元贬值对中国通货膨胀的影响：传导途径及其效应［J］. 经济研究，47（4）：101-112, 123.

黄先明，2012. 国际大宗农产品价格金融化机理分析及我国政策选择［J］. 国际贸易，2012（6）：23-26.

李书彦，2014. 大宗商品金融化对我国农产品贸易条件的影响［J］. 农业经济问题，35（4）：51-57, 111.

李政，2012. 石油金融化市场的前沿问题研究［D］. 武汉：武汉大学.

李智，林伯强，许嘉峻，2014. 基于MSVAR的国际原油期货价格变动研究［J］. 金融研究（1）：99-109.

林伯强，牟敦国，2008. 能源价格对宏观经济的影响：基于可计算一般均衡（CGE）的分析［J］. 经济研究，43（11）：88-101.

刘建，蒋殿春，2009. 国际原油价格冲击对我国经济的影响：基于结构VAR模型的经验分析［J］. 世界经济研究（10）：33-38, 67, 88.

龙少波，胡国良，王继源，2016. 国际大宗商品价格波动、投资驱动、货币供给与PPI低迷：基于TVP-VAR-SV模型的动态分析［J］. 国际金融研究（5）：3-14.

卢锋，李远芳，刘鎏，2009. 国际商品价格波动与中国因素：我国开放经济成长面临新问题［J］. 金融研究（10）：38-56.

罗嘉庆，2015. 商品金融化及其传导效应研究［D］. 广州：暨南大学.

吕捷，林宇洁，2013. 国际玉米价格波动特性及其对中国粮食安全影响［J］. 管理世界（5）：76-87.

吕志平，2013. 大宗商品金融化问题研究［J］. 湖北社会科学（2）：77-80.

马春阳，2016. 大宗商品金融化的影响研究［M］. 南京：南京大学出版社.

马险峰，李杰，姚远，2013. 美国期货市场产品创新研究：以CME期货产品创新理念、上市程序和监管环境为例［J］. 中国市场（35）：39-45.

潘慧峰，石智超，唐晶莹，2013. 非商业持仓与石油市场收益率的关系研究［J］. 国际金融研究（12）：73-81.

潘建成，唐诗磊，2010. 信心如何影响中国通货膨胀［J］. 统计研究，27（10）：25-32.

钱煜昊，曹宝明，赵霞，2017. 期货市场金融化、投机诱导与大豆期货价格波动：基于CBOT大豆期货市场数据的实证分析［J］.农业技术经济（2）：28-40.

史晨昱，2011.大宗商品金融化［J］.中国金融（7）：96.

苏剑，2016.价格下跌，是喜是忧？：能源类大宗商品价格走低对经济走势的影响［J］.中国石油和化工（3）：14-15.

苏应蓉，2011.全球农产品价格波动中金融化因素探析［J］.农业经济问题，32（6）：89-95，112.

苏治，尹力博，方彤，2015.量化宽松与国际大宗商品市场：溢出性、非对称性和长记忆性［J］.金融研究（3）：68-82.

孙焱林，张倩婷，2016.时变、美联储加息与中国产出：基于TVP-VAR模型的实证分析［J］.国际金融研究（4）：26-36.

谭小芬，韩剑，殷无弦，2015a.基于油价冲击分解的国际油价波动对中国工业行业的影响：1998—2015［J］.中国工业经济（12）：51-66.

谭小芬，刘阳，张明，2014.国际大宗商品价格波动：中国因素有多重要：基于1997—2012年季度数据和VECM模型的实证研究［J］.国际金融研究（10）：75-86.

谭小芬，张峻晓，李玥佳，2015b.国际原油价格驱动因素的广义视角分析：2000—2015：基于TVP-FAVAR模型的实证分析［J］.中国软科学（10）：47-59.

田磊，林建浩，2016.经济政策不确定性兼具产出效应和通胀效应吗？来自中国的经验证据［J］.南开经济研究（2）：3-24.

田利辉，谭德凯，2014.大宗商品现货定价的金融化和美国化问题：股票指数与商品现货关系研究［J］.中国工业经济（10）：72-84.

田利辉，谭德凯，2015.原油价格的影响因素分析：金融投机还是中国需求？［J］.经济学（季刊），14（3）：961-982.

王芳，2004.经济金融化与经济结构调整［J］.金融研究（8）：120-128.

王广谦，1996.经济发展中的金融化趋势［J］.经济研究（9）：32-37.

王红建，等，2017.实体企业金融化促进还是抑制了企业创新：基于中国制造业上市公司的经验研究［J］.南开管理评论，20（1）：155-166.

谢飞，韩立岩，2012.投机还是实需：国际商品期货价格的影响因素分析［J］.管理世界（10）：71-82.

殷剑峰，2008.商品市场的金融化与油价泡沫［J］.中国货币市场（11）：36-41.

尹力博，韩立岩，2014. 大宗商品战略配置：基于国民效用与风险对冲的视角 [J]. 管理世界（7）：39-51.

尹力博，柳依依，2016. 中国商品期货金融化了吗？：来自国际股票市场的证据 [J]. 金融研究（3）：189-206.

俞剑，陈宇峰，2014. 谁才是推高国际油价的真实动因？：中国需求，资本投机，抑或OPEC供给 [J]. 金融研究（2）：30-43.

喻海燕，田英，2012. 中国主权财富基金投资：基于全球资产配置视角 [J]. 国际金融研究（11）：47-54.

翟雪玲，等，2013. 农产品金融化概念、形成机理及对农产品价格的影响 [J]. 中国农村经济（2）：83-95.

张成思，刘泽豪，罗煜，2014. 中国商品金融化分层与通货膨胀驱动机制 [J]. 经济研究，49（1）：140-154.

张会清，王剑，2011. 全球流动性冲击对中国经济影响的实证研究 [J]. 金融研究（3）：27-41.

张茜，2012. 石油市场金融化对油价波动的影响研究 [D]. 武汉：武汉大学.

张翔，刘璐，李伦一，2017. 国际大宗商品市场金融化与中国宏观经济波动 [J]. 金融研究（1）：35-51.

张雪莹，刘洪武，2012. 国际大宗商品金融化问题探析 [J]. 华北金融（4）：4-7，21.

张志敏，邹燕，崔廷剑，2014. 输入型通货膨胀传导条件分析与影响因素测度：基于中国1996—2011年月度数据的实证分析 [J]. 管理评论，26（4）：40-49，81.

中国经济增长与宏观稳定课题组，2008. 外部冲击与中国的通货膨胀 [J]. 经济研究（5）：4-18.

钟美瑞，等，2016. 基于MSVAR模型的有色金属价格波动影响因素的非线性效应研究 [J]. 中国管理科学，24（4）：45-53.

钟腾，汤珂，2016. 中国商品期货投资属性研究 [J]. 金融研究（4）：128-143.

ANKRIM EM, CR HENSEL, 1993. Commodities in Asset Allocation: A Real-asset Alternative to Real Estate? [J]. Financial Analysts Journal, 49 (3): 20-29.

ANSON MJP, 1999. Maximizing Utility with Commodity Futures Diversification [J]. Journal of Portfolio Management, 25 (4): 86-94.

ABANOMEY WS, I MATHUR, 1999. The Hedging Benefits of Commodity Futures in International Portfolio Diversification [J]. Journal of Alternative Investments, 2 (3): 51-62.

AI, et al., 2006. On the Comovement of Commodity Prices [J]. American Journal of Agricultural Economics, 88 (3): 574-588.

ALBAGLI, et al., 2011. A Theory of Asset Pricing Based on Heterogeneous Information [J]. NBER Working Paper: 17548.

ALOUI, et al., 2012. Assessing the Impacts of Oil Price Fluctuations on Stock Returns in Emerging Markets [J]. Economic Modelling, 29 (6): 2686-2695.

ALQUIST R, O GERVAIS, 2013. The Role of Financial Speculation in Driving the Price of Crude Oil [J]. Energy Journal, 34 (3): 35-55.

AASTVEIT KA, et al., 2015. What Drives Oil Prices? Emerging Versus Developed Economies [J]. Journal of Applied Econometrics, 30 (7): 1013-1028.

Adams Z, T GLUCK, 2015. Financialization in Commodity Markets: A Passing Trend or the New Normal? [J]. Journal of Banking & Finance, 60: 93-111.

ANTONAKAKIS, et al., 2017. Oil Shocks and Stock Markets: Dynamic Connectedness under the Prism of Recent Geopolitical and Economic Unrest [J]. International Review of Financial Analysis, 50: 1-26.

BENDEL RB, AA AFIFI, 1977. Comparison of Stopping Rules in Forward "Stepwise" Regression [J]. Journal of the American Statistical Association, 72 (357): 46-53.

BODIE Z, VI ROSANSKY, 1980. Risk and Return in Commodity Futures [J]. Financial Analysts Journal, 36 (3): 27-39.

BLACK F, 1986. Noise [J]. Journal of Finance, 41 (3): 528-543.

BAI J, P PERRON, 1998. Estimating and Testing Linear Models with Multiple Structural Changes [J]. Econometrica, 66 (1): 47-78.

BAI J, S NG, 2002. Determining the Number of Factors in Approximate Factor Models [J]. Econometrica, 70 (1): 191-221.

BAI J, P PERRON, 2003. Computation and Analysis of Multiple Structural Change Models [J]. Journal of Applied Econometrics, 18 (1): 1-22.

BARBERIS N, A SHLEIFER, 2003. Style Investing [J]. Journal of Financial Economics, 68 (2): 161-199.

BOIVIN J, S NG, 2005. Understanding and Comparing Factor-Based Forecasts

[J]. NBER Working Paper: 11285.

BAKER M, J WURGLER, 2006. Investor Sentiment and the Cross-Section of Stock Returns [J]. Journal of Finance, 61 (4): 1645-1680.

BAI J, S NG, 2008. Large Dimensional Factor Analysis [J]. Foundations and Trends© in Econometrics, 3 (2): 89-163.

BRUNNERMEIER MK, LH PEDERSEN, 2009. Market Liquidity and Funding Liquidity [J]. Review of Financial Studies, 22 (6): 2201-2238.

BUYUKSAHIN, et al., 2010. Commodities and Equities: Ever a "Market of One"? [J]. Journal of Alternative Investments, 12 (3): 76-95.

BUYUKSAHIN B, JH HARRIS, 2011. Do Speculators Drive Crude Oil Futures Prices? [J]. Energy Journal, 32 (2): 167-202.

BELOUSOVA J, G DORFLEITNER, 2012. On the Diversification Benefits of Commodities from the Perspective of Euro Investors [J]. Journal of Banking & Finance, 36 (9): 2455-2472.

BOHL MT, PM STEPHAN, 2013. Does Futures Speculation Destabilize Spot Prices? New Evidence for Commodity Markets [J]. Journal of Agricultural and Applied Economics, 45 (4): 595-616.

BRUNETTI C, D REIFFEN, 2014. Commodity Index Trading and Hedging Costs [J]. Journal of Financial Markets, 21: 153-180.

BUYUKSAHIN B, MA ROBE, 2014. Speculators, Commodities and Cross-market Linkages [J]. Journal of International Money and Finance, 42: 38-70.

BASAK S, A PAVLOVA, 2016. A Model of Financialization of Commodities [J]. Journal of Finance, 71 (4): 1511-1556.

BEHMIRI, et al., 2016. Understanding Dynamic Conditional Correlations between Commodities Futures Markets [J]. Working Paper.

BRUNETTI, et al., 2016. Speculators, Prices, and Market Volatility [J]. Journal of Financial and Quantitative Analysis, 51 (5): 1545-1574.

BRUNO, et al., 2016. The Financialization of Food? [J]. American Journal of Agricultural Economics, 99 (1): 243-264.

BYRNE, et al., 2017. Commodity Price Co-movement: Heterogeneity and the Time Varying Impact of Fundamentals [J]. Working Paper, University Library of Munich: 80791.

CAO, et al., 2010. Holding a Commodity Futures Index Fund in a Globally Diversified Portfolio: A Placebo Effect? [J]. Economics Bulletin, 30 (3): 1842-1851.

CHONG J, J MIFFRE, 2010. Conditional Return Correlations between Commodity Futures and Traditional Assets [J]. Journal of Alternative Investments, 12 (3): 61-75.

CHEVALLIER J, F IELPO, 2013. Volatility Spillovers in Commodity Markets [J]. Applied Economics Letters, 20 (13): 1211-1227.

CHENG IH, W XIONG, 2014. Financialization of Commodity Markets [J]. Annual Review of Financial Economics, 6 (1): 419-441.

CHENG, et al., 2015. Convective Risk Flows in Commodity Futures Markets [J]. Review of Finance, 19 (5): 1733-1781.

CHARLOT, et al., 2016. Commodity Returns Co-movements: Fundamentals or "Style" Effect? [J]. Journal of International Money and Finance, 68: 130-160.

DEB, et al., 1996. The Excess Co-movement of Commodity Prices Reconsidered [J]. Journal of Applied Econometrics, 11 (3): 275-291.

DEROON FA, TE NIJMAN, 2001. Testing for Mean-Variance Spanning: A Survey [J]. Journal of Empirical Finance, 8 (2): 111-155.

DOMANSKI D, A HEATH, 2007. Financial Investors and Commodity Markets [J]. BIS Quarterly Review (3): 53-67.

DIEBOLD FX, K YILMAZ, 2009. Measuring Financial Asset Return and Volatility Spillovers, with Application to Global Equity Markets [J]. Economic Journal, 119 (534): 158-171.

DEMIR F, 2009. Financial Liberalization, Private Investment and Portfolio Choice: Financialization of Real Sectors in Emerging Markets [J]. Journal of Development Economics, 88 (2): 314-324.

DASKALAKI C, G SKIADOPOULOS, 2011. Should Investors Include Commodities in Their Portfolios After All? New Evidence [J]. Journal of Banking & Finance, 35 (10): 2606-2626.

D'AGOSTINO A, D GIANNONE, 2012. Comparing Alternative Predictors Based on Large-Panel Factor Models [J]. Oxford bulletin of economics and statistics, 74 (2): 306-326.

DIEBOLD FX, K YILMAZ, 2012. Better to Give than to Receive: Predictive Directional Measurement of Volatility Spillovers [J]. International Journal of Forecasting, 28 (1): 57-66.

DIEBOLD FX, K YILMAZ, 2014. On the Network Topology of Variance Decompositions: Measuring the Connectedness of Financial Firms [J]. Journal of Econometrics, 182 (1): 119-134.

DENICOLA, et al., 2016. Co-movement of Major Energy, Agricultural, and Food Commodity Price Returns: A Time-series Assessment [J]. Energy Economics, 57: 28-41.

DU D, X ZHAO, 2017. Financial Investor Sentiment and the Boom/Bust in Oil Prices during 2003—2008 [J]. Review of Quantitative Finance and Accounting, 48 (2): 331-361.

ERB CB, CR HARVEY, 2006. The Strategic and Tactical Value of Commodity Futures [J]. Financial Analysts Journal, 62 (2): 69-97.

FLACK VF, PC CHANG, 1987. Frequency of Selecting Noise Variables in Subset Regression Analysis: A Simulation Study [J]. American Statistician, 41 (1): 84-86.

FAMA EF, KR FRENCH, 1987. Commodity Futures Prices: Some Evidence on Forecast Power, Premiums, and the Theory of Storage [J]. Journal of Business, 60 (1): 55-73.

FORTENBERY TR, RJ HAUSER, 1990. Investment Potential of Agricultural Futures Contracts [J]. American Journal of Agricultural Economics, 72 (3): 721-726.

Foster JB, 2007. The Financialization of Capitalism [J]. Monthly review, 58 (11): 1-12.

FALKOWSKI M, 2011. Financialization of Commodities [J]. Contemporary Economics, 5 (4): 4-17.

FAN Y, JH XU, 2011. What Has Driven Oil Prices Since 2000? A Structural Change Perspective [J]. Energy Economics, 33 (6): 1082-1094.

FATTOUH, et al., 2013. The Role of Speculation in Oil Markets: What Have We Learned So Far? [J]. Energy Journal, 34 (3): 7-33.

GLOSTEN LR, PR MILGROM, 1985. Bid, Ask and Transaction Prices in a Specialist Market with Heterogeneously Informed Traders [J]. Journal of Financial Economics, 14 (1): 71-100.

GREER RJ, 2000. The Nature of Commodity Index Returns [J]. Journal of Alternative Investments, 3 (1): 45-52.

GEORGIEV G, 2001. Benefits of Commodity Investment [J]. Journal of Alternative Investments, 4 (1): 40-48.

GORTON G, KG ROUWENHORST, 2006. Facts and Fantasies about Commodity Futures [J]. Financial Analysts Journal, 62 (2): 47-68.

GIRARDI D, 2015. Financialization of Food. Modelling the Time-varying Relation between Agricultural Prices and Stock Market Dynamics [J]. International Review of Applied Economics, 29 (4): 482-505.

HARTZMARK ML, 1987. Returns to Individual Traders of Futures: Aggregate Results [J]. Journal of Political Economy, 95 (6): 1292-1306.

HUBERMAN G, S KANDEL, 1987. Mean-Variance Spanning [J]. Journal of Finance, 42 (4): 873-888.

HIRSHLEIFER D, 1990. Hedging Pressure and Futures Price Movements in a General Equilibrium Model [J]. Econometrica, 58 (2): 411-428.

HAMILTON JD, AM HERERRA, 2004. Comment: Oil Shocks and Aggregate Macroeconomic Behavior: The Role of Monetary Policy [J]. Journal of Money, Credit and Banking, 36 (2): 265-286.

HAMILTON JD, 2009. Causes and Consequences of the Oil Shock of 2007-08 [J]. Brookings Papers on Economic Activity (1): 215-261.

HONG H, M YOGO, 2012. What Does Futures Market Interest Tell Us about the Macroeconomy and Asset Prices? [J]. Journal of Financial Economics, 105 (3): 473-490.

HACHE E, F LANTZ, 2013. Speculative Trading and Oil Price Dynamic: A Study of the WTI Market [J]. Energy Economics, 36: 334-340.

HAMILTON JD, JC WU, 2014. Risk Premia in Crude Oil Futures Prices [J]. Journal of International Money and Finance, 42: 9-37.

HENDERSON, et al., 2015. New Evidence on the Financialization of Commodity Markets [J]. Review of Financial Studies, 28 (5): 1287-1311.

JENSEN, et al., 2000. Efficient Use of Commodity Futures in Diversified Portfolios [J]. Journal of Futures Markets, 20 (5): 489-506.

JUVENAL L, I PETRELLA, 2015. Speculation in the Oil Market [J]. Journal of Applied Econometrics, 30 (4): 621-649.

KEYNES JM, 1923. Some Aspects of Commodity Markets [J]. Manchester

Guardian Commercial: European Reconstruction Series, 13: 784-786.

KOOP, et al., 1996. Impulse Response Analysis in Nonlinear Multivariate Models [J]. Journal of Econometrics, 74 (1): 119-147.

KYLE AS, W XIONG, 2001. Contagion as a Wealth Effect [J]. Journal of Finance, 56 (4): 1401-1440.

KRIPPNER GR, 2005. The Financialization of the American Economy [J]. Socio-economic review, 3 (2): 173-208.

KAT HM, RCA OOMEN, 2007. What Every Investor Should Know About Commodities, Part I: Univariate Return Analysis [J]. Journal of Investment Management, 5 (1): 4-28.

KILIAN L, 2009. Not All Oil Price Shocks Are Alike: Disentangling Demand and Supply Shocks in the Crude Oil Market [J]. American Economic Review, 99 (3): 1053-1069.

KAUFMANN RK, B ULLMAN, 2009. Oil Prices, Speculation, and Fundamentals: Interpreting Causal Relations among Spot and Futures Prices [J]. Energy Economics, 31 (4): 550-558.

KAN R, G ZHOU, 2012. Tests of Mean-Variance Spanning [J]. Annals of Economics and Finance, 13 (1): 145-193.

KANG, et al., 2014. The Role of Hedgers and Speculators in Liquidity Provision to Commodity Futures Markets [J]. Working Paper, Yale International Center for Finance: 14-24.

KILIAN L, DP MURPHY, 2014. The Role of Inventories and Speculative Trading in the Global Market for Crude Oil [J]. Journal of Applied Econometrics, 29 (3): 454-478.

KIM A, 2015. Does Futures Speculation Destabilize Commodity Markets? [J]. Journal of Futures Markets, 35 (8): 696-714.

KNITTEL CR, RS PINDYCK, 2016. The Simple Economics of Commodity Price Speculation [J]. American Economic Journal: Macroeconomics, 8 (2): 85-110.

LEYBOURNE, et al., 1994. The Excess Comovement of Commodity Prices Revisited [J]. World Development, 22 (11): 1747-1758.

LUDVIGSON SC, S NG, 2009. Macro Factors in Bond Risk Premia [J]. Review of Financial Studies, 22 (12): 5027-5067.

LIU, et al., 2016. Disentangling the Determinants of Real Oil Prices [J]. Energy Economics, 56: 363-373.

MERTON RC, 1971. Optimum Consumption and Portfolio Rules in a Continuous-time Model [J]. Journal of Economic Theory, 3 (4): 373-413.

MCCRACKEN MW, S NG, 2016. FRED-MD: A Monthly Database for Macroeconomic Research [J]. Journal of Business & Economic Statistics, 34 (4): 574-589.

OHASHI K, T OKIMOTO, 2016. Increasing Trends in the Excess Comovement of Commodity Prices [J]. Journal of Commodity Markets, 1 (1): 48-64.

ÖZTEK MF, N ÖCAL, 2017. Financial Crises and the Nature of Correlation between Commodity and Stock Markets [J]. International Review of Economics and Finance, 48: 56-68.

PINDYCK RS, JJ ROTEMBERG, 1990. The Excess Co-movement of Commodity Prices [J]. Economic Journal, 100 (403): 1173-1189.

PALASKAS TB, PN VARANGIS, 1991. Is There Excess Co-movement of Primary Commodity Prices? A Co-integration Test [J]. World Bank Working Paper: 758.

PESARAN MH, Y SHIN, 1998. Generalized Impulse Response Analysis in Linear Multivariate Models [J]. Economics Letters, 58 (1): 17-29.

PESARAN, et al., 2001. Bounds Testing Approaches to the Analysis of Level Relationships [J]. Journal of Applied Econometrics, 16 (3): 289-326.

PSARADAKIS, et al., 2004. On Markov Error-Correction Models, with an Application to Stock Prices and Dividends [J]. Journal of Applied Econometrics, 19 (1): 69-88.

PETERSEN MA, 2009. Estimating Standard Errors in Finance Panel Data Sets: Comparing Approaches [J]. Review of Financial Studies, 22 (1): 435-480.

PONCELA, et al., 2014. Common Dynamics of Nonenergy Commodity Prices and Their Relation to Uncertainty [J]. Applied Economics, 46 (30): 3724-3735.

PRADHANANGA M, 2016. Financialization and the Rise in Co-movement of Commodity Prices [J]. International Review of Applied Economics, 30 (5): 547-566.

ROUWENHORST KG, K TANG, 2012. Commodity Investing [J]. Annual Review of Financial Economics, 4 (1): 447-467.

SATYANARAYAN S, P VARANGIS, 1996. Diversification Benefits of Commodity Assets in Global Portfolios [J]. Journal of Investing, 5 (1): 69-78.

STOCK JH, MW WATSON, 2002. Forecasting Using Principal Components from a Large Number of Predictors [J]. Journal of the American Statistical Association, 97 (460): 1167-1179.

SANDERS, et al., 2004. Hedgers, Funds, and Small Speculators in the Energy Futures Markets: An Analysis of the CFTC's Commitments of Traders Reports [J]. Energy Economics, 26 (3): 425-445.

SKEER J, Y WANG, 2007. China on the Move: Oil Price Explosion? [J]. Energy Policy, 35 (1): 678-691.

SMITH JL, 2009. World Oil: Market or Mayhem? [J]. Journal of Economic Perspectives, 23 (3): 145-164.

SANDERS, et al., 2010. The Adequacy of Speculation in Agricultural Futures Markets: Too Much of a Good Thing? [J]. Applied Economic Perspectives and Policy, 32 (1): 77-94.

SANDERS DR, SH IRWIN, 2011. The Impact of Index Funds in Commodity Futures Markets: A Systems Approach [J]. Journal of Alternative Investments, 14 (1): 40-49.

SILVENNOINEN A, S THORP, 2013. Financialization, Crisis and Commodity Correlation Dynamics [J]. Journal of International Financial Markets, Institutions and Money, 24: 42-65.

SINGLETON KJ, 2013. Investor Flows and the 2008 Boom/Bust in Oil Prices [J]. Management Science, 60 (2): 300-318.

SENSOY, et al., 2015. Dynamic Convergence of Commodity Futures: Not All Types of Commodities are Alike [J]. Resources Policy, 44: 150-160.

SOCKIN M, W XIONG, 2015. Informational Frictions and Commodity Markets [J]. Journal of Finance, 70 (5): 2063-2098.

TANG K, W XIONG, 2012. Index Investment and the Financialization of Commodities [J]. Financial Analysts Journal, 68 (5): 54-74.

TANG K, C WANG, S WANG, 2014. China's Imported Inflation and Global Commodity Prices [J]. Emerging Markets Finance and Trade, 50 (3): 162-177.

VANSTEENKISTE I, 2009. How Important are Ccommon Factors in Driving Non-fuel Commodity Prices? A Dynamic Factor Analysis [J]. European Central

Bank Working Paper: 1072.

VERCAMMEN J, A DOROUDIAN, 2014. Portfolio Speculation and Commodity Price Volatility in a Stochastic Storage Model [J]. American Journal of Agricultural Economics, 96 (2): 517-532.

WORKING H, 1960. Speculation on Hedging Markets [J]. Food Research Institute Studies, 1 (2): 185-220.

WANG C, 2002. The Effect of Net Positions by Type of Trader on Volatility in Foreign Currency Futures Markets [J]. Journal of Futures Markets, 22 (5): 427-450.

WEST KD, KF WONG, 2014. A Factor Model for Co-movements of Commodity Prices [J]. Journal of International Money and Finance, 42: 289-309.

ZHANG X, 2006. Information Uncertainty and Stock Returns [J]. Journal of Finance, 61 (1): 105-137.

ZAREMBA A, 2015. Is Financialization Killing Commodity Investments? [J]. Journal of Alternative Investments, 18 (1): 66-91.

附 录

附表给出了本书第 4 章中用于提取基本面因子的全球宏观经济数据信息,所有变量序列来自 Bloomberg 数据库,我们对各原始序列进行了合适的变换,以满足因子分析的平稳性要求。具体有以下五种变换方式:①lv 表示直接采用水平值;②Δlv 表示对原序列进行一阶差分;③$\ln$ 表示取对数;④$\Delta \ln$ 表示取对数后一阶差分;⑤$\Delta^2 \ln$ 表示取对数后二阶差分。

附表 全球宏观经济变量名称和数据信息说明

发达国家					
劳动力市场					
编号	变量名称	Bloomberg 代码	变换	变量描述	
1	美国:失业率	USURTOT	Δlv	美国 U-3 失业率,季调(单位:%)	
2	美国:失业持续时间	USDUMEAN	$\Delta \ln$	美国失业持续时间平均数,季调(单位:周)	
3	美国:就业率	USERTOT	Δlv	美国就业率,季调(单位:%)	
4	美国:就业扩散指数	EMDINP1M	lv	美国非农部门就业扩散指数(1 个月跨度),季调(单位:%)	
5	美国:劳动参与率	PRUSTOT	lv	美国劳动参与率,季调(单位:%)	
6	美国:就业人数	NFPT	$\Delta \ln$	美国非农就业人数,季调(单位:千人)	
7	美国:劳动力市场状况指数	LMCILMCC	lv	美联储劳动力市场状况指数,季调,月变动值	

附表（续）

\multicolumn{5}{c	}{劳动力市场}
编号	变量名称	Bloomberg 代码	变换	变量描述
8	美国：平均时薪	USHETOT	ln	美国私人非农企业生产和非管理人员平均每小时工资，季调（单位：美元）
9	美国：平均周工时	USWHTOT	Δln	美国私人非农企业生产和非管理人员平均每周工作时数，季调（单位：小时）
10	美国：申请失业救济人数	INJCSP	Δln	美国持续申请失业救济人数，季调（单位：千人）
11	英国：失业率	UKUEILOR	Δlv	英国 ILO 失业率，季调（单位:%）
12	英国：就业率	UKLFMGSR	Δlv	英国 16 周岁及以上人口就业率，季调（单位:%）
13	英国：劳动参与率	UKLFMGWG	Δlv	英国 16 周岁及以上劳动力人口比率，季调（单位:%）
14	英国：周总工时	UKLBYBUS	Δln	英国受雇人员每周总工作时数，季调（单位：百万小时）
15	英国：申请失业救济人数	UKUETOTL	Δln	英国申请失业救济人数，季调（单位：千人）
16	日本：失业率	JNUE	Δlv	日本失业率，季调（单位:%）
17	日本：就业人数	JNUEMPLY	Δln	日本就业人数，季调（单位：万人）
18	日本：平均工资	JNLSCASH	ln	日本劳动者平均每月现金收入（单位：万日元）
19	日本：工时指数	JNLSSTHW	lv	日本所有行业总工作小时指数，季调（2015=100）
20	德国：失业率	GRUEPR	lv	德国登记失业率，季调（单位:%）
21	德国：职位空缺数	GRUFPVAC	ln	德国职位空缺数（单位：千个）

附表（续）

\multicolumn{5}{c	}{劳动力市场}
编号	变量名称	Bloomberg 代码	变换	变量描述
22	澳大利亚：失业率	AULFUNEM	lv	澳大利亚失业率，季调（单位:%）
23	澳大利亚：就业人数	AULFEMPL	$\Delta \ln$	澳大利亚就业人数，季调（单位：千人）
24	澳大利亚：劳动参与率	AULFPART	Δlv	澳大利亚劳动参与率，季调（单位:%）
25	澳大利亚：失业持续时间	AULFDOEP	$\Delta \ln$	澳大利亚平均失业持续时间
26	澳大利亚：平均周工时	AUHRTOTL	$\Delta \ln$	澳大利亚受雇人员平均每周实际工作时数（单位：小时）
27	法国：失业率	UMRTFR	Δlv	法国失业率，季调（单位:%）
28	法国：求职人数	FRJSTSA	$\Delta \ln$	法国 A 类求职者人数，季调（单位：千人）
29	法国：职位空缺数	FSUPTOTA	$\ln$	法国职位空缺数（单位：千个）
30	意大利：失业率	UMRTIT	Δlv	意大利失业率，季调（单位:%）
31	加拿大：失业率	CANLXEMR	lv	加拿大失业率，季调（单位:%）
32	加拿大：就业率	CANLEMPR	lv	加拿大就业率，季调（单位:%）
33	加拿大：劳动参与率	CANLPRTR	Δlv	加拿大劳动参与率，季调（单位:%）
34	加拿大：平均周薪	CAAEYOY%	Δlv	加拿大员工平均每周工资同比增长率，季调（单位:%）
35	加拿大：总工时	CAHRTOTL	$\Delta \ln$	加拿大所有行业实际总工作时数，季调（单位：千小时）
36	加拿大：平均时薪	CAHETOTH	$\Delta \ln$	加拿大 15 周岁以上员工平均每小时工资(单位:加元)

附表（续）

\multicolumn{4}{c	}{国内贸易与消费}
编号	变量名称	Bloomberg 代码	变换	变量描述
37	美国：零售销售	MTSLRRT $	$\Delta \ln$	美国零售销售额，按 2009 年价格计算，季调（单位：百万美元）
38	美国：制造和贸易销售	MTSLRL $	$\Delta \ln$	美国制造和贸易行业销售额，按 2009 年价格计算，季调（单位：百万美元）
39	美国：消费支出	PCE CONC	$\Delta \ln$	美国个人消费支出，按 2009 年价格计算，季调（单位：十亿美元）
40	美国：消费者信心	CONSSENT	Δlv	美国密歇根大学消费者信心指数（1966Q1=100）
41	美国：零售库存	RSRSTOTL	$\Delta \ln$	美国零售库存，季调（单位：十亿美元）
42	美国：批发销售	MTSLRMW $	$\Delta \ln$	美国商业批发销售额，按 2009 年价格计算，季调（单位：百万美元）
43	英国：零售销售	UKRVINCF	$\Delta \ln$	英国零售销售（量）指数（包括汽车燃料），季调（2012=100）
44	英国：消费者信心	UKCCI	lv	英国 GFK 消费者信心指数（单位:%）
45	日本：零售销售	JNWRRTS	$\Delta \ln$	日本零售销售额（单位：十亿日元）
46	日本：批发销售	JNWRWSS	$\Delta \ln$	日本商业批发销售额（单位：万亿日元）
47	德国：零售销售	GRSRWCEM	$\Delta \ln$	德国零售销售（量）指数（不含机动车），按 2010 年价格计算，季调（2010=100）
48	德国：消费者信心	EUCCDE	lv	欧盟委员会消费者信心指数，德国，季调（单位:%）
49	德国：批发销售	GRWSRLSA	$\Delta \ln$	德国商业批发销售指数，季调（2010=100）

附表（续）

国内贸易与消费					
编号	变量名称	Bloomberg 代码	变换	变量描述
50	澳大利亚：消费者信心	WMCCCONS	lv	澳大利亚墨尔本研究所消费者信心指数，季调（单位:%）
51	澳大利亚：零售销售	AURSTTSA	$\Delta\ln$	澳大利亚零售销售额，季调（单位：百万澳元）
52	法国：零售销售	BDFRTOT	$\ln$	法国零售销售（量）指数，季调（2010＝100）
53	法国：消费支出	FRSNTOTL	$\ln$	法国家庭消费支出，按上一年价格计算，季调（单位：百万欧元）
54	法国：消费者信心	EUCCFR	lv	欧盟委员会消费者信心指数，法国，季调（单位:%）
55	意大利：零售销售	ITNSSTI	$\Delta\ln$	意大利零售销售指数，季调（2010＝100）
56	意大利：消费者信心	EUCCIT	Δlv	欧盟委员会消费者信心指数，意大利，季调（单位:%）
57	加拿大：零售销售	CARSTOTL	$\Delta\ln$	加拿大零售销售额，季调（单位：百万加元）
58	加拿大：批发销售	CAWTTOT	$\Delta\ln$	加拿大批发销售额，季调（单位：十亿加元）
59	加拿大：批发库存	CAWTINV	$\Delta\ln$	加拿大批发库存，季调（单位：十亿加元）
工业活动				
编号	变量名称	Bloomberg 代码	变换	变量描述
60	美国：工业生产	IP	$\Delta\ln$	美国工业生产指数，季调（2012＝100）
61	美国：制造业新增订单	TMNOTOT	$\Delta\ln$	美国制造业新增订单，季调（单位：百万美元）
62	美国：产能利用率	CPTICHNG	lv	美国全部工业部门产能利用率，季调（单位:%）
63	美国：制造业产能利用率	CPMFTOT	lv	美国制造业产能利用率，季调（单位:%）

附表（续）

\multicolumn{5}{c	}{工业活动}
编号	变量名称	Bloomberg 代码	变换	变量描述
64	美国：制造业库存	TMIITOT	$\Delta\ln$	美国制造业库存，季调（单位：百万美元）
65	美国：PMI	NAPMPMI	lv	美国供应管理协会采购经理指数
66	英国：工业生产	UKIPI	$\Delta\ln$	英国工业生产指数，季调（2011=100）
67	英国：制造业生产	UKMPI	$\Delta\ln$	英国工业生产指数：制造业，季调（2013=100）
68	日本：工业生产	JNIP	$\Delta\ln$	日本工业生产指数：采矿业和制造业，季调（2010=100）
69	日本：产能利用率	JNCAP	lv	日本制造业经营比率指数，季调（2010=100）
70	日本：制造业生产	JIPPMANU	lv	日本工业生产指数：制造业，季调（2010=100）
71	日本：制造业销售	JIPSMANU	$\Delta\ln$	日本生产商交货指数：制造业，季调（2010=100）
72	日本：工业产成品库存	JIPIM&M	$\Delta\ln$	日本生产商库存指数：采矿业和制造业，季调（2010=100）
73	德国：工业生产	GRIPI	$\Delta\ln$	德国工业生产指数（包括建筑业），季调（2010=100）
74	德国：制造业订单	GRIORTOT	$\Delta\ln$	德国收到制造业订单（量）指数，季调（2010=100）
75	法国：工业生产	FPIPI	$\Delta\ln$	法国工业生产指数，季调（2010=100）
76	法国：制造业生产	FRMPI	$\Delta\ln$	法国工业生产指数：制造业，季调（2010=100）
77	法国：营建产出	EUPRFR	$\Delta\ln$	法国建筑业生产指数，季调（2010=100）

附表（续）

工业活动				
编号	变量名称	Bloomberg代码	变换	变量描述
78	意大利：工业生产	ITPRSAN	$\Delta\ln$	意大利工业生产指数，季调（2010=100）
79	意大利：营建产出	ITBUSA	$\Delta\ln$	意大利建筑业生产指数，季调（2010=100）
80	加拿大：工业生产	1566659	$\Delta\ln$	IMF加拿大工业生产指数
81	加拿大：制造业新增订单	CAMFNORD	$\ln$	加拿大制造业新增订单，季调（单位：百万加元）
82	加拿大：制造业销售	CAMFSHIP	$\Delta\ln$	加拿大制造业销售额，季调（单位：百万加元）
83	加拿大：制造业库存	CAMFINV	$\ln$	加拿大制造业库存，季调（单位：百万加元）

房地产市场				
编号	变量名称	Bloomberg代码	变换	变量描述
84	美国：营建许可	NHSPATOT	$\Delta\ln$	美国已获得批准的新建私人住宅数，季调（单位：千套）
85	美国：新屋动工	NHSPSTOT	$\Delta\ln$	美国已动工的新建私人住宅数，季调（千套）
86	美国：新屋销售	NHSLTOT	$\Delta\ln$	美国新建单户住房销售数，季调（千套）
87	美国：住房市场指数	USHBMIDX	Δlv	全美住宅建筑商协会住房市场指数，季调
88	美国：建造完成	PHUCTOT	$\Delta\ln$	美国已竣工私人住宅数，季调（单位：千套）
89	日本：新屋动工	JNHSTLSA	$\ln$	日本已动工的全体住房数，季调（单位：千套）
90	德国：住宅建筑订单	GRCOPRBY	lv	德国住宅建筑订单同比增长率，季调（单位:%）
91	澳大利亚：营建许可（建筑）	AUBATOTL	$\Delta\ln$	澳大利亚批准所有建筑单位数，季调（单位：套）

附表（续）

房地产市场				
编号	变量名称	Bloomberg代码	变换	变量描述
92	澳大利亚：营建许可（住宅）	AUBAHSET	ln	澳大利亚批准所有住宅单位数，季调（单位：套）
93	加拿大：新屋动工	CAHSTOTL	ln	加拿大已动工的全体住房数，季调（单位：千套）
94	加拿大：营建许可	CAHOCRTD	$\Delta\ln$	加拿大批准所有建筑单位数，季调

对外贸易				
编号	变量名称	Bloomberg代码	变换	变量描述
95	美国：出口	USTBEXP	$\Delta\ln$	美国出口额，季调（单位：百万美元）
96	美国：进口	USTBIMP	$\Delta\ln$	美国进口额，季调（单位：百万美元）
97	英国：出口	UKTBTTEX	$\Delta\ln$	英国出口额，季调（单位：百万英镑）
98	英国：进口	UKTBTTIM	$\Delta\ln$	英国进口额，季调（单位：百万英镑）
99	日本：出口	JNEIEXPT	$\Delta\ln$	日本实际出口指数，季调（2010=100）
100	日本：进口	JNEIIMPT	$\Delta\ln$	日本实际进口指数，季调（2010=100）
101	德国：贸易差额	GRBTVBAL	$\Delta\ln$	德国贸易差额，季调（单位：十亿欧元）
102	澳大利亚：出口	AUITEXP	$\Delta\ln$	澳大利亚商品和服务出口额，季调（单位：百万澳元）
103	澳大利亚：进口	AUITIMP	$\Delta\ln$	澳大利亚商品和服务进口额，季调（单位：百万澳元）
104	意大利：出口	ITTRESA	$\Delta\ln$	意大利出口额，季调（单位：百万欧元）
105	意大利：进口	ITTRIMSA	$\Delta\ln$	意大利进口额，季调（单位：百万欧元）

附表（续）

\multicolumn{5}{	c	}{对外贸易}
编号	变量名称	Bloomberg 代码	变换	变量描述
106	加拿大：出口	CATBTOTE	$\Delta\ln$	加拿大商品贸易出口额，季调（单位：十亿加元）
107	加拿大：进口	CATBTOTI	$\Delta\ln$	加拿大商品贸易进口额，季调（单位：十亿加元）
\multicolumn{5}{	c	}{物价指数}
编号	变量名称	Bloomberg 代码	变换	变量描述
108	美国：CPI	CPI INDX	$\Delta\ln$	美国居民消费价格指数（城镇），季调（1982—1984＝100）
109	美国：PPI	PPI INDX	$\Delta\ln$	美国生产者价格指数（最终制成品），季调（1982＝100）
110	美国：IPI	IMP1COMM	$\Delta\ln$	美国进口价格指数（所有商品）（2000＝100）
111	美国：EPI	EXP1COMM	$\Delta\ln$	美国出口价格指数（所有商品）（2000＝100）
112	英国：CPI	UKRPCHVJ	$\Delta^2\ln$	英国调和消费者物价指数（2015＝100）
113	英国：PPI	UKPPIO	$\Delta\ln$	英国生产者价格指数（所有工业产出品）（2010＝100）
114	日本：CPI	JCPNGEN	$\Delta\ln$	日本居民消费价格指数（2015＝100）
115	日本：PPI	JNW1COMM	$\Delta\ln$	日本生产者价格指数（2015＝100）
116	日本：IPI	JNIMCOMM	$\Delta\ln$	日本进口价格指数（所有商品）（2015＝100）
117	日本：EPI	JNXPCOMM	$\Delta\ln$	日本出口价格指数（所有商品）（2015＝100）
118	德国：CPI	GRCP2000	$\Delta\ln$	德国居民消费价格指数（2010＝100）

附表（续）

\multicolumn{5}{c	}{物价指数}
编号	变量名称	Bloomberg 代码	变换	变量描述
119	德国：PPI	GRPFI	$\Delta\ln$	德国生产者价格指数（2010=100）
120	德国：IPI	GRIMP95	$\Delta\ln$	德国进口价格指数（2010=100）
121	德国：EPI	GREXP95	$\Delta\ln$	德国出口价格指数（2010=100）
122	法国：CPI	FRCPISA	$\Delta\ln$	法国居民消费价格指数，季调（2015=100）
123	意大利：CPI	ITCPNICT	$\Delta\ln$	意大利居民消费价格指数（含烟草）（2015=100）
124	意大利：PPI	ITPNI	$\Delta\ln$	意大利生产者价格指数（2010=100）
125	意大利：IPI	ITTRWIVA	$\Delta\ln$	意大利进口价格指数（2010=100）
126	意大利：EPI	ITTRWEVA	$\Delta\ln$	意大利出口价格指数（2010=100）
127	加拿大：CPI	CACPSA	$\Delta\ln$	加拿大居民消费价格指数，季调（2002=100）
128	加拿大：IPPI	CAIPTOTL	$\Delta\ln$	加拿大工业品价格指数（2010=100）
\multicolumn{5}{c	}{货币与信贷}
编号	变量名称	Bloomberg 代码	变换	变量描述
129	美国：M1	M1	$\Delta\ln$	美国 M1 供应量，季调（单位：十亿美元）
130	美国：M2	M2	$\Delta\ln$	美国 M2 供应量，季调（单位：十亿美元）
131	美国：基础货币	ARDIMONY	$\Delta\ln$	美国基础货币总额（单位：百万美元）
132	美国：消费信贷	CCOSTOT	$\Delta\ln$	美国未偿消费信贷总额，季调（单位：百万美元）

附表（续）

货币与信贷				
编号	变量名称	Bloomberg 代码	变换	变量描述
133	英国：M1	A23 VWYT	$\Delta\ln$	英国 M1 供应量，季调（单位：百万英镑）
134	英国：M4	UKMSM4	$\Delta\ln$	英国 M4 供应量，季调（单位：百万英镑）
135	英国：消费信贷	UKMSBZ2A	$\Delta^2\ln$	英国个人贷款总额，季调（单位：百万英镑）
136	日本：M2	JMNSM2Y	Δlv	日本 M2 供应量平均余额同比增长率（单位：%）
137	日本：M3	JMNSM3Y	Δlv	日本 M3 供应量平均余额同比增长率（单位：%）
138	日本：基础货币	JNMBYOY	Δlv	日本基础货币平均余额同比增长率（单位：%）
139	日本：银行贷款	JNBLBANK	ln	日本银行贷款和贴现平均余额（单位：万亿日元）
140	德国：银行贷款	GLNBL1AC	ln	德国全部银行对非货币金融机构（非MFIs）的贷款总额（单位：十亿欧元）
141	澳大利亚：M1	AUM1TOT	$\Delta\ln$	澳大利亚 M1 供应量，季调（单位：十亿澳元）
142	澳大利亚：M3	AUM3	$\Delta\ln$	澳大利亚 M3 供应量，季调（单位：十亿澳元）
143	澳大利亚：广义货币	OZCABROD	$\Delta\ln$	澳大利亚广义货币总量，季调（单位：十亿澳元）
144	澳大利亚：狭义信用	AULCNCRS	$\Delta\ln$	澳大利亚银行信贷总额：狭义信用，季调（单位：十亿澳元）
145	法国：M3	FRMOM3	$\Delta\ln$	法国对欧元区 M3 总量的贡献，季调（单位：百万欧元）
146	法国：银行贷款	FRFIPRVS	$\Delta\ln$	法国货币金融机构对私人部门贷款总额（单位：百万欧元）

附表（续）

货币与信贷					
编号	变量名称	Bloomberg 代码	变换	变量描述
147	意大利：M1	ITCNM1ST	$\Delta \ln$	意大利对欧元区 M1 总量的贡献（不含公众持有货币）（单位：百万欧元）
148	意大利：M2	ITCNM2ST	$\Delta \ln$	意大利对欧元区 M2 总量的贡献（不含公众持有货币）（单位：百万欧元）
149	加拿大：M1	MSCAM1	$\Delta \ln$	加拿大 M1 供应量，季调（单位：百万加元）
150	加拿大：M2	MSCAM2	$\Delta \ln$	加拿大 M2 供应量，季调（单位：百万加元）
151	加拿大：M2+	MSCAM2TA	$\Delta \ln$	加拿大 M2+供应量，季调（单位：百万加元）
152	加拿大：消费信贷	CCRDHOUS	$\Delta^2 \ln$	加拿大家庭信贷月末余额，季调（单位：百万加元）
153	欧盟：M2	ECMSM2Y	Δlv	欧盟 M2 供应量同比增长率（单位:%）
154	欧盟：M3	ECMAM3YY	Δlv	欧盟 M3 供应量同比增长率，季调（单位:%）

利率				
编号	变量名称	Bloomberg 代码	变换	变量描述
155	美国：联邦基金利率	FEDL01	Δlv	美国联邦基金有效利率
156	美国：国债收益率 3M	TBSM3M	Δlv	美国国债收益率（二级市场）：3 个月
157	美国：国债收益率 6M	TBSM6M	Δlv	美国国债收益率（二级市场）：6 个月
158	美国：国债收益率 5Y	H15T5Y	Δlv	美国国债收益率（固定期限）：5 年
159	美国：国债收益率 10Y	H15T10Y	Δlv	美国国债收益率（固定期限）：10 年
160	美国：公司债收益率 A	MOODCAAA	Δlv	美国公司债收益率：穆迪 Aaa

附表（续）

\multicolumn{6}{	c	}{利率}
编号	变量名称	Bloomberg 代码	变换	变量描述
161	美国：公司债收益率 B	MOODCBAA	Δlv	美国公司债收益率：穆迪 Baa
162	英国：金边债券回购利率 3M	16300801	Δlv	英国金边债券回购利率：3 个月
163	英国：金边债券回购利率 O	16300501	Δlv	英国金边债券回购利率：隔夜
164	日本：拆借利率 O	25468901	Δlv	日本无担保拆借利率：隔夜
165	日本：国债收益率 10Y	27805501	Δlv	日本国债收益率：10 年
166	法国：国债收益率 10Y	259762101	Δlv	法国国债收益率：10 年
167	法国：国债收益率 3M	68411502	Δlv	法国国债收益率：3 个月
168	意大利：国债收益率 10Y	103954301	Δlv	意大利国债收益率：10 年
169	澳大利亚：银行承兑汇票利率 3M	235130001	Δlv	澳大利亚银行承兑汇票贴现率：3 个月
170	澳大利亚：国债收益率 10Y	235130701	Δlv	澳大利亚国债收益率：10 年
171	欧元区：银行间利率 O	15296801	Δlv	欧元区银行间同业拆借利率：隔夜
172	欧元区：政府债券收益率 10Y	15302101	Δlv	欧元区政府债券收益率：10 年
173	欧元区：银行间利率 3M	15301401	Δlv	欧元区银行间同业拆借利率：3 个月
\multicolumn{6}{	c	}{汇率}
编号	变量名称	Bloomberg 代码	变换	变量描述
174	USD/AUD	42597601	$\Delta \ln$	澳元兑美元汇率
175	CAD/USD	42597901	$\Delta \ln$	美元兑加元汇率

附表（续）

汇率			
编号	变量名称	Bloomberg 代码	变换	变量描述
176	USD/EURO	42601701	$\Delta \ln$	欧元兑美元汇率
177	YEN/USD	42599101	$\Delta \ln$	美元兑日元汇率
178	USD/GBP	42600701	$\Delta \ln$	英镑对美元汇率
179	美元指数	42601001	$\Delta \ln$	贸易加权美元指数（名义）：对主要货币

股票市场指数				
编号	变量名称	Bloomberg 代码	变换	变量描述
180	美国：股指	S&P 500	$\Delta \ln$	标普500指数
181	德国：股指	DAX	$\Delta \ln$	德国DAX指数
182	法国：股指	CAC	$\Delta \ln$	法国CAC40指数
183	英国：股指	UKX	$\Delta \ln$	富时100指数
184	日本：股指	NKY	$\Delta \ln$	日经225指数
185	澳大利亚：股指	AS51	$\Delta \ln$	澳洲标普/ASX200指数

新兴国家

劳动力市场				
编号	变量名称	Bloomberg 代码	变换	变量描述
186	俄罗斯：失业率	RUUER	Δlv	俄罗斯失业率/%
187	俄罗斯：就业人数	RUEML	$\Delta \ln$	俄罗斯经济活动人口：就业人口（单位：百万人）
188	俄罗斯：实际工资	RUMEREAL	lv	俄罗斯实际工资指数（上年同月=100）
189	俄罗斯：职位空缺	RUEMEMDE	$\Delta \ln$	俄罗斯就业服务企业登记的劳动力需求
190	巴西：就业人数	BFOETTSA	$\Delta \ln$	巴西总体正式就业指数，季调（2009M12=100）
191	巴西：制造业就业	BFOEMISA	$\Delta \ln$	巴西制造业正式就业指数，季调（2009M12=100）

附表（续）

劳动力市场					
编号	变量名称	Bloomberg代码	变换	变量描述
192	韩国：平均工资	KOQET	$\Delta \ln$	韩国员工平均每月工资（单位：千韩元）
193	韩国：平均周工时	KOHWTW	$\Delta \ln$	韩国受雇人员平均每周工作时数（单位：小时）
194	韩国：就业人数	KOUETTY	lv	韩国就业人数同比增长率（单位:%）
195	墨西哥：名义工资增长	MXNSNOML	lv	墨西哥名义工资增长率（单位:%）

国内贸易与消费				
编号	变量名称	Bloomberg代码	变换	变量描述
196	中国：零售销售	CNRSCONS	$\Delta^2 \ln$	中国社会消费品零售总额（单位：亿人民币）
197	中国：消费者信心	CHCSCONF	lv	中国消费者信心指数
198	俄罗斯：零售销售	RURSRYOY	lv	俄罗斯零售贸易营业额同比增长率（单位:%）
199	韩国：零售销售	KOCGCGS	$\Delta \ln$	韩国零售销售指数，季调（2005＝100）
200	新加坡：零售销售	SRSATC	$\Delta \ln$	新加坡零售销售指数，按不变价计算，季调（2014＝100）

工业活动				
编号	变量名称	Bloomberg代码	变换	变量描述
201	中国：工业增加值	CHVAIOY	lv	中国工业增加值同比增长率（单位:%）
202	中国：工业生产	9246661	Δlv	IMF中国工业生产指数同比增长率（单位:%）
203	俄罗斯：工业生产	9226R005	$\Delta \ln$	IMF俄罗斯工业生产指数（2010＝100）
204	印度：工业生产	INPIINDU	$\Delta \ln$	印度工业生产指数（2004—2005＝100）

附表（续）

\multicolumn{5}{c	}{工业活动}
编号	变量名称	Bloomberg 代码	变换	变量描述
205	印度：制造业生产	INPIMANU	$\Delta\ln$	印度工业生产指数：制造业（2004—2005＝100）
206	巴西：工业生产	BZIPTLSA	$\Delta\ln$	巴西工业生产指数，季调（2012＝100）
207	韩国：工业生产	KOIPISA	$\Delta\ln$	韩国工业生产指数，季调（2010＝100）
208	韩国：制造业生产	KOIPMS	$\Delta\ln$	韩国工业生产指数：制造业，季调（2010＝100）
209	韩国：生产者销售	KOPSS	$\Delta\ln$	韩国生产者交货指数，季调（2010＝100）
210	韩国：制造业产能利用率	KOIPOPS	lv	韩国制造业经营比率指数，季调（2010＝100）
211	韩国：制造业订单	KOIVMO	$\Delta\ln$	韩国机械订单国内需求总金额（不包括船舶）（单位：十亿韩元）
212	韩国：生产者库存	KOPIIS	$\Delta\ln$	韩国生产商库存指数，季调（2010＝100）
213	韩国：建设订单	KOIVCON	$\Delta\ln$	韩国：收到的建设订单总金额（单位：十亿韩元）
214	韩国：生产能力	KOIPMC	$\Delta\ln$	韩国制造业生产能力指数（2010＝100）
215	墨西哥：工业生产	MXPSTOTL	$\Delta\ln$	墨西哥工业生产指数，季调（2008＝100）
216	墨西哥：营建产出	MVCITOTL	$\Delta\ln$	墨西哥工业生产指数：建筑业（2008＝100）
217	南非：采矿业生产	SAMPTOIG	lv	南非采矿产量指数（包括黄金），季调（2015＝100）
218	新加坡：工业生产	SIIPMSA	$\Delta\ln$	新加坡工业生产指数，季调（2015＝100）

附表（续）

房地产市场			
编号	变量名称	Bloomberg 代码	变换	变量描述
219	中国：房屋销售	CHRESOLD	Δln	中国已出售房屋建筑面积（年初至今）（单位：百万平方米）
220	中国：新屋动工	CHRXUCON	ln	中国商业建筑在建面积（年初至今）（单位：百万平方米）
221	韩国：营建许可	KOBONTL	Δln	韩国已获批建筑项目总数量
222	南非：营建许可	SACSPSTO	Δln	南非已获批建筑规划总价值，季调（单位：千南非兰特）
223	南非：建造完成	SACSCSTO	Δln	南非已竣工建筑总价值，季调（单位：千南非南特）

对外贸易			
编号	变量名称	Bloomberg 代码	变换	变量描述
224	中国：出口	CNFREXP $	Δln	中国出口额（单位：十亿美元）
225	中国：进口	CNFRIMP $	Δln	中国进口额（单位：十亿美元）
226	俄罗斯：出口	RUTBEX Index	Δln	俄罗斯商品贸易出口额（单位：十亿美元）
227	俄罗斯：进口	RUTBIM	Δln	俄罗斯商品贸易进口额（单位：十亿美元）
228	印度：出口	INMTEXU $	Δln	印度商品贸易出口额（单位：百万美元）
229	印度：进口	INMTIMU $	Δln	印度商品贸易出口额（单位：百万美元）
230	巴西：出口	BZTBEXPM	Δln	巴西出口额（单位：百万美元）
231	巴西：进口	BZTBIMPM	Δln	巴西进口额（单位：百万美元）

附表（续）

	对外贸易
编号	变量名称	Bloomberg 代码	变换	变量描述
232	韩国：出口	KOEXTOT	$\Delta \ln$	韩国出口额（单位：千美元）
233	韩国：进口	KOIMTOT	$\Delta \ln$	韩国进口额（单位：千美元）
234	印度尼西亚：出口	IDEXP	$\Delta \ln$	印度尼西亚出口额（单位：百万美元）
235	墨西哥：出口	MXTBBEXP	$\Delta \ln$	墨西哥出口额（单位：百万美元）
236	墨西哥：进口	MXTBBIMP	$\Delta \ln$	墨西哥进口额（单位：百万美元）
237	南非：出口	SATBEX	$\Delta \ln$	南非出口额（单位：百万南非南特）
238	南非：进口	SATBIM	$\Delta \ln$	南非进口额（单位：百万南非南特）
239	新加坡：出口	SIEXP Index	$\Delta \ln$	新加坡出口额（现价）（单位：百万新加坡元）
240	新加坡：进口	SIIMP Index	$\Delta \ln$	新加坡进口额（现价）（单位：百万新加坡元）
	物价指数
编号	变量名称	Bloomberg 代码	变换	变量描述
241	中国：CPI	CNCPIYOY	lv	中国居民消费价格指数同比增长率（单位:%）
242	中国：PPI	CHEFTYOY	lv	中国工业生产者出厂价格指数同比增长率（单位:%）
243	中国：IPI	CHHPMTTL	lv	中国进口价格指数（HS2）（上年同月＝100）
244	中国：EPI	CHHPETTL	Δlv	中国出口价格指数（HS2）（上年同月＝100）
245	俄罗斯：CPI	RUCPIYOY	lv	俄罗斯居民消费价格指数同比增长率（单位:%）

附表（续）

\multicolumn{6}{	c	}{物价指数}
编号	变量名称	Bloomberg 代码	变换	变量描述
246	印度：CPI	INCPIIND	$\Delta\ln$	印度居民消费价格指数：产业工人（2001＝100）
247	巴西：CPI	BZPIIPCA	$\Delta\ln$	巴西广义全国居民消费价格指数（1993M12＝100）
248	巴西：EPI	IPEAEXIN	$\Delta\ln$	巴西出口价格指数（2006＝100）
249	巴西：IPI	IPEAIMIN	$\Delta\ln$	巴西进口价格指数（2006＝100）
250	韩国：CPI	KOCPI	$\Delta\ln$	韩国居民消费价格指数（2015＝100）
251	韩国：PPI	KOPPI	$\Delta\ln$	韩国生产者价格指数（2010＝100）
252	韩国：IPI	KOMI	$\Delta\ln$	韩国进口价格指数（韩元计价）（2010＝100）
253	韩国：EPI	KOEI	$\Delta\ln$	韩国出口价格指数（韩元计价）（2010＝100）
254	墨西哥：CPI	MXCPI	$\Delta\ln$	墨西哥居民消费价格指数（2010年12月16日至2010年12月31日＝100）
255	墨西哥：PPI	MXPII	$\Delta\ln$	墨西哥生产者价格指数（2012M6＝100）
256	墨西哥：IPI	MPPRIMPT	$\Delta\ln$	墨西哥进口价格指数（1980＝100）
257	墨西哥：EPI	MPPREXPT	$\Delta\ln$	墨西哥出口价格指数（1980＝100）
258	南非：CPI	SACPI	$\Delta\ln$	南非居民消费价格指数（2016M12＝100）
259	新加坡：CPI	SICPI	$\Delta\ln$	新加坡居民消费价格指数（2014＝100）
260	新加坡：MPPI	SMFIALL	$\Delta\ln$	新加坡制造业产品价格指数（2012＝100）

附表（续）

货币与信贷			
编号	变量名称	Bloomberg 代码	变换	变量描述
261	中国：M1	CNMSM1	$\Delta \ln$	中国 M1 供应量（单位：亿人民币）
262	中国：M2	CNMSM2	$\Delta \ln$	中国 M2 供应量（单位：亿人民币）
263	俄罗斯：M0	RUMSM0	$\ln$	俄罗斯 M0 供应量（单位：十亿俄罗斯卢布）
264	俄罗斯：M2	RUMSM2	$\ln$	俄罗斯 M2 供应量（单位：十亿俄罗斯卢布）
265	印度：M1	INMSM1	$\Delta \ln$	印度 M1 供应量（单位：千万印度卢比）
266	印度：M3	INMSM3	$\Delta^2 \ln$	印度 M3 供应量（单位：千万印度卢比）
267	巴西：M1	BZMS1	$\Delta \ln$	巴西 M1 供应量（单位：百万巴西雷亚尔）
268	巴西：M2	BZMS2	$\Delta \ln$	巴西 M2 供应量（单位：百万巴西雷亚尔）
269	巴西：M3	BZMS3	$\Delta \ln$	巴西 M3 供应量（单位：百万巴西雷亚尔）
270	韩国：M1	KOMSM1S	$\Delta \ln$	韩国 M1 供应量（月平均），季调（单位：十亿韩元）
271	韩国：M2	KOMSM2S	$\Delta \ln$	韩国 M2 供应量（月平均），季调（单位：十亿韩元）
272	印度尼西亚：M1	IDM1INDX	$\Delta \ln$	印度尼西亚 M1 供应量（单位：十亿印尼卢比）
273	印度尼西亚：M2	IDM2INDX	$\Delta \ln$	印度尼西亚 M2 供应量（单位：十亿印尼卢比）
274	墨西哥：M1	MXMSM1	$\Delta \ln$	墨西哥 M1 供应量（单位：百万墨西哥比索）
275	墨西哥：M3	MXMSM3	$\ln$	墨西哥 M3 供应量（单位：百万墨西哥比索）
276	墨西哥：M4	MXMSM4	$\ln$	墨西哥 M4 供应量（单位：百万墨西哥比索）

附表（续）

货币与信贷					
编号	变量名称	Bloomberg 代码	变换	变量描述	
277	墨西哥：商业及消费信贷	MXLCLFCB	$\Delta\ln$	墨西哥商业银行贷款（单位：百万墨西哥比索）	
278	南非：M1	SAMYM1	$\Delta\ln$	南非 M1 供应量（单位：百万南非南特）	
279	南非：M2	SAMYM2	$\Delta\ln$	南非 M1 供应量（单位：百万南非南特）	
280	南非：M3	SAMYM3	$\Delta\ln$	南非 M1 供应量（单位：百万南非南特）	
281	南非：商业及消费信贷	SACEI	$\Delta\ln$	南非国内信贷：私人部门（单位：百万南非南特）	
282	新加坡：M1	SIMSM1	$\Delta\ln$	新加坡 M1 供应量（单位：百万新加坡元）	
283	新加坡：M2	SIMSM2	$\Delta\ln$	新加坡 M2 供应量（单位：百万新加坡元）	

利率				
编号	变量名称	Bloomberg 代码	变换	变量描述
284	中国：贷款利率	7055501	lv	中国贷款基准利率：6 个月及以内
285	南非：国债收益率	255608002	Δlv	南非国债收益率：91 天
286	墨西哥：银行间利率	32995901	Δlv	墨西哥银行间同业拆借利率：91 天
287	韩国：活期贷款利率	30188801	lv	韩国无担保隔夜拆借利率

汇率				
编号	变量名称	Bloomberg 代码	变换	变量描述
288	YUAN/USD	42598001	$\Delta\ln$	美元兑人民币汇率
289	PESO/USD	42599401	$\Delta\ln$	美元兑墨西哥比索汇率
290	WON/USD	42600101	$\Delta\ln$	美元兑韩元汇率
291	REAL/USD	42599201	$\Delta\ln$	美元兑巴西雷亚尔汇率

附表（续）

汇率				
编号	变量名称	Bloomberg 代码	变换	变量描述
292	RUPEE/USD	42598801	$\Delta \ln$	美元兑印度卢比汇率

股票市场指数				
编号	变量名称	Bloomberg 代码	变换	变量描述
293	俄罗斯：股指	RTSI $	$\Delta \ln$	俄罗斯 RTS 指数
294	中国：股指	SHCOMP	$\Delta \ln$	上证综合指数
295	新加坡：股指	STI	$\Delta \ln$	新加坡海峡时报指数
296	墨西哥：股指	MEXBOL	$\Delta \ln$	墨西哥 MXX 指数
297	韩国：股指	KOSPI	$\Delta \ln$	韩国 KOSPI 指数
298	香港：股指	HSI	$\Delta \ln$	香港恒生指数